词项的语境敏感机制

——对温和语境主义的一种辩护策略

马欣欣　著

中国财富出版社

图书在版编目（CIP）数据

词项的语境敏感机制：对温和语境主义的一种辩护策略／马欣欣著．—北京：中国财富出版社，2018.12

ISBN 978-7-5047-6374-7

Ⅰ.①词…　Ⅱ.①马…　Ⅲ.①语义学—研究　Ⅳ.①H030

中国版本图书馆 CIP 数据核字（2018）第 298872 号

策划编辑　李　丽　　**责任编辑**　戴海林　栗　源
责任印制　尚立业　　**责任校对**　孙丽丽　　**责任发行**　杨　江

出版发行	中国财富出版社		
社　　址	北京市丰台区南四环西路 188 号 5 区 20 楼	**邮政编码**	100070
电　　话	010-52227588 转 2098（发行部）		010-52227588 转 321（总编室）
	010-52227588 转 100（读者服务部）		010-52227588 转 305（质检部）
网　　址	http://www.cfpress.com.cn		
经　　销	新华书店		
印　　刷	北京九州迅驰传媒文化有限公司		
书　　号	ISBN 978-7-5047-6374-7/H·0153		
开　　本	710mm×1000mm　1/16	**版　　次**	2019 年 6 月第 1 版
印　　张	13.75	**印　　次**	2019 年 6 月第 1 次印刷
字　　数	232 千字	**定　　价**	49.00 元

前　言

本书研究的问题是语言表达式的语境敏感性。这一问题属于语义学与语用学边界讨论的一部分，是语言哲学中方兴未艾的一个问题域。它包括两个基本的理论派别：最小语义学（Minimal Semantics）与语境主义（Contextualism）。本书的写作目的，是要批判性地考察这两个派别对词项受语境影响机制的刻画，并以等级性分析为基础，得出一个复杂的语境敏感机制框架。最终将通过这一框架辩护一种温和语境主义的观点。

最小语义学作为传统形式语义学的现代版本，只接受索引词以及和它类似的词项（它们的集合被称为"基本集"）意义语境敏感，而认为不包含这些词项的句子有独立于语境的最小命题。温和语境主义（Moderate Contextualism）与极端语境主义（Radical Contextualism）作为语境主义的两个分支，都力图扩大语境对语义的影响，但前者仍承认语境不敏感词的存在，而后者则认为所有词项都语境敏感。最小语义学对语境主义有一个典型的攻击策略，包括两点：第一，所有的温和语境主义观点最终都会滑落为极端语境主义观点，因为只要承认基本集之外的某些词项语境敏感，就能以同样的论证方式得出其他所有词项语境敏感；第二，极端语境主义观点不能成立，因为基本集之外的所有词项都不能通过语境敏感性测试。由于测试在这一讨论中相当重要，最小语义学的支持者及持其他立场的哲学家都力图发展测试，对表达式是否语境敏感进行判断。

对于最小语义学理论，语境主义提出以下反驳：从语义过程看，通过测试的语境敏感词范围大于最小语义学的预期；从语用过程看，最小命题并没有存在的意义与必要。因此，不但最小语义学的第二点攻击不能成立，并且其理论本身就存在困难。索引词主义（indexicalism）试图为此提供解决方案，它提出句子的语境敏感性来源于在句子的逻辑形式中系统地存在着隐藏变量，这些变量需要语境关联要素对其进行赋值。然而，它的核心论证能否成立值得质疑，因此也难以成为替代最小语义学的理论。

在此基础上，本书提出对温和语境主义的一种辩护进路：通过等级性分析对语境敏感机制进行刻画，据此得到一个固定的语境敏感词范围。由于等级性形容词本身包含级差概念，级差又预设其比较集的范围需要在特定语境中依赖特定的语境关联要素决定，因此作者认为语境敏感性是词项本身的属性。在等级性形容词之外存在不包含级差但包含比较集的词项，这类词项同样具有语境敏感性。目前等级性分析所受到的挑战主要来源于级差的不同类型与特征之间能否进行有效区分，这些质疑以实验哲学的方式提出。作者通过类似的对比实验对这些质疑进行反驳，并对以颜色谓词为主的在等级性上存在复杂性的词项进行系统刻画。

最后，通过利用反身性概念对语境敏感词进行刻画，本书建立起复杂语境敏感机制框架，并得到语境敏感词的确切类型和范围。这一范围大于大部分温和语境主义者的预期，但仍是明确和固定的，不会向极端语境主义滑落。因此，最小语义学的第一点攻击同样不能成立。这一框架的理论优势在于能够为目前语境敏感性讨论中存在的困难提供解决方法，比如如何改进测试，并为当下的讨论提供新的内容，比如如何比较语境敏感性的程度。

本书在写作过程中得到了很多人的帮助。我的博士导师叶闯教授一直温和而严格地指导我，大到整体结构，小到行文方式，他都提出了详细的修改建议。北京大学哲学系的韩林合教授和周北海教授就本书论证中存在的问题和研究进一步展开的方向慷慨地贡献了意见。此外，北京大学多位师友曾就许多具体问题与我进行过探讨。谨向他们致以由衷的感谢。

马欣欣
2018 年 12 月

目　录

1　导论：语境对语义学的挑战

本书研究的问题是意义的语境敏感性。它旨在探讨自然语言中表达式的意义是否受语境影响。如果答案是肯定的，那么语境中的什么因素会对哪些表达式产生影响，影响的过程以及结果应如何进行刻画，对此有大量不同的理论观点产生。本书意在梳理相关争论，并在此基础上提出一个更加细致和有体系性的语境敏感机制框架。

本章将简要回顾这一问题域的来源，澄清本书在讨论中需要涉及的一些基本概念，并阐明本书的写作目的和基本结构。

1.1　传统形式语义学的基本观点

Soames（2001）把语言哲学描述为使得关于语言及语言使用的科学研究能够进行的"助产士"，即为研究语言本身及研究语言交流提供指导性的理论框架。语言是世界的表征（representation），这是语言的本质特征。一个陈述句如果有意义，是因为它对这个世界作出了某种刻画。而在交流当中，当人们以肯定的态度说出这个陈述句时，也是因为他们相信世界就是这句话所刻画的样子。

与此相关的有两个方面：一方面，语言的意义是一个复杂的系统，句子的意义依赖于单个词项的意义以及它们得以组合成句的规则，即词汇（lexicon）和句法（syntax）；另一方面，语言对世界的刻画实际上给出了要想使它为真，世界所应该满足的条件。这两个方面又是交织在一起的。

为此，Tarski（1944）讨论了对"真语句"进行定义应该满足的标准，并希望用真理论表达具体语句的真值条件。他举了一个著名的例子：

语句"雪是白的"为真，当且仅当雪是白的。

通过用这种方式给出真值条件，Tarski 将“真”作了一种外延化的定义。此外，他将命题与真值联系了起来。由此得到如下两个断定，是本书所涉及的哲学家们在对命题进行讨论时都默认的。

（断定 1）一个完整的命题是真值条件可以给出的命题。

（断定 2）一个有意义的命题是真值可以评价的命题。

Tarski 的真理论针对的是形式语言，因此它不包含一些自然语言中的要素，比如，语境（context）和内涵（intension）。它对形式语言的解释仍然面临索引词（indexical word）这一问题的挑战。像“我”“这里”“现在”这样的索引词，其指称的对象必须依赖语境决定，否则无法对它们所在的命题，如“我喜欢吃苹果”，进行真值评价。

对于这个困难，Kaplan（1989）给出了经典的解答。为了容纳语境因素，他将语词的语义贡献（semantic contribution）分成两层。一层是“内容”（content），它是从可能世界到外延的函数。比如，在本书中提到“我”时，它的“内容”是笔者本人。另一层是“符征”（character），它是从语境到“内容”的复合函数。比如，“我”的符征是“正在说话的那个人”。仍以“我喜欢吃苹果”为例，当玛丽在某个语境下说出这句话时，它的“内容”是玛丽本人，因此这句话所表达的命题是“玛丽喜欢吃苹果”，其真值也能够得以判断。而选择“玛丽”作为“我”这一表达式的“内容”又是由纯语义的符征决定的，因此语义的独立性得以保全。Kaplan 对“内容”与“符征”的区分目前为语义学与语用学边界这一论域的各方所普遍接受，可视为本书的一个理论背景。

由此可见，语义学的发展，最初是以指称明确、规则清晰的理想语言为对象的，后来才逐步将自然语言纳入它的研究领域。在研究方法上，语义学家们都倾向于将语言还原成一套形式化的系统。此类观点在当下的讨论中被称为形式语义学（formal semantics），而与它的发展几乎同时进行的还有另一支以日常语言学派为代表的哲学家队伍，他们的研究对象从一开始就是，并且一直是自然语言。

1.2 以 Grice 为代表的研究进路

日常语言学派于 20 世纪五六十年代在牛津大学兴起。其代表人物主张对日常语言的实际用法进行研究，而对语义学家以理想语言的逻辑结构为分析对象的做法不甚赞同。他们认为不能因为日常语言中经常出现歧义、模糊等现象就对它弃之不顾，而应该以语言的实际使用为基础发展意义理论。其中，Grice（1991）所提出的会话含义理论及一些基本的概念区分对当前的讨论有直接影响。

Grice 认为，在交流当中，意义的产生基于两个方面：对说话者意图的认知（intention recognition）和说话双方的理性推理能力（rational reasoning ability）。意义可以通过对交流双方的言语行为辅以给定的推导（inference）规则并将其还原成说话者的意图。他将其表达为如下内容：

> "通过说 x，讲话人 U 表达意思 p"是真的，当且仅当对于听话人 A，U 说 x 意在：
>
> （1）使 A 产生特定的反应 r；
>
> （2）使 A 认为 U 意在（1）；
>
> （3）使 A 通过达成（2）来达成（1）。（同上：92）

为了理解交流中的意义，首先，Grice 接受并重视语词与句子本身所具有的俗成义（conventional meaning）。俗成义是一个社会群体中某个特定的语词与它指称的对象通过任意指派（arbitrariness）建立的联系，同时又因为被广泛接受而具有稳定性。俗成义是一个话语类型（type），它具有独立于语境和时间的特点。

其次，一个特定的说话者在一个特定的语境下说出一句特定的话语（utterance）时，他所表达的并不是一个话语类型，而是对话语类型的具体化，它被称为"话面意思"（"what is said"）。值得注意的是，Grice 用"话面意思"指代的是表达式的字面意义。下一小节将提到，意义的语境敏感性问题肇始于对这一概念的扩展。目前的讨论大多用"what is said"表示句子经过语境充实之后的意义，为了与 Grice 的"话面意思"相区分，作者将其译成"所言"。话面意思，即字面意义，它与俗成义的区别在于：如果一个句子当中包含索引词，索引词的俗成义只有符征，不能够单独确定指称的对象。只有当它在一个语境中被说出时，索引词的俗成义才借助语境得到了指称的对象。另外，由于歧义的存在，一个句子的俗成义可以有多个，而一个具体的语境被给出时能够起到去歧义的效果，使得一个意义因为符合语境而被选中。因此，“话面意思”是在特定语境下指称对象得到确定并且歧义得到消除后的命题意义，在本书以后的章节中将其统称为“字面意义”或“最小命题”。

最后，说话者在一个特定的语境下说出一句话时，除产生字面意义外，还会产生会话含义（conversational implicature）。很多时候，人们说话会有弦外之音。这时，他们想表达的意思在字面意义之外。如下例：

A：史密斯这些日子好像没有女朋友。

B：他最近经常去纽约。

一个有能力的说话者（competent speaker）可以从B的话里听出“史密斯可能在纽约有个女朋友”这样的弦外之音。

Grice工作的开创性在于他给出了一套会话含义的产生机制。会话含义的产生是基于理性推理的结果，但它依据的并不是逻辑规则，而是Grice所提出的合作原则（cooperative principle）。简而言之，会话双方都假定对方是合作的，都想把对话有效地进行下去。合作原则包含四个基本准则：①质的准则，即说真话，不说假话；②量的准则，即提供适量的信息；③相关准则，即提供与谈话目的相关的信息；④明了准则，即说话清楚明了。Grice认为，通过应用合作原则，可以揭示从字面意义到会话含义的过程。①

1.3 话语的语境敏感性

在Grice的理论中，交流者说出一句话时，表达的是它的字面意义，这与传统形式语义学的观点相吻合。字面意义再和语境中蕴含的其他因素相结合，能够推导出这句话语的会话含义。然而，批评者观察到，说话者说话时未必会表达话语的字面意义。Perry（1986）指出，有一些语言成分并不在某个句子的句法结构中出现，却包含在说话者所表达的命题之中。他称之为“未述成分”（unarticulated constituents）。

关于未述成分，Perry给出了较为系统的刻画。他提出，命题是由组成部分构成的，这些组成部分就是进入命题的对象，如关系、个人、时间、地点

① 实际上Grice所做的意义区分不止于此，他建立的体系也更加宏大。具体可参阅Searle（1969）与Neale（1992）。

等。而一个陈述句是由字、词、短语这些要素构成的，二者在很多时候有对应关系，如一个句子中的短语对应着一个命题中的对象。传统形式语义学要求句子成分与命题成分之间存在一一对应关系，但这种关系并不总能建立起来，有些时候命题中会出现没有被句子中的要素所指称的对象。为了说明这个问题，他举了一个著名的例子，“假设这是美国加州帕罗奥多市一个星期六的早晨，约翰计划起床以后去打网球，但是他的儿子往窗外看了一眼，说：

下雨了。①

于是他就取消打网球的计划，继续睡觉去了（Perry，1986：138）。”

约翰的儿子说出这句话时表达了一个真命题，因为帕罗奥多确实下雨了。但是这句话本身是一个句法完整的句子，并不包含地点。而当一个人对这个命题的真值进行判断时，则必须要加入地点。因此，地点并不是这句话的组成部分，却是说话者所表达的命题的组成部分。这就是未述成分。

在这句话中，由于相关要素都已经出现在命题中了，要假设未述成分来源于句子的哪个部分显然是不合适的。因此，Perry 认为未述成分是由句子整体指派的。同时，它就是在语义层面产生的，“不需要在句子的深层结构或其他什么地方预设隐藏的表达式作为其产生的原因（1998：143）”。

此外，未述成分也不是一个出现在思想当中而没有出现在命题当中的组成部分。需要先考察一个话语整体催生了什么样的思想，然后决定未述成分相应的位置和内容。未述成分的内容有两类，一类是语义值固定的，对语境不敏感，另一类是指称性的，对语境敏感。

总体而言，Perry 对于未述成分的存在形式及运作方式只是给出了自己的构想，以及基于这些构想作出语言事实的描述，并未给出系统性的论证，关于语境对意义的作用也没有提出有规约性（normative）的规则。但他所观察到的现象确实普遍存在，需要利用更加系统的理论进行解释。

另一个与此相关但更为极端的观点来自 Travis（1985，1996）。他同意一个句子的字面意义在决定它的真值条件时是起作用的，但并不认为它是唯一起作用的因素。一句话在不同的语境下被说出时，即使其字面意义没有发生

---

① 这个例子有相当大的任意性，同时也不具备完整的主谓结构。但由于它的直观性及 Perry 文章的影响力，以后几乎所有关于这类问题的讨论都得引用它来论证自己的观点或者说明自己理论的效用。在本书中也将不断讨论到。

变化，它的真值条件也会改变①。因此，真值条件是对场合敏感的。为了论证这一观点，Travis 列举了很多例子，这些例子都十分符合直觉，因此为学界所熟知。比如，有一个烧开水用的水壶，被烟熏火燎到已经通体漆黑了。第一个人指着它说："这个壶是黑色的！"我们会认为这个人说出了一个正确的命题。而在另一个场合下，当第一个人说出这句话后，另一个人说："不对，它只是表面被烧黑了，如果擦干净，它应该是银色的。"然后这个人动手把壶擦干净了。果然，壶是银色的。这时我们会觉得第一个人表达了一个错误的命题。又比如，壁球是一种软性的球体，在受力的时候会变扁。如果一个教练要求孩子观察壁球在被击出瞬间的形状，孩子向他报告："它是扁的！"这时，孩子说出了一个正确的命题。而如果教练让孩子比较壁球与橄榄球的形状，孩子指着壁球说"它是扁的！"同样的一个命题，但这时孩子说的是错误的。

Travis 进一步指出，既然真值条件是语境敏感的，那么句子的意义就是不确定的。由于本书预设表达式的意义在特定的语境下是可以确定的，因此这一极端观点与本书的讨论无关②，但他的例子仍然值得探讨，因为它们所反映出来的语境敏感性应该能够被一个好的意义理论所解释。

Perry 与 Travis 所举的例子使人们开始注意到，语义学与语用学的界限可能并非如传统所想的那样清晰。语句未必表达它的字面意义，反而会展现出语境敏感性。这种语境敏感性如何刻画，以及它是否会对传统语义学与语用学的分界带来根本性的挑战，是本书所关注的核心问题。

1.4 基本概念的澄清

在对语境敏感性问题进行系统探讨之前，有必要对三组基本概念加以解释和区分。第一组是命题、句子（sentence）和话语（utterance），第二组是语境与评价环境（circumstance of evaluation），第三组是一词多义、歧义和语境敏感性。

第一组，命题、句子与话语的区别是清晰的。假设笔者于 2015 年 1 月 1 日在北京大学图书馆说出下面这句话：

① Travis 前期对"意义"的定义十分狭窄，仅指严格的字面意义，后期则反对存在确定的意义。

② 对 Travis 的批评有大量文献，可参阅 Vicente（2012）对此的回顾。

(1) 今天下雪了。

对于一个听到笔者说话的人而言，他首先听到的是一些声音，这些声音有特定的频率，然后他会判断出这些声音并不是任意的，而是一些符号，更具体来说，是一些有意义的语言符号。人类对于辨别语言与噪声有非常高的敏感度与自发性，不过这一部分的工作在语义学的研究范围之外。语义学所关心的是说话者通过语言所表达出来的内容。如果这些内容呈现出了完整的结构，比如主谓结构，那么这些内容就被称作“句子”或“语句”。语句是独立于语境的，是一个类型（type）。而话语则是依赖于语境的，是语句在某个特定语境下的标记（token）。同一个句子在不同的语境下被说出时会表达不同的话语。在上例中，由于有特定的语境存在，即 2015 年 1 月 1 日的北京大学图书馆，因此“今天”所指称的对象是可以在语境中找出来的，即 2015 年 1 月 1 日。但当语境发生变化时，如当笔者在 2016 年 1 月 1 日于广州说出句子（1）时，使用了同一个句子，但表达的是不同的话语。

命题是语句所表达的意义，它具有真值，并且是我们信念的对象（Speaks，2014）。因此命题是一个更为抽象的概念。在上例中，笔者说出的话语所表达的命题是：

(2) 2015 年 1 月 1 日下雪了。

与句子（1）相比，句子（2）包括确定的时间，因此对它的真值能够进行判断。此外，作者还可以说出：

(3) 我相信今天下雪了。

(4) 我怀疑今天下雪了。

“我相信”与“我怀疑”这些表达式被称为命题态度（propositional attitude），只有它们后面的从句部分也表达一个命题时，它们的真值条件才能够给出。因此，命题与真值是两个紧密相关的概念，也是传统形式语义学的核心。

第二组概念，即语境和评价环境，也需要进行区分。在进行这一区分前，需要对“语境”在本书中的含义进行澄清。在一般性的讨论中，“语境”主要包括两个部分：上下文（co－text）及情景语境（situational context）。而在语义学与语用学边界讨论中，普遍将“语境”等同于情景语境。主要的原因是，通过上下文决定指称对象或去歧义的过程是一个单纯的语义过程，不在这一讨论的范围之内，本书则沿用“语境”的这种用法。

在所有语言中，任何一个有能力的语言使用者都会注意到这样一个现象：索引词没有固定的指称对象。经由不同的说话者在不同的场合下说出时，它们会指称不同的对象。其中，最典型的例子就是“我”“这里”以及“现在”。比如，下面这句话：

我现在在这里。(I' m here now.)

当笔者在本书中说出这句话，“我”指称的是笔者本人，“现在”指称的是2015年1月6日，“这里”指称的是笔者位于北京的家中。(而如果美国总统奥巴马在2015年的新年致辞中说了同一句话，“我”指称的则是奥巴马，“现在”指称的则是2015年1月1日，而“这里”指称的则是白宫。)这些不同的情景就被称为语境。而如“我”“这里”和“现在”这些索引词，其指称对象需由语境决定，因此被视为最典型的语境敏感词。值得注意的是，Kaplan本人对语境的定义是相当严格的。它的基本形态是一个包含施事者（agent)、时间、地点、世界的四元组。即使有时会加入意向性或其他东西，这个集合的内容也是非常有限的。目前，大多数对语境与词义关系的讨论都不对语境作如此狭窄的解读，而是认为它包括特定交流场合中所有在场的事物，如说话者的谈话对象、他们谈话的内容等。本书第2章将对这两类语境因素作出区分，这一区分在后续的论证中起重要作用。

然而，语境并不包含场合中的所有因素。我们会发现，如果不把某些语境情况单独拿出来考虑的话，所有的表达式都可以是语境敏感的。比如“世界上人口最多的国家”这一表达式，不管是谁在什么场合下说出来，指称的都是“中国”，因此它的指称对象应该是固定的，是对语境不敏感的。然而，有新闻报道指出，印度的人口增长率远高于中国，100年以后世界上人口最多的国家会变成为印度。这是否意味着，“世界上人口最多的国家”这个表达式是语境敏感的？多数人会直觉地反对这一观点。

时间也在决定表达式的指称对象时起作用，但一般不将它纳入语境因素，而认为它属于评价环境。评价环境还包括可能世界（possible world)，即我们在哪个世界评价一个命题的真值。多数情况下，在讨论现实生活中的情景时，我们以现实世界作为真值评价的标准。而在讨论一些反事实情况（counterfactual situation）时，我们会以某个被描述的可能世界作为真值评价的标准。比如，美国对古巴解除经济封锁之后古巴旅游业的发展，这是在现实世界中被讨论的一个问题。而当我们设想如果50年前美国没有对古巴进行经济封锁，古巴目前的旅游业应该是什么情形，此时讨论的对象就不是现实世界中的情形，而是在一个可能世界中的情形，那个世界里其他条件都与现实世界一致，唯一的区别就是美国没有对古巴进行封锁。

有些语义学理论试图将另一个因素放入评价环境中，即所谓的评价语境（context of assessment）。这一观点最初是由 Egan、Hawthorne 与 Weatherson（2005）及 Lasersohn（2005）提出的，目前仍有较大的争议。它所关注的是语言交流中经常发生的一个现象：对于同一个对象，不同的说话者会因为自身爱好或感受的不同而作出相互矛盾的判断。举一个简单的例子：在夏天，当办公室空调的温度设定为26摄氏度时，同一个办公室里有人会说“空调的温度设得太高了”，也有人会说“空调的温度设得太低了”。这两个相互矛盾的命题是在同一个场合下被说出的，但似乎可以同时为真。笔者对这一观点并不赞同，认为它模糊了语境与评价环境的界限，而这是我们应该避免的。笔者认为这些例子所呈现的都是词项的语境敏感性，并会在第6章中为此提供系统解释。

第三组需要明确区别的概念是语境敏感性、歧义和一词多义。语境敏感性是本书的核心概念，对它一个最为直观的描述是，语义随语境的变化而变化。如果词项具备这样的特征，我们就认为它是语境敏感词。由于 Kaplan 对语境的定义十分狭窄，他所认可的语境敏感词范围也极为有限，仅仅包括索引词。索引词主要可分为以下几类：人称代词“我”“我的”“你”“他”“她”“它”，指示代词“这”“那”，副词“这里”“现在”“明天”“昨天”，形容词“实际”“目前”，及其他（Kaplan，1989：489）。只有这些少数的词项具有语境敏感性，需要从语境中得到指称的对象。

索引词是语境敏感词，这一点在目前关于意义的语境敏感性讨论中被普遍接受。但通过上一节中 Perry 与 Travis 所举的例子就会发现，有些句子即使不包含索引词似乎也能够具有语境敏感性。因此，还有哪些词项语境敏感，以及语境敏感词如何在语境中确定自身的意义，是本书将要解决的核心问题。

语境敏感性的特征是表达式的“内容”只有通过语境才能得到确定，无法在独立于语境时给出。因此，原则上表达式能够通过语境得到的“内容”

没有数量限制。这使得它与歧义和一词多义存在区别。一词多义是指对于一个词项存在固定的多种解释，比如，“花”在“玫瑰花”这个词组中的意思是植物的花朵，在“眼花”中的意思是模糊迷乱，而在“花钱”中的意思是耗费，等等。这些解释的数量是固定的，很多时候由上下文决定在所有解释中选取哪一个，而不需要依赖语境。歧义的情况则比较复杂，一词多义能够产生歧义，语音上以及句法结构上的多种解读也能产生歧义。同音异义的情况在汉语中普遍存在，如“我姓张”与“我姓章”。对一个词组的句法结构关系也能作不同的解读，如“学习资料”既能作动宾短语，也能作名词词组。同样，歧义只有一些数量固定的可能解释，并且这些可能解释在独立于语境的情况下就能得到全部列出。对比“我”这种典型的语境敏感词就可以发现，后者可能的指称对象是无穷的，而且必须要在语境中决定。在语义与语用边界的讨论中，一个共识是歧义与一词多义是单纯的语义学问题，而语境敏感词的范围及语境敏感性机制的刻画才是各方观点冲突的核心。

综上所述，本书的内容将围绕自然语言中表达式的语境敏感性问题展开。

1.5 本书的基本结构

在上几节所提到的理论背景下，当前的语言哲学家试图以更加细致和技术化的方式研究语义学与语用学的界限问题，以对语义及语境在决定命题意义的作用和方式上作出系统性的刻画。为了达到这个目标，他们运用了不同的理论假设和分析工具，逐渐形成了两个基本派别：最小语义学（Minimal Semantics）和语境主义（Contextualism）。本书写作的目的，就是要批判性地考察这两个派别对于语境敏感性的刻画，并从词项受语境影响的不同机制入手，对语境敏感词的类型作出细分。因为最后得到的语境敏感词范围远大于最小语义学的设想，但它们与语境不敏感词的界限又能明确划定，所以本书实质上是对一种温和语境主义观点的辩护。

本书的基本结构如下：

第1章简述意义语境敏感性问题对传统语义学与语用学研究的继承与发展，并解释本书常用的一些相关概念。第2章分析传统形式语义学的现代版本，即最小语义学几个主要派别的观点。最小语义学倾向于将语境敏感性最小化，它只接受索引词以及和它类似的词项意义随语境变化而变化，而认为不包含这些词项的句子有独立于语境的最小命题。因此，它及其他对这一问题感兴趣的哲学家进行了一系列的测试，以对特定表达式是否语境敏感进行判断。

第3章通过对这些测试的考察指出，它们在效力上值得怀疑，同时其本身难以避免循环论证的风险，由此揭开对最小语义学的一系列攻击：首先，从语义过程看，语境敏感词的范围大于最小语义学的预期，并且语境对词义的充实不必依赖句法基础；其次，从语用过程看，最小命题并不是一句话在所有语境中所共享的语义内容，它甚至没有存在的意义与必要。因此，最小语义学在自身理论框架内无法应对语境的挑战。

第4章考察当前较为流行的一种对最小语义学困难的解决方式，即索引词主义（Indexicalism）。它认为句子的语境敏感性来源于句子的逻辑形式中系统存在的隐藏变量，这些变量需要语境关联要素对其进行赋值。然而，其核心论证即约束论证（binding argument）存在难以克服的困难。该理论不能为形式语义学的基本原则提供辩护，也无法解决最小语义学面临的问题。

第5章由于最小语义学以及索引词主义在刻画语境对意义的影响上都存在理论缺陷，因此笔者放弃它们而转向语境主义。语境主义承认语境对于命题意义存在更大的影响，并试图对语境影响命题的机制进行刻画。对于语境影响的广度，温和语境主义（Moderate Contextualism）与极端语境主义（Radical Contextualism）有不同的见解。温和语境主义或通过等级性（gradability）分析对词义进行更为细致的刻画，以找出词义如何对影响自己的语境因素作出限制；或提出替代最小命题的概念即“所言”（“what is said”）并对它的产生过程提出见解。虽然温和语境主义者之间在观点上也存在差异，但他们都承认有语境不敏感的表达式，并且认为它与语境敏感词的界限是可以清楚地给出的。第5章重点对等级性理论进行刻画，因为笔者认为这一理论如果进一步系统化，将能够为划定语境敏感词的范围提供有力的依据。虽然等级性分析面临以颜色谓词为主的一系列挑战，但它们都能够在其自身理论框架内得到解决。第5章重点讨论这些挑战，并在第6章提出对它们的解决方式。此外，极端语境主义理论在前几章中已有所涉及，第5章对其理论的前提预设进行了梳理，并考察其真值条件语用学（truth - conditional pragmatics）的理论框架。

第6章首先为等级性分析受到的挑战提供解决方案。其次，因为这些挑战主要以实验哲学的方式提出，所以笔者设计了相应的实验，并以实验结果作为反驳的依据。在反驳的过程中，等级性形容词的特征得到了更为细致的刻画。其中的一种特征，即反身性，被笔者认为是语境敏感性产生的原因。最后，基于反身性的不同机制，笔者进一步扩大语境敏感词的范围，并给出相应的测试作为判断标准，最终得出一个复杂的语境敏感机制框架。这一语境敏感词范围大于大部分温和语境主义者的预期，但因为对它有可靠的判断标准，所以它仍是明确和固定的，不会向极端语境主义滑落。这一框架在解释力上也具有优势：很多相关讨论存在的困难，如最小语义学的测试如何改进，似是而非的例子如何区分，都能够借助它得到更为合理的解释。

2 最小语义学及其所代表的语义学策略

最小语义学这一派别的名称来自 Borg（2004）的同名专著。顾名思义，最小语义学是语义学与语用学的边界研究中与形式语义学传统关系最为密切的派别。它继承了后者的两个基本原则：首先，一个命题的意义由它组成部分的意义加上一定的组合原则得到，除此之外并没有其他意义的构成因素，这被称为组合性原则。其次，通过单纯的语义分析能够得到一个完整的真值可评价的命题，不需要借助任何语境因素。最小语义学作为形式语义学的现代版本，其理论目的并不是否定一切语境因素对于意义的影响，而是保持单纯的语义过程，即通过“词义 + 句法”得到句子意义的过程①，保证语义过程在理解与交流中的独立地位。比如，它是语境进行充实的前提，在理解与交流过程中必须要先得到最小命题，语境才能对其内容进行充实。再比如，它是交流能够顺利进行的基础，人们说出一句话的时候可能表达无穷多个命题，但这些命题当中一定包括最小命题，并且当交流或理解出现困难时，它是最为可靠的意义。为了实现这一理论目的，最小语义学的代表人物，如 Borg、Cappelen、Lepore 等，都对最小命题如何独立于语境影响进行了阐述。本章将分析这一理论派别的基本观点，并考察其对语境主义的质疑。

本部分内容包括以下三个方面：第一，提出最小语义学的理论目的与基本原则，以明确其在语义学与语用学边界讨论中的立场；第二，阐明最小语义学内部不同的理论观点，并比较它们的异同；第三，分析最小语义学为了清晰划定语境敏感词范围而提出的语境敏感性测试以及基于同一目的的其他相关测试。Cappelen 与 Lepore（2005）对语境主义的质疑就是以其语境敏感性测试为基础的。

---

① 本书将通过“词义 + 句法”得到的句子意义称为字面意义，命题称为最小命题。

2.1 最小语义学的理论目的和基本原则

最小语义学的理论目的可以简述为：在自然语言中为语义学划出确切的范围。形式语义学的对象并不是自然语言，而是理想化的逻辑语言，因此在它的论域中不存在语境问题。而随着语义学理论的发展，当哲学家们试图用它解释自然语言时，就对它提出了更多的要求，比如，语义学应该能够解释交流［如 Cappelen 与 Lepore（2005）及所有语境主义者］，语义学应该展现说话者与对象之间的认知关系［如 Lewis（1972）与 DeRose（1992）］，语义学应该体现说话者的本体论承诺［如 Schiffer（2003）］，等等。然而，如此多的理论目的相互掺杂，容易给语义学理论的发展带来过多的限制，甚至使其难以自洽。

在这种情况下，Borg 提出了最小语义学的概念。她所谓的“最小”可以从以下两个方面来理解：一方面，语义学的职能范围是最小的。一个成功的语义学理论不应该涵盖以上所有内容。它的职能只有两个：第一，语义学应该能够说明“复杂表达式的意义是如何由其组成部分的意义及它们的组合方式来决定的”；第二，语义学应该能够说明“复杂表达式之间的关系，比如句子与句子之间的推导关系”（2004）。这两个职能的共同特点在于基本只需要依赖传统形式语义学已有的资源，即词义与句法，就能够实现，对语境因素的引入仅限于索引词指称对象的确定。

另一方面，语义学受语境的影响也最小。虽然在自然语言的使用，即实际的交流活动当中，说话者无时无刻不在与语境发生互动，语境也确实充实了说话者想要表达的意义，但这并不能说明语境可以不需要任何媒介而直接作用于话语。即使承认语境对意义的影响，它的作用仍然需要以句法为基础。这样语境对于字面意义的影响就能控制在少数有限的情况内，如指称对象的确定，以及对句子结构中不完整部分的补充。

从这两个相互交织的观点可以清楚地看到 Borg 的语义学理论对于传统形式语义学的传承。由此可以得到最小语义学的一个基本原则：绝大部分表达式有独立于语境的意义。而实现这一原则的方法是严格的句法驱动性（syntax driven），即承认能够通过对自然语言中句子所具有的句法特征进行形式化的操作，从而得到真值可以评价的命题内容。如果形式语义学的范围需要扩大并引入语境因素，只有当语境因素的引入是由句法所决定时，才是语义学所能够接受的。句法驱动是最小语义学最为重要的核心概念之一。

Cappelen 与 Lepore 认同语义学的职能范围包括通过句法规则和语言成分的意义，以及句子与句子之间的衔接关系来决定句子的意义。他们也同意“所有能够对语句所表达的命题产生影响的语境敏感性”都应由句法驱动(2005：144)。但他们认为语义学的范畴应该进一步扩大到包括另一点，即语义学应该是交流与理解的基础。

> 最小语义学的动机是简单明确的：一个句子 S 的语义内容（semantic content）就是 S 所有的话语所共享的内容。不论说出它时的语境如何不同，所有 S 的话语都表达这一语义内容。即使一个人不清楚这句话语说出时的语境因素，他也能理解和转述这一语义内容。(同上：143)

值得注意的是，通过考察句子在实际交流中的使用，Cappelen 与 Lepore 给出了得到最小命题的另一种进路：在所有语境下说出同一个句子时所共享的内容，就是这个表达式的最小命题，即语义内容。这一点即使 Borg 在阐述自己较为极端的最小语义学观点时也有涉及。既然一个句子的语义内容是对其所有话语意义的概括，那么也应该认为它有独立于语境的意义。据此，笔者将意义为所有话语所共享作为实现最小语义学基本原则的另一个方式。

由此可见，即便是在最小语义学的框架内，获得最小命题也存在两种可能途径：一种是单纯的语义分析；另一种是同一个句子的所有话语所共享的内容。对此自然会产生一个疑问：这两条进路所得到的最小命题是否等价？[①] Cappelen 与 Lepore 认为它们是等价的。但如果从言语行为出发研究最小命题的意义，不可避免地需要回答一个问题：言语行为与语义内容如何进行有效区分？这是上一个问题的另一个形式，也是语义学与语用学边界讨论中最为核心的问题之一。

总之，由于目前语义学与语用学边界问题的讨论大多认同 Cappelen 与

---

① 直觉上人们认为对同一个句子，通过“句法 + 词义”的语义过程得到的最小命题就是它的语义内容。但对此目前并没有相关论证。

Lepore 的观点，认为语义理论应该解释交流，笔者也接受这一观点。因此在重构最小语义学的理论之前，笔者将其理论目的与基本原则总结如下，作为对最小语义学理论效用进行评价的标准。

最小语义学的理论目的有以下三点：

第一，说明句子的意义如何通过语词的意义和句法决定；

第二，说明复杂表达式之间，如句子与句子之间的逻辑联系；

第三，能够为解释语言交流提供理论基础。

相应地，最小语义学的基本原则是：大部分表达式有独立于语境的意义。这一原则有两种实现方式：句法驱动，或表达式中有被所有说出它的语句所共享的内容。

2.2 最小语义学的各派观点

一般认为，最小语义学的代表人物是 Borg、Cappelen 与 Lepore。Borg 对语义学的目的及职责范围的认定最为狭小，毫无争议是代表了最小语义学中较为极端的观点。而后两者的理论倾向则较为复杂。一方面，在阐述语义学观点时，由于他们坚持严格的句法驱动并赞成最小命题有独立于语境的意义这些基本原则，理应属于最小语义学；另一方面，在语用学立场上他们坚持话语行为多元论，这实际上又相当于是语境主义的观点①。本书讨论的重点在于语义学与语境的关系，更侧重于分析他们的语义学观点，因此将他们作为最小语义学的代表。另一个有类似争议的人物是 Bach。当讨论语义内容时，他的观点倾向于最小语义学，而讨论未述成分时又更倾向于语境主义②。2.3 将涉及他对语义内容的处理方式，关于其语境主义观点则在第 5 章中进行系统阐述。

---

① 如 Recanati 认为 Cappelen 与 Lepore 的观点属于极端调和论（radical syncratists），因为他们承认说话者说出一句话时直觉上表达的意义与这句话的语义内容之间的联系可以非常薄弱甚至不存在（参阅 2004：92，脚注 20）。

② 参阅 Korta，Kepa and Perry，John，“Pragmatics”，*The Stanford Encyclopedia of Philosophy*（Winter 2012 Edition），Edward N. Zalta（ed.），URL = <http://plato.stanford.edu/archives/win2012/entries/pragmatics/>.

2.2.1 Borg 的最小语义学观点

为了实现自己独立于语境影响的语义学这一理论目的，Borg（2004）提出了两个主要论证。

第一，她引用 Fodor（1983，2000）的模块理论（modular theory）来侧面论证语义学的独立性。模块理论认为，心灵的信息处理系统是由一些相互独立的模块构成的，每个模块有各自独立的信息来源和运作方式，彼此之间互不干涉。因此，每个模块都只能接收到与本身接收机制相符的局域性信息。在模块内部信息处理完成后，再输出汇总进行综合处理，最终得到全局性的信息。语言能力作为一个独立的模块，能通过接收到的声音或图像信息自动自发地生成对于语言的理解。这一过程不是推导的，也不需要其他模块的参与。在对语言信息形成理解之后，再将它输出，与其他模块所输出的信息如交流者所在的语境等进行综合，形成更为复杂和全局化的理解。模块理论能够很好地支持 Borg 所提出的最小语义学观点，因为根据这一理论，只有和语言相关的信息才能输入语言模块进行处理，得到最小命题。从语境中获取的信息应该先经由其他相应模块处理完成后，与语言模块的输出一起进行进一步处理，得到全局性的信息，即被语境充实后的命题。这样一来，语义学的独立性就经由大脑的生物机能得到了保障。①

第二，她认为即使存在语境对语义内容的影响，也不足以构成放弃最小语义学的理由。为此，她将两种语境敏感性区分为明显的语境敏感性（overt context sensitivity）与隐藏的语境敏感性（covert context sensitivity），并分别就两种情况下语义学如何排除语境的影响进行了讨论。

明显的语境敏感性指的是那些自身的语义内容本就需要依靠语境决定的语言表达式，如 Kaplan 的索引词。索引词的语境敏感性是为人所普遍接受的，而论证它们与模块理论相容则面临两个困难：第一，有观点认为，索引词所指称的对象必须是说话者所亲知的［acquaintance，详见 Russell（1911）、Searle（1969）、Evans（1982）］，因此确定它的指称对象需要借助语言模块之外的信息；第二，索引词又分为单纯索引词（pure indexical）与指示代词

① 模块理论及其心理学背景与本书的讨论并无密切联系，因而仅简单介绍。详细理论可参阅 Fodor（1983，2000）。模块理论与最小语义学的相关性论证可参阅 Borg（2004：74－107）。

（demonstrative pronoun）两种。就算前一种完全可以通过本身的符征在语境中找到对象，因而可以与最小语义学及模块理论相容，后一种似乎需要借助说话者的意向性（speaker intention）才能够确定指称的对象。而说话者的意向性显然不属于语言模块，因此将它指称对象的确定纳入语义学的范围是不符合模块理论的。

为了解决第一个问题，Borg 提出，索引词的使用并不需要对指称的对象有亲知。这种情况在实际生活中处处可见，通过拖延的指示代词（deferred demonstrative pronoun）转移指称对象就是典型的例子。所谓拖延的指示代词是这样一种情况，说话者实际指称的对象并不是其意在指称的对象。比如，当一个人指着巴赫的 CD（光盘）说“这是我最喜欢的作曲家”时，显然“这”指的并不是这张 CD，而是巴赫。

对于第二个问题，Borg 提出，包含索引词在内的单称词的句子所表达的是一个单称思想（singular thought），而说话者即使不知道单称词所指称的对象，也能够表达出一个完整的思想。

通过提出这两个问题的解决方法，Borg 试图说明，反对者所谓的明显的语境敏感性所依赖的认知限制（epistemic constraint）是可以被语义学排除在外的①。

在以上讨论过程中，Borg 提出了一个较为重要的观点，即需对语境因素作进一步区分。要求介入语义的语境因素有两种：一种是客观的，可以具体说明的，同时不受观察者角度或说话者意向性的影响，如一个语句说出的时间、地点，以及是由谁说出的；另一种则与之相反，是更为丰富但无法具体说明的，或者不客观的，需要依赖主观因素来确定的，如说话者的意向性。单纯索引词指称对象的确定通常需要前一种语境因素，而指示代词通常需要后一种。

这一区分在目前的讨论中经常涉及，如后一种因素经常被称为语境中明显（salient）的因素［参阅 Cappelen 与 Hawthorne（2009）、Leslie（2007）、Stanley（2001）等］。这一区分对本书尤为关键，因为本书的核心论点，即语境敏感性机制的不同导致语境敏感词范围的扩大，依赖于原则上存在对语境

---

① 由于对明显的语境敏感性鲜有争议，对 Borg 这方面的讨论不加以展开。她的详细论证可参阅（2004：167－196）。

的这两种解读。是以笔者在此对其给出更为明晰的定义，并在第 6 章中对二者的区别及它们各自对词项语境敏感机制的影响进行深入分析。

Perry（2001）提出对宽语境（wide context）与窄语境（narrow context）的区分。他对窄语境有严格的定义："……说话者、时间与地点在话语中扮演核心角色，因为它们的角色在任何话语中都被填充（同上：69）。"宽语境除了包括窄语境，还包括其他决定索引词指称对象时相关的因素。

与 Perry 的观点类似，笔者对语境构成要素与语境关联要素加以区分。前者与 Perry 的窄语境相同，指所有话语都需具备的客观特征，即说话者、时间、地点。采取与窄语境不同的名称是因为本书第 6 章中将突出它与索引词及反身性的关系，而这是 Perry 理论中不具备的。后者是宽语境去除窄语境之后余下的内容：语境中其他可能对话语所表达的语义内容产生影响的因素。

语境构成要素因其客观性与确定性，可以进行一个纯粹的形式化的描述，在 Borg 看来是可以与最小语义学相容的。对它的形式化描述存在一定困难，如"这里"和"现在"是典型的语境构成要素，但它们每次使用时的范围大小都未必一致。以"这里的烤鸭很出名"为例，此处的"这里"既可以用来指称一个特定的店面，也可以用来指称整个北京。它范围的大小似乎还是需要依赖语境关联要素决定。但更大的挑战还是来源于第二种，即语境关联要素，因为它往往体现为隐藏的语境敏感性。

隐藏的语境敏感性指的是句子看起来具有完整的语法结构，但理解它的意义却仍需要语境充实的情况。指示代词如"他"，在一个有很多人的语境下无法单凭自己确定指称的对象，需要借助说话者的辅助动作，通常是"用手一指"。这种动作就是语境关联要素。除了指示代词之外，导论中提到的未述成分也具有语境敏感性。

为了保持语义学的独立地位，Borg 需要对隐藏的语境敏感性进行反驳。一种可能方法是借用极端语境主义的代表人物 Recanati（2004）所提出的可选性标准（optional criterion）：一个真正的语境因素应该是可选的（optional），而不是必需的（mandatory）。因为如果是必需的，则说明这一补充不管在什么语境条件下都需要进行，因此它就是由句法驱动，而不是由语境添加的。虽然 Borg 与 Recanati 在基本立场上大相径庭，但可选性标准如果作为一种理论中立的评判标准，则可以被不同的观点所采用。2.2.2 中 Cappelen 与 Lepore

提出的语境敏感性测试也是如此。本章2.3中将对这两个评判标准进行详细讨论。

根据可选性标准，如果一句话在所有的语境下都需要在同样的位置进行内容上的充实，那么说明这种充实有句法依据。只有当语境充实不是在所有情况下必须进行，而是由特定语境的语用需要由上而下发动时，才能称之为未述成分。应用这一原则可以对完整命题进行有效判断，并且把传统上认为是不完整的表达式，如“下雨了”，将其定义为完整命题。这可以缩小隐藏的语境敏感性的范围，对最小语义学相当有利。

然而，从其他一些表达式看，接受可选性标准却意味着隐藏的语境敏感性范围的扩大。因为以比较形容词为代表的很多词项，如“高”“远”等，都需要在语境中确定其比较的对象。像“玛丽很高”这类句子，找不到一个没有比较对象而依然为真的语境。因此可以认为这些词项从词义上就带有语境敏感性。如果接受这些词项语境敏感，就等同于接受大量词项的意义需要依赖语境关联要素确定。这与最小语义学的理论目的不符。因此Borg必须放弃可选性标准。

Borg（2004）提出，词项本身语境敏感与它本身携带句法空位需要语境关联要素进行填充是两个不同的问题，不能混淆。以“玛丽不能继续”为例，“继续”是一个及物动词，需要携带一个宾语。但这不意味着它的宾语一定要由语境决定，因为它的句法结构可以充实成“玛丽不能继续做某事”。这句话并不带有句法空位，而是一种存在量化的解读。因此，这类句子不具有隐藏的语境敏感性，而是在句法结构上需要进行充实。她坚持认为，在对命题进行真值评价时引入的额外句法成分仍然要尽可能的少，仅仅在“直觉上很有必要和有充分的经验证据支持的情况下（同上：230）”才能够加入额外的句法成分。这些额外的句法成分也只是“为句子添加一个表示存在量化的空位，而不是一个变元，因而并不需要语境关联要素对它进行充实（同上）”。在大部分的情况下，句子不需要预设额外句法成分就已经是一个完整的命题，此时可直接对它进行真值判断。这就是她所谓的“宽泛的真值条件”（liberal truth condition）。以一些常被认为语境敏感的简单句如“玛丽不能继续”和“钢材的强度不够”为例，它们宽泛的真值条件可以表述为如下形式：

（1）如果 u 是“玛丽不能继续”这个句子在语境 c 中的一句话语，那么 u 为真当且仅当在 c 中玛丽不能继续某事。

（2）如果 u 是“钢材的强度不够”这个句子在语境 c 中的一句话语，那么 u 为真当且仅当在 c 中钢材的强度对于某事不够。

首先，这些例子中的“某事”是一个约束变元而不是一个自由变元，不需要语境对它进行充实。因此这些句子不是开句，它们表达完整的命题。开句一般会以这样的形式出现：“玛丽不能继续 x”，或者“钢材的强度对于 x 而言不够”。这里的“x”是一个变元，需要语境对其进行赋值。

其次，可以看出，对于以下这三个命题，Borg 认为它们是等价的。（5）才是（3）真正的逻辑形式。

（3）玛丽不能继续。

（4）玛丽不能继续某事。

（5）存在一件玛丽不能继续做的事情。

最后，Borg 进一步举了其他例子，类似“继续”“足够”“约翰的狗”的表达式在逻辑形式上包含一个句法项，使其能够进行存在量化的解读。而“红”之类的谓词则没有。她通过将被其他人认为不完整的句子的逻辑形式统一进行存在量化的改写，使它们成了完整的命题。这些语句能够进行纯语义的处理，而不需要依赖语境。这实际上是相当极端的语义学观点。在语义学与语用学的边界讨论中，除了 Borg 之外，鲜有人持类似观点。即使 Cappelen 与 Lepore，也认为除了索引词之外的少量表达式是包含变元的，语境关联要素能够以充实这些变元为由进入命题。

针对这一极端观点，可以设想以下质疑：

第一，在宽泛的真值条件框架下，既然语境因素无法进入命题，为恒等式的两边加入语境 c 没有任何实质意义。以（6）为例。

（6）“玛丽不能继续”为真当且仅当玛丽不能继续某事。

比较（1）与（6），后者似乎就能简明地实现 Borg 的理论目的。

第二，宽泛的真值条件不能提供对句子意义的正确解释。在（1）中，假定语境 c 是玛丽刚度过了大学生活的第一个学期，有两个人在讨论她的学习情况，一个人前面提到她由于多门课程不及格已经被学校退学了，此时当她说出“玛丽不能继续”时，她想要表达的命题是：

（7）玛丽不能继续上大学了。

毫无疑问，（7）蕴含“玛丽不能继续某事”。但后者还能被其他命题所蕴含，如玛丽不能继续选修该大学的课程，或者玛丽不能继续保持该大学学生的身份，等等。此外还有一些永真的情况，比如她不能继续维持上一秒钟的年龄了，等等。一方面，所有这些命题都蕴含“玛丽不能继续做某事”，而另一方面，似乎所有人说出（5）时都在表达玛丽不能继续做某件特定的事情，没有人真正表达存在量化的意义。

第三，宽泛的真值条件使得语境无法对句子的意义进行任何形式的充实，因而无法解释交流者通过说出一句话语表达另一个更为具体的命题这种常见情况。如果“玛丽不能继续”等于“玛丽不能继续某事”，“下雨了”等于“某地下雨了”，所有句子中可能存在的空位都被约束变元填充，那么当前一个句子在某个特定的语境中表达的意义是（7）时，它与“玛丽不能继续某事”只能被视为两个相互独立的命题。难以解释如何能够通过它得到（7）。

当然，Borg 可以不必理会这些质疑，因为她不认为说话者实际表达的意义是语义学研究的对象。只要论证句子本身可以独立表达一个完整命题，语义学的任务就达成了。这以后的工作，如分析说话者的意义和会话含义，都应该是语用学的任务。但是大多数语义学与语用学边界讨论的参与者并不接受这一立场，因此宽泛的真值条件理论游离于这场争论之外。

总之，Borg 的语义学构想是本书所涉及的各个派别中最接近传统形式语义学的观点。2.2.2 提到的 Cappelen 与 Lepore 的观点与它有一定的相似之处，具体表现在语义学的独立性和语义学的作用有限这两点上。但是因为前者不主张解释交流，在语境的影响如何处理以及语境敏感性如何判断上，双方存在较大的差别。

2.2.2 Cappelen 与 Lepore 的最小语义学观点

同为最小主义者，Cappelen 与 Lepore 的理论观点在表面上看与 Borg 有相似之处，如双方都同意语义学应该实现有限的功能，并且大部分表达式有独立于语境的意义。然而，双方根本性的区别在于，Cappelen 与 Lepore 认为语义学需要对语言交流作出有效的解释，并且他们的理论体系都是在语言交流的共性这一基础上建立起来的。理论目的与研究进路的不同导致双方在前提预设、概念解析及基本观点上都有明显区别。

Cappelen 与 Lepore（2005）认为，尽管语义学家对语义学最为核心的特征持不同意见，但都同意语义学的目的是对语言表达式的某些特征进行系统刻画，以反映语言的客观真理。为此需要以分析某些说话者所说出的内容为手段，进而刻画其他说话者的言语行为。可见，他们预设交流是有规律的系统性的活动，而语义学理论需要去发现在不同语境下言语行为所共享的特征。

基于这一前提，有必要对三对概念进行区分。首先，语义所表达的命题（proposition semantically expressed）与“所言”。语义所表达的命题指的是句子通过语义本身所表达的命题，只包括确定词义、去歧义和决定指称的对象这些步骤，和最小命题基本相同。它类似于一个抽象类型，在所有语境下保持同样的意义。比如“玛丽不能继续”所表达的最小命题就是“玛丽不能继续”，对它既不需要添加约束变元，也不需要添加自由变元。一个顾虑是为最小命题所表达的只是微不足道的真值，如在任何语境下都能够找到一些事情是玛丽所不能继续的。但是，这并不妨碍它有存在的必要。它存在的作用是提供交流中最基本的信息，并使得跨语境转述同样的信息成为可能。而“所言”则是语境主义者经常使用的概念，Cappelen 与 Lepore 极少提及。语境主义者认为最小命题在很多情形中不反映说话者实际上表达的命题，如当一个人在讨论玛丽的大学生活时说出“玛丽不能继续”时，她直觉上表达的命题是“玛丽不能继续大学的学业”。这种语境对句子意义进行进一步充实所得到的说话者直觉上表达的命题就是“所言”。它是联结最小命题与会话含义的其中一环。基于“所言”和其他语境中的要素以及百科全书式的知识进行进一步推导，才能最终得到会话含义。Borg 的语义学理论不接受“所言”的存在。而这一概念在 Cappelen 与 Lepore 这里也没有存在的必要，因为他们同样只接受由句法驱动的对命题的充实。

其次，第二对的概念区分对 Cappelen 与 Lepore 的理论体系相当重要，它们是语义内容（semantic content）与言语行为内容（speech act content）。后者指的是一个句子在所有语境下可能表达的所有命题，而前者指的是这些命题所共享的内容①。他们认为这两者之间并不如语境主义者所设想的那样存在密切的联系。实际上，它们之间的联系十分微妙，且相当薄弱。这是 Cappelen 与 Lepore 在语用学的讨论框架内被认为是极端调和论者的原因。

他们断言，很多语境主义者对语义学理论抱有一个错误的假设：

> 只要一个语义内容的理论能够解释所有或大部分说话者关于言语行为内容的直觉，如直觉上说话者说出一个句子时说出、断定、声称或表达了什么内容，那么这个理论就足够了。（同上：53）

这一假设基本将语义内容与言语行为内容作等价处理。但在 Cappelen 与 Lepore 看来，“言语行为内容根本没有系统理论可言（同上：190）”，因此这一假设只能引领语境主义者得出错误的结论。

关于言语行为内容没有系统的理论，因为 Cappelen 与 Lepore 认为，一个句子在某个特定的语境下说出时表达一个命题的集合，集合中的这些命题可以与这个句子本身有关，也可以无关。而同一个句子在另一个语境下又可以表达另一个命题的集合，这个集合不同于这个句子在上一个语境下表达的命题的集合。一个集合包含哪些命题在很大程度上是由语境决定的，但是所有集合中都包含一个命题，该命题就是这个句子的语义内容。一个句子的语义内容虽然在所有说出它的语境中都存在，但也只是所有可能解释的一种，本身并不具备任何特殊性。这与他们言语行为多元论（speech act pluralism）的观点相融贯②。

由于言语行为内容与语义内容有这样薄弱却固定的联系，又因为前者才是日常交流中真正发生的内容，只有经由对它的研究才能得到语义内容，“除此之外并无他法（同上：113）”，故而这一研究过程需要十分小心谨慎。他们提出，从前者得到后者有两种可能的研究进路：一是构造测试寻找句子 S 在大量不同语境下所表达的言语行为内容有何共性，并把这些共性定义为 S 的

---

① 如第一节所讨论的，最小命题这个概念并不包含得到它的方式，而得到它有两种方式：通过“句法 + 词义”这种纯粹语义学的手段，或者寻找一个句子表达的所有命题中共享的语义内容，也被称为“语义所表达的命题”。当本书使用“最小命题”时，指的是命题本身而不蕴含获得途径。而当本书使用“句法 + 词义”“语义内容”或“语义所表达的命题”时，除了命题本身还蕴含获得的途径。

② 这一观点所阐发的是 Cappelen 与 Lepore 的语用学理论，与本书关系不密切，因此不再展开讨论。可参阅（2005：190 – 208）。

语义内容；二是考察这些表达式在特定情形下的表现与典型的语境敏感词即索引词是否相同。

在对于语义内容的理解上，Soames（2002）和 Cappelen 与 Lepore 有相似的观点，并提出了类似的方法来获得它。他从语言的社会学特征出发，认为一个不带有索引词和其他语境敏感成分的句子有一个核心语义内容，是任何说话者在任何语境下说出这个句子的字面意义（除去反讽等情况）时都表达的。假设说话者 A 在某个特定语境 c 下说出这句话时表达了命题的集合 p，那么 p 中必然包括这个核心语义内容；假设说话者 B 在某个特定语境 c’ 下说出这句话时表达了命题的集合 q，那么 q 中同样也包括这个核心语义内容。将说出这句话时所有的语境下所表达的所有命题集合进行析取，就能得到唯一确定的命题，即这句话的语义内容。

最后，第三对概念区分是语义学与形而上学。Cappelen 与 Lepore 借助这一区分指出，很多关于语义学边界问题的讨论实际上讨论的并不是语言问题，而是形而上学问题。只有把后者从语义学中清除出去，才能对语义学的边界作出明确的划分。关于最小命题是如何得到的，或者最小命题在交流中起到什么作用的讨论，都是语义学的问题。而关于最小命题是什么的讨论则是形而上学的问题。

他们举了一系列例子以辅助论证：首先，以“A 是红色的”这个命题为例，如果询问“红色”的意义是什么，则这类问题与语言无关，是形而上学的问题。其次，以“准备好了”或者“足够”这些词为例，“A 准备好了”这句话语所表达的命题就是 A 准备好了。如果质疑这个命题没有对这个世界作出任何断定，这类质疑同样是形而上学问题，可以用归谬法来反驳。由于他们对这类例子和下一类比较形容词的论证方式是一致的，而比较形容词是当下语境敏感性讨论的热门问题，笔者将重点讨论他们对比较形容词的处理。

很多语境主义者都出于直觉地认为，比较形容词是语境敏感的。在考察这个句子时：“帝国大厦、喜马拉雅山都很高。”Cappelen 与 Lepore 认为，这句话表达了一个真命题，即这两者有一个共同点：它们都很高。自然会有人问，这两者所共有的“高”是一种什么属性？对于 Cappelen 与 Lepore 而言，这又是一个形而上学的问题。

语境主义者提出这个问题的原因是，他们认为，如果 A 对于标准 G 而言是高的，而B对于标准F而言是高的，则不能从中得出A和B都高这一结论，因为此时衡量标准并不一致。A和B都高只能形容衡量标准相同时的情况。换言之，他们认为“高”在意义上等价于“对于标准x是高的”，而x是语境关联要素。

在此基础上Cappelen与Lepore指出，即使通过语境关联要素对x进行充实，“对于标准x是高的”仍无法明确定义。假设x在语境中得到的值是“长颈鹿”，那么“对于长颈鹿是高的”仍然需要语境关联要素对其进一步进行定义，如长颈鹿的身高如何丈量、选择哪里的长颈鹿作为衡量的标准、长颈鹿在量身高时所应具有的状态等。一旦引入一个语境中的因素，按照同样的逻辑就应该引入无穷的因素。如果认为单纯的“高”无法定义，“对于标准x是高的”同样无法得到明确的定义。因此，为了避免虚无主义，应该接受单纯的“高”有独立的意义。

这三个区分实际上已经涵盖了Cappelen与Lepore最小语义学理论的核心观点。他们将其概括如下。

(1) 当一个句子被说出时，它所表达的所有命题中有一个是语义所表达的命题。

(2) 语义所表达的命题存在是所有语言交流理论的前提。

(3) 所有语义层面的语境敏感性，即能够影响命题表达的语境敏感性，都是由句法驱动的。

(4) 自然语言中的语境敏感词数量相当少。它们都能够通过跨语境转述测试。

(5) 要得到语义所表达的命题需要遵循以下步骤：确定句子中每个表达式的意义、确定相关的组合性原则、去歧义、为模糊的表达式得到清晰的含义、为语境敏感的表达式决定指称的对象。

(6) 语义所表达的命题并不是一句话语所表达的全部言语行为内容。一句话语还能够说出或断言大量其他命题。

(7) 对于言语行为内容的直觉或其他判据不能成为语义内容的直接证明。(2005：144－145)

Cappelen与Lepore的最小语义学观点能否成立，很大程度上取决于他们所提出的语境敏感性测试。一方面，这套测试是否能够按照他们的预期，揭示言语行为内容与语义内容微弱却必然的联系；另一方面，这套测试是否能够实现他们的理论目的，对语义学作出极简但清晰的划分，对跨语境交流提出合理解释。这些都是考察跨语境转述测试时的重要问题。

2.3 语境敏感性测试

本节主要讨论 Cappelen 与 Lepore 最小语义学观点的核心论证：语境敏感性测试。由于这套测试借鉴了 Bach（1999）所提出的 IQ 测试（Indirect Quotation Test，即间接引语测试），因此在考察它之前笔者将简要说明 Bach 的最小语义学观点及 IQ 测试。此外，笔者在上一节中讨论了 Borg 对可选性标准的反驳，本节将对可选性标准作为一种语境敏感性测试是否可行进行探讨。

将语境敏感性测试单独作为一节，是基于三个原因：首先，Cappelen 与 Lepore 声称他们所提出的测试是理论中立的判据，后几章还会涉及其他判断语境敏感性的测试或标准，笔者将其单独列出方便相互比较。其次，他们对温和语境主义的攻击也是基于这套测试提出的，在 2.3.2 中将对此进行梳理。最后，第 3 章中对最小语义学的质疑很多是针对测试展开的，在 6.3.1 会再次回到测试并表明笔者对它们的态度。由于语境敏感性测试在本书中的重要地位，有必要对其进行独立分析。

2.3.1 Bach 的 IQ 测试

如本章开头所提到的 Bach 的观点跨越最小语义学与语境主义两个阵营。应该说，他对于这场讨论最有创见的贡献是打破 Grice 的语用学图景，在字面意义与会话含义之间加入了一个新的概念——隐性含义（implicature），这将在第 5 章语境主义观点中出现。除此之外，他的最小语义学观点也有独特之处。

在涉及 Bach 理论的具体内容之前首先要澄清一个概念。关于“所言”，本书用它表示被语境因素充实后的命题，与隐性含义与显义（explicature）同义。而在 Grice（1991）的框架中，“所言”必须要与句子中的要素、它们的顺序、句法特征相对应，此外还包括指称对象的确定和去歧义。他对于“所言”的定义近似于本书中的最小命题，但比后者的范围更加狭窄，因为他要求这些要素必须对所形成命题的真值有所贡献。而 Bach 在使用“所言”时比 Grice 提出的意义上又要宽泛一些，因为他认为句子当中的某些成分虽然对命题的真值没有贡献，但也属于“所言”的内容。他正是在对这一点进行探讨的过程中提出了 IQ 测试。但他的“所言”与最小命题仍有区别，因为前者不一定是完整命题。为了防止极其容易出现的概念混淆，本书将用“所言＊”表示 Grice 的用法，并用“所言＊＊”表示 Bach 的用法，以示区别①。

Bach（1999，2001）认为，“所言＊＊”的内容与话语成分相对应，但这种对应不一定是明显的，可以是隐藏的。某些被 Grice 认为对真值评价没有贡献，属于规约含义（conventional implicature）的表达式，如“但是”“仍然”“甚至”，对真值仍然是有作用的，应该属于“所言＊＊”。一个典型的例子是：

（1）玛丽很穷，但是她很诚实。

Grice 认为，对这句话进行真值评价时只需要考虑“玛丽很穷”和“玛丽很诚实”这两个命题是否为真，中间以“但是”或“并且”连接并不影响真值的获得。因此，“但是”所表达的两个现象之间的矛盾关系并不属于“所言＊”，而属于人们传统上认为这句话所隐含的内容。而 Bach（1999）则对此提供了另一种观察角度。他提出，如果这些表达式所表达的意义是隐含的，在“所言＊”之内，那么对它们所在的句子进行间接引用时，这层意义就会失去，因为完整而正确的间接引用应该与原句表达同一个命题②。（1）的正确间接引语是（2），如果将它转述成（3），反而没有准确表达原句的意义。

（2）约翰说玛丽很穷，但是她很诚实。

（3）约翰说玛丽很穷，并且她很诚实。

在这一洞见的基础上 Bach 提出了 IQ 测试：

IQ 测试：一个句子中的要素对于这个句子的“所言＊＊”有所贡献，当且仅当对于这个句子（在相同语言中）作出正确并且完整的间接引语时，间接引语表达“所言＊＊”的从句中包含这个要素或与它对应的要素。（同上：340）

IQ 测试的作用是分清哪些因素能够进入“所言＊＊”而哪些不能够，为

① 在其他章节中，除非讨论最小语义内容是否必须是完整命题，否则没有必要进行如此细微的区分，均简化成 Bach 支持最小命题存在。

② 为了论证的效用 Bach 应该提出完整而正确的间接引用只能表达与原句相同的命题，但他的原句缺乏这一点，只提出“间接引语具体说明它所转述的那句话的‘所言＊＊’（1999：339）”。

了使用方便，它预设间接引语与原句的组成结构相一致。“但是”“仍然”“甚至”等被认为是传统含义的表达式，可以十分轻松地通过这个测试，因此应该属于“所言 * *”。但另一类也被认为是传统含义的表达式，如“另外”“既然已经提到它了”这些对话语进行修正的表达式则不能通过这个测试。

Bach 通过 IQ 测试论证了他的另一个重要的语义学观点，即句法内容与语义内容并不一定相互对应。他认为，像“约翰准备好了”这样的句子在句法结构上是完整的而在语义内容上则不完整。具体表现在这个句子能够通过 IQ 测试，被转述成“玛丽说约翰准备好了”。因此，“所言 * *”不必是一个完整的命题。这是他与其他语境主义者在观点上一个较大的区别。从这个角度看，他的观点可以说比后者更加极端。

此外，在 Bach 的语境主义观点中，IQ 测试还能起到进一步的作用：为隐性含义范围的判断提供依据。

总之，通过 IQ 测试，Bach 引入跨语境间接引语作为对最小命题进行判断的工具。这一概念也为 Cappelen 与 Lepore 所借鉴，在他们的语境敏感性测试中居于核心地位。

2.3.2 Cappelen 与 Lepore 的语境敏感性测试

设计语境敏感性测试的目的是约束语境敏感词的范围，以验证最小命题的独立地位。因此它是 Cappelen 与 Lepore 最小语义学理论的核心论证。由于如何刻画语境敏感性是关于语义学与语用学边界讨论的关键问题，除了这一测试之外还有其他的测试或标准存在，为避免混淆，笔者将他们设计的这套测试称为 CL（Cappelen 与 Lepore）测试。

Cappelen 与 Lepore 对于最小语义学的定义有一个更为简化的版本：“一个句子的语义内容是它的所有话语所共享的，独立于语境的，同时是所有有能力的说话者在不需要知道语境要素的时候仍然可以掌握的。（2005：143）”CL 测试的动机即来源于此。

2.3.1 中提到，Cappelen 与 Lepore 认为应该从言语行为内容着手研究，以得到语义内容。对此有两种可能的进路：一种是更偏向语义分析的手段，从 Kaplan 对索引词的定义入手，将与它在不同语境下表现出相同特点的词认定为语境敏感词；另一种是更偏向语用分析的手段，通过测试寻找同一个句子在不同语境中所表达的意义的共性，并认为这些共性语境不敏感。这两种进路虽然不同，但如果通过它们能够得到相同的结论，给出相同的语境敏感词的范围，那么他们的语义学理论就得到了验证。

对于第一种进路，Cappelen 与 Lepore 并没有进行论证。他们直接接受了 Kaplan（1989）的观点，认为语境敏感的表达式就是以索引词为代表的少量表达式，并认为它们可以分成以下几类：第一类是人称代词，如“我”“你”“他”“她”“它”等，包括它们不同的格和单复数形式；第二类是指示代词，包括“这”“那”等；第三类是一些副词，如“这里”“那里”“现在”“今天”“昨天”“明天”“以前”“以后”等；第四类是形容词，如“实际的”“目前的”等。除此之外，其他一些哲学家还贡献了另一类意义受语境影响的词，如“敌人”“朋友”“局外人”“外国人”“外地人”“移民”等。这些名词还有相应的形容词形式，如“外国的”“本地的”“进口的”“出口的”等。这五类语境敏感词的集合被称为“基本集”（basic set）。前四类词项都是典型的索引词，它们作为语境敏感词的地位基本没有争议。争议的来源主要是第五类词项是否为语境敏感词，以及它们之外的其他词项能否进入基本集。笔者认为第五类词项具有与前四类词项不同的特征，将它们称为“索引性词”。此外笔者还承认大量基于等级性的语境敏感词，对这一观点的辩护及对 Cappelen 与 Lepore 基本集的质疑将在后几章中展开。

在讨论第二种进路，即 CL 测试之前，有必要讨论如何保持这一测试的独立性。笔者认为，它理应体现在两个方面：第一，这一测试所代表的进路与 Kaplan 的索引词理论没有任何联系；第二，这一测试如它的提出者所言是理论中立的判据。因此，CL 测试需要满足以下两个前提才能保持其独立性。

前提一：测试本身不得包含索引词理论及相关内容。

前提二：测试本身不得涉及最小语义学已有的概念，如最小命题。

以下是 CL 测试的内容，它包括三个不同的子测试。

测试一：跨语境转述测试。只有当一个表达式使得跨语境的间接引语无法通过仅仅去引号而得到时，它才是语境敏感的。（Cappelen and Lepore, 2005：88）

测试一的表达有点烦琐，但它所要说明的情况十分符合直觉。假设在语境 c 中说话者 A 说出了一个句子 s 的话语 u，在另一个语境 c’ 中（c’ ≠c）另一个说话者 B 将 u 转述为 p：“A 说 s”。假设 s 中包含一个表达式 e，使得 p 为假，那么我们就有证据认为 e 是语境敏感的。例如，张三在 2015 年 2 月 1 日说：

（1）我今天去银行了。

而李四在两天后向别人转述这句话时如果说：

（2）张三说我今天去银行了。

这句话显然不是真的。因为句子（1）中的“我”指称的对象是张三，“今天”指的是 2015 年 2 月 1 日，而句子（2）中的“我”指的却是李四，“今天”指的是 2015 年 2 月 3 日。显然句子（2）并不是对句子（1）的正确去引号转述。如果要作出正确的去引号转述，“我”和“今天”这两个词在句子（2）中就不能维持不变，需要变成“他”和“前天”。如此一来，就可得到句子（3）：

（3）张三说他前天去银行了。

因此，根据测试一，“我”和“今天”都是语境敏感的表达式。

再来考察另外一个例子。如果张三在 101 房间说：

（4）苹果是红色的。

而当李四来到 102 房间向别人转述张三的话时，他可以直接说：

（5）张三说苹果是红色的。

此时他完成了一个正确的转述，而不需要对张三的原话作出任何的改动。根据测试一，句子（4）中并没有包含任何语境敏感的表达式。

在大部分情况下，语境敏感与语境不敏感的表达式在能否通过测试一上的表现是泾渭分明的。但是也存在一些边缘化的情况，比如上文提到的第五类语境敏感词。以“外国人”为例，假设史密斯是金发碧眼的纽约人，在中国留学，张三看见他后说：

（6）史密斯是外国人。

如果此时玛丽在德国而彼得在芝加哥，二者都想对句子（6）进行去引号的转述，又都说出了句子（7）：

（7）张三说史密斯是外国人。

此时，玛丽表达了一个真命题，而彼得表达了一个假命题。而如果将上两例中的“外国”改成“外地”，则玛丽与彼得都表达了一个真命题。因此，在讨论跨语境间接引用时，语境之间的差异要多大才能够满足要求，不同词项之间存在区别。对此 Cappelen 与 Lepore 并没有给出详细的刻画。

测试二：概括性测试。语境敏感的表达式无法进行概括性的描述。（同上：104）

测试二中“概括性的描述”指的是这样一种情况：如果 A 具有某种特征，B 也同样具有这种特征，那么我们可以把它们概括为：A 与 B 都具有某种特征。但是，如果这种特征是语境敏感的，那么我们就无法进行这种概括。

例如，当我们称了史密斯的体重，发现他重 80 千克，又称了一个铁块，发现它也重 80 千克，此时，以下三个句子都为真。

（8）史密斯重 80 千克。

（9）这块铁块重 80 千克。

（10）史密斯与这块铁块都重 80 千克。

其中，句子（10）就是对句子（8）与句子（9）的概括性描述。这说明“重 80 千克”这个特征是语境不敏感的。

比较以下这两种情况：如果一家餐厅每天只提供一款例汤，昨天张三去吃饭时问店员例汤是什么，店员说“冬瓜排骨汤是今天的例汤”，今天张三又去吃饭，店员说“党参乌鸡汤是今天的例汤”。这两个命题在各自的语境下都是真命题，而如果将它们进行概括，得到的句子（11）却是一个假命题，因此“今天的例汤”是语境敏感的。

（11）冬瓜排骨汤和党参乌鸡汤都是今天的例汤。

这种情况同样适用于单称词。如果单称词 N 是语境不敏感的，当它在某个语境下具有特征 F 时，我们说“N 是 F”则表达了一个真命题。当它在同一语境下具有特征 G 时，我们说“N 是 G”也表达了一个真命题。这样我们就可以得到另一个真命题，即“N 既是 F 又是 G”。比如：

（12）企鹅会游泳。

（13）企鹅会吃鱼。

（14）企鹅既会游泳又会吃鱼。

而如果在一次朋友聚会中，张三指着李四说“他会游泳”，又指着王五说“他会拳击”，显然就不能说“他既会游泳又会拳击”。因此，“他”是语境敏感的。

测试三：真正的语境漂移测试。语境敏感的表达式能够通过跨语境间接引用测试（Inter - Contextual Disquotational Test，ICD **测试**）**并且承认真正的语境漂移论证**（Real Context Shifting Arguments，RCSA）。（同上：104）

这是 Cappelen 与 Lepore 理论中最为核心的一对测试。它们实际上是同一个测试的两种不同的描述方式。其中跨语境间接引用测试可以表达为：假设句子 s 中包含一个表达式 e。

ICD 测试假设句子 s 表达命题 p，即使 p 为真，仍可能存在 p 的话语为假的情况。①

除非 e 能够通过这个测试，否则它就是语境不敏感。

真正的语境漂移论证则需要区分两个语境：讲故事的语境（story telling context）与目标语境（target context）。前者指的是语境漂移论证发生时的语境，后者指的是语境漂移论证所设想的一个语境。

在此基础上，笔者将真正的语境漂移论证概括为：

只有当所谓的语境敏感词 e 既在讲故事的语境中被使用，又在目标语境中被提及时，这个语境漂移论证（RCSA）才是有效的。

这两个测试的相关性体现为前者是后者的例示。因为当我们说出“即使 p 为真”时，我们实际上是在自身的语境下肯定了 p 为真，这个语境就是讲故事的语境，此时 e 得到了使用。而当我们继续说出“仍（可能）存在 p 的话语为假的情况”时，我们表达的是存在一个令 p 的话语为假的语境，这个语境就是目标语境。在目标语境中，e 得到了提及。因此，这两个测试的效用是完全一致的。

要分析这两个测试的真正功能，正确区别“使用”与“提及”是十分重要的。根据 Cappelen 与 Lepore 的原例，假设他们二人正在纽约第五大道的一家咖啡馆里，这是一个闷热而潮湿的夏夜，街灯熄灭了，他们在喝冰红茶。假设这个语境之中包含所有的细节，并给它一个名字：5stC。在这个语境里他们在讨论“约翰准备好了”这个句子，并设想了另一个说出它时的语境：在

① Cappelen 与 Lepore 对 ICD 测试的表述原文为：“即使 s，仍（可能）存在‘s’的话语为假的情况（2005：105）。”笔者认为这一表述不够清晰，因此对它作如上改写。

一次关于考试准备情况的对话中，有人问约翰的准备情况，妮娜说：“约翰准备好了。”

此时，讲故事的语境就是5stC，在这个语境中当Cappelen说“约翰准备好了”，这句话所包含的表达式就得到了使用。而当他们构造另一个考试准备情况的语境时，他们设想由妮娜说出这句话，此时这句话所包含的表达式只是被提及。在ICD测试中，讲故事的语境就是当下的语境，在这里说出s，e得到了一个确定的语义值，这样一来e就得到了使用。而当说话者在当下的语境中，构造一个并不存在于当下语境的目标语境时，包括e在内的所有词的语义值并不发生改变。在目标语境中，词项与对象的指称关系只是一种提及。

这一测试明确针对的是传统的语境敏感性测试，即所谓的“语境漂移论证”。这一论证看起来也似乎非常符合直觉。由于语境敏感性的本意就是同一个表达式在不同的语境下所指称的对象不同，因此人们直觉上认为，如果能够找出两个语境，在这两个语境中同一个表达式指称了不同的对象，那么这个表达式就是语境敏感。语境漂移论证的操作流程是：设想一个语境c，其中有一个包含表达式e的话语u，当u为真时，e指称一个特定的对象A。再设想另一个语境c’，其中同样有包含表达式e的话语u’，如果e在c’中仍指称A，则u’为假，如果e指称B则u’为真，而B≠A，就说明e是语境敏感的。

按照这个论证，基本所有表达式都可以被认为是语境敏感的，因为总是可以构造两个互不关联的语境，使上述条件成立。Cappelen与Lepore（2005）认为这是语境主义的常用论证方式。在他们看来，一些语境主义者的经典例子所使用的就是语境漂移论证，具体如下。

例1 史密斯早上起来的时候光着身子空腹称了一下自己的体重，发现正好是80千克。这时“史密斯重80千克”表达了一个真命题。而当他吃好早饭，穿好冬天的外套提着公文包去公司时，电梯里已经快满员了，只能再上一个80千克以内的人，不然就会超重。这时“史密斯重80千克”则表达了一个假命题。因此，“重80千克”这个表达式是语境敏感的。

例2 我们在集市上挑苹果，我儿子说：“这个苹果是红色的。”如果这个苹果确实是红色的，那么他的话语就为真。但在这个语境下，“红色”是什么意思？对苹果而言，红色一般指的是表皮为红色，这和我们

> 说西瓜、树叶、星星或头发红的情况是不一致的。但即使对于一个苹果而言，只要给出合适的情境，“红色”也能够有其他的理解。比如，我们在一篮苹果里挑选被霉菌感染的苹果。霉菌从果核开始感染，把整个苹果的果肉都染成红色的。我儿子把苹果切开，把好的苹果放到锅里，把坏的苹果给我。当他切开一个苹果时他说：“这个苹果是红色的。”如果这个苹果的果肉是红色的，那么他的话语就为真，即使它的表皮不是红色的。(Bezuidenhout，2002：107)

可见，如果接受语境漂移论证，所带来的结果对于最小语义学是毁灭性的。而 Cappelen 与 Lepore 则通过测试三说明，语境漂移论证的不合理性在于要考察的表达式在两个被构造出来的语境中都仅仅被提及，而没有得到使用。因此，它不能成为判断表达式语境敏感的标准。

从对这三个测试的初步观察可以看出，它们都是以跨语境间接引用为基础构造起来的。对这一理论基础 Cappelen 与 Lepore 并没有进行解释。一种可能的设想是，如 IQ 测试中提到的，正确的间接引语应该与原句尽可能维持同样的组成结构，并表达同一个命题。如果为了达到相同的命题必须使间接引语在表达式上与原句不同，那么这个需要改变的表达式只能用语境敏感来解释。而如果间接引语是与原句同样的句子却表达了不同的命题，那么也说明这个句子中包含语境敏感的成分。

这一解释的核心，在于对“同一个命题”如何定义。根据前提二，为了维持测试的理论中立性，不能将它理解为“同一个最小命题”。但实际上，CL 测试如果能够成立，还需要一个没有被 Cappelen 与 Lepore 明确提出的前提：语境不敏感的表达式有独立于语境的，或者说超越当下语境，被各个语境所共享的意义。而反映在命题上，这就是他们对最小命题的定义。因此，CL 测试恐怕并不是一个理论中立的判据。也可以认为，设计这套测试就是为了验证最小命题的存在，而这个结论已经隐含在测试当中了，因此它是一套循环论证。语境漂移论证虽然为 Cappelen 与 Lepore 所反对，但它并不是循环论证。因为它显然认为“同一个命题”指的是表达同样的“所言”。语境主义基本也持这一观点，第 3 章中对 CL 测试的反驳大多基于此展开。

值得注意的是，Cappelen 与 Lepore （2005） 对语境主义理论的批评也是基于 CL 测试展开的。他们的批评分两步：第一步，如果温和语境主义的成立依赖语境漂移论证，而语境漂移论证加以一定的想象力能够应用于任何句子，说明任何表达式语境敏感，那么温和语境主义会毫无疑问地演变成为极端语境主义。第二步，极端语境主义观点是站不住脚的，因为基本集之外的任何词项都通不过 CL 测试。他们认为这两步完成了对语境主义的整体反驳。

由于本书的主要目的是为温和语境主义提供一种可能的辩护，因此将会对以上观点作出系统回应。第 3 章对 CL 测试的攻击实际上说明以上批评的第二步并不成立，即通过 CL 测试得到的语境敏感词范围实际上大于基本集。在此基础上，第 3 章将对最小语义学的核心概念即最小命题与句法驱动提出质疑。

Cappelen 与 Lepore 对语境主义进行批评的第一步，即温和语境主义一定会演变成极端语境主义，实际上并没有切实的论证。他们举出一系列语境漂移论证的例子，这些例子所使用的句子在直觉上语境不敏感的程度逐步加深，试图引导读者自然地得出以上结论（2005：43－47）。由于语境漂移论证被他们认为是不可靠的，现有的其他语境敏感性测试在第 3 章中被笔者认为是不可靠的，本书对温和语境主义的辩护不再从测试入手，而是采取一种更为直接的方式：语境敏感词与语境不敏感词的区别在于词项本身受语境影响的机制不同。只要机制能够明确给出，二者的界限就能够是固定的。温和语境主义能够给出这一机制，因此它不会滑落成为极端语境主义。这一论证将在第 6 章中展开。

2.3.3 可选性标准作为一种测试

上一节中提到，可选性标准也是判断语境敏感性的可能标准。Borg 对它持反对态度，主要是因为它的可能结果与她自身的理论目的相冲突。本小节将通过对可选性标准的进一步分析，说明它无法成为判断表达式语境敏感性的有效测试的原因。

可选性标准提出的背景是 Recanati（2004）将语境对命题意义的充实分为初级与次级两个语用过程。二者的主要区别在于：初级语用过程是在命题意义产生之前进行的，是语境因素对于词项所进行的充实，以使词义更加确切地表达它在该语境下所应表达的意义。这一过程是语言使用者自发进行的，不通达于其意识。在初级语用过程完成之后，词义得到了充实，组合性原则才开始作用并产生命题意义。而次级语用过程是在此基础之上进行的，它基于已表达的命题，结合其他语境因素推导出说话者所隐含的命题，即会话含义。会话含义对于意识而言是通达的，因此交流者不但同时能够意识到说出的命题和会话含义，还能掌握从前者到后者的推理过程。

由于语境主义与最小语义学的分歧主要集中在初级语用过程，本书的讨论也围绕这一过程展开。Recanati 认为，初级语用过程中语境对词义有两种主要的充实方式。一种是由句法规定词义需要经由语境充实，并给出充实的方式。以最典型的索引词为例，“我”这个词所指称的对象需要由语境提供，而这个词的词义本身也给出了在语境中确定这一对象的方式，即确定说出这个词的人。这种充实被称为“饱和”（saturation）。另一种是与词义和句法无关，而由某个特定的语境对词义进行充实，使其更具符合说话者在那个语境中所要表达的意义。这种充实被称为“自由充实”（free enrichment）。

从表面看，Recanati 所提出的饱和与最小语义学的句法驱动是一致的：既然需要饱和的情况是由句法规定的，那么这是特定的词项或句法结构的特征，而与语境无关。换言之，如果一个词项或句法结构需要饱和，那么语境对它的充实就是必需的（mandatory），即在所有语境下都必须对其加以充实，不存在不充实的情况。同样，由于饱和是必须的，那么包含这些词项和句法结构的句子只有经过饱和才能成为完整命题。而如果在某个语境下，没有对包含这些词项和句法结构的句子进行充实，就不能成为完整的命题，在该语境下就无法对其进行真值评价。Recanati 提出可选性标准作为判断一个词项是否需要饱和的依据：

> （可选性标准）当一个语境因素是由可选的语用过程进入（句子所表达的）内容时，我们可以设想另一个可能的语境，使得这个语句不需要添加这个语境因素也能表达完整命题。（2004：101，括号内的内容为笔者所补充。）

对某个特定的词项或句法结构，只要能够构造一个包含它的句子，再构造一个语境，在其中这个句子不需要语境充实而同样能够进行真值评价，那么语境对它的充实就不属于饱和。如果将需要饱和的词项等同于语境敏感词，那么可选性标准也能被视为判断词项是否语境敏感的一个测试。

虽然 Recanati 并没有明确提出这一点，但他对温和语境主义的一个经典例子的考察可被视为可选性标准效力的体现。多数温和语境主义者认为，“下雨了”这句话中包含一个隐藏的地点变量，需对其进行充实才能进行真值评价，因此这是一个典型的饱和的例子。如 Taylor（2001：53）认为，我们“强烈需要”在这个句子中通过语境加入地点。然而，Recanati 举出了一个反例，在其中不需要加入语境中明显的地点就能对“下雨了”进行真值评价。

> **例** 假设降雨变得极为稀少并且重要，在整个地球上都安装了降雨探测器。当某个探测器探测到降雨时，监控室中就会响起铃声，而降雨的地点则会在监控室的控制台上亮起。在经历了几个星期的干旱之后，监控室里终于响起了铃声。而值班的天气监测员此时正在隔壁房间，他听到铃声后大喊：“下雨了！”此时，他说出了一个真语句，当且仅当此时某处正在下雨。(2002：317，略有简化)

如果接受这个例子，那么根据 Recanati 的论证，对“下雨了”的充实就不属于饱和，而属于自由充实。因此“下雨了”是一个完整命题，不包含未述成分。

对这个例子，Marti（2006）提出了质疑，认为此时语境对“下雨了”也进行了充实，不过并不是一个特定的地点，而是整个地球。因此，充实之后得到的命题是：

(1)（地球上）下雨了。

Cappelen 与 Lepore（2005）和 Stanley（2005）也表达了类似的观点。

但值得注意的是，句子（1）与上例中说话者所表达的命题意义仍有所偏差。虽然在中文里体现得不明显，但句子（1）是一个全称命题，即“下雨”所覆盖的范围是整个地球。而上例中显然天气监测员并没有表达这个意思。他实际上表达的是“地球上的某处正在下雨”。据此，Recanati（2007）提出，这些质疑自身就存在一个漏洞。如果接受温和语境主义的观点，对“下雨了”补充地点变量是必须的，也只能补充某个特定的地点，如“巴黎”，或补充极大的范围，如“整个地球”。无法解释为什么对“下雨了”能够给出一个存在量化的解读，即“（某处）下雨了”[①]。这对于温和语境主义者，尤其是Perry（1986，1998）的未述成分观点是一个有力的批评。

Recanati 还指出，存在量化作为一种可能的解读在时态当中较为常见。如过去时与将来时，在没有给出特定时间的情况下，既可以根据语境补充一个特定的时间，也可以根据语境补充一个存在量化的时间。比如：

（2）他来过。

（3）我要去香港。

如果张三出门一个小时后回来，问李四在此期间快递员有没有上门，而李四回答句子（3），则该语境为这个语句补充了一个特定的时间，即快递员在最近一个小时之内的某个时间点来过。如果张三偶然看见一块墓碑上面刻着句子(2)，而张三对死者一无所知，那么该语境对此只能作存在量化的充实，即“在过去某个时间他来过人世。”句子（3）也是一样，如果说话者在和别人讨论国庆节假期的出游计划，那么语境会为它充实一个特定的时间，即国庆期间；而如果说话者只是表达对将来的期待，那么语境只能充实成“我总有一天要去香港”。

比较 Borg 的宽泛的真值条件与 Recanati 关于存在量化的例子，可以看出，按照前者的处理方式，句子中所有被认为需要语境补充的部分都应作存在量化的解读，这在直觉上并不合理，因为它断绝了任何语境因素进入命题的途径，不能对话语在语境中的意义作出正确的解释。而后者则将存在量化作为一种可能的解读方式，是对温和语境主义观点融贯性更为切实的挑战。不过，这一挑战也存在局限，因为仅仅对于天气谓词如“下雨”“下雪”等能够构造出作存在量化解读的例子，对于其他主语为特定对象的谓词如“跳舞”“吃饭”等则不能作类似解读。关于这一区别，本书在第 5 章与第 6 章将进行更为深入的探讨。

本小节所关心的问题是基于可选性标准能否得出一个语境敏感词的范围。Recanati 本人并未进行这项工作，从他对可选性标准的相关论述中可作如下推断。

---

① 上页例子中加入了不必要的复杂因素，使存在量化这一点并没有十分突出。对此可作一些修改，如下例：假设地球上如果连续三天没有任何地方下雨，那么地球就会毁灭。为此在全球各地都安装了降雨探测器。当某个探测器探测到降雨时，监控室中就会响起铃声，而现在已经两天半没有响起铃声了，人们的心情变得十分紧张。终于，铃声响了！人们激动地大喊：“下雨了！”

首先，可选性标准不适用于对量化词的域限制进行判断。Recanati（2004）指出，对量化词的域限制可作饱和与自由充实两种可能的解释。一方面，在没有语用要素参与的情况下，可以预设量化词的域总是取最大值。如“所有人都去巴黎了”，对它的解读就是“全世界所有人都去巴黎了”。如果在语境中对它的域需要进行进一步的限制，如“公司里的所有人都去巴黎了”，这种限制是可选的，是一种自由充实。另一方面，同样能够预设量化词的域必须经由语境充实。即使取的是最大的域，如“全世界”，也是一种充实。只是因为它表面上看起来没有对量化词的域作出任何限制，因此给人一种没有进行充实的错觉。这两种解释在 Recanati 看来都是合理的，而仅凭可选性标准自身无法从中作出选择。

其次，可选性标准也未必适用于对比较形容词如“高”的语境敏感性进行判断。Borg（2004）和 Corazza 与 Dokic（2007）都认为，根据可选性标准，“高”应该是语境敏感词。对类似于“玛丽太高了”这样的句子，我们无法设想一个语境，使得玛丽不相对于任何比较的对象而单纯地“太高”。因此，“高”总是需要语境补充比较对象的。Recanati（2012）承认，自己在很长时间以来也持同样的观点，即“高”无法像“下雨了”一样，构造一个可作存在量化解读的语境。但是，可设想这样一个反例：宇宙中同时存在着二维和三维的对象，称二维对象为平的对象而称三维对象为高的对象是相当自然的。这时“高”指的是高度大于零的情况，即只要对象有任何高度，就能够用“高”来形容它。另一个类似的例子是“贵”。一般情况下，“贵”指的是价格高于一个语境中给出的标准。但也有例外的情况，比如有些东西是免费的，和这些东西相比，任何需要花钱买的东西都可以被认为是贵的。按照这种分析方法，语境对比较形容词的充实也可被认为是自由充实。然而，借鉴了 Kennedy 与 McNally（2005）和 Kennedy（2007）对形容词的分析后，Recanati（2012）倾向于认为类似于“高”的表达式有两层意思，一层是单纯的“高”，即用来形容只要对象有任何高度的情况；另一层是比较的“高”，即用来形容对象高于语境中给出的标准。后一层意思是“高”的基本义，而前一层意思则是从它身上经过语境的自由充实而得到的。[①]

① 对于比较形容词的详细讨论可参阅 Recanati（2012：49－76）。因为比较形容词的复杂性，对其的分析与探讨集中在第 5 章。

此外，对于类似“红色”的谓词，Recanati 在判断上也表现出了犹豫。他一方面认为“红色”无疑是语境不敏感的。语境对于一个对象红在哪个位置的充实不是饱和，因为可以设想一个从里到外无处不红的对象；另一方面，他也没有排除另一种可能，即就算对于一个纯红色的对象，当我们说“它是红色的”时，语境也对“红色”的域进行了充实，只是因为充实的是整个对象，所以直觉上并没有意识到域限制的存在。

还有一类情况值得注意，即像“你”“他”这样典型的索引词，也有通过可选性标准被逐出语境敏感词的危险。比如，考察在高速公路上经常出现的两类标语：

（4）山东欢迎你。

（5）He who drinks does not drive. ①

这两句话中的索引词显然都不指称特定的对象，而是作全称量化的解读。如（4）可作以下形式化的改写：

（6）对任何 x，如果 x 来山东，那么山东欢迎 x。

如果按照可选性标准，给出这两个反例就意味着对“你”“他”的指称对象进行语境充实也变成可选的了。但这显然不是大部分人能够接受的，也不符合 Recanati 的预期。可见，可选性标准存在一个至为关键的困难，即其自身无法在饱和与自由充实之间作出实质性的区分。这极大地降低了它的解释力。Recanati 意在用可选性标准表明严格受句法驱动的语境敏感词数量非常有限，因为像“下雨”这种被很多语境主义者认为包含地点变量的表达式根据这一标准都是语境自由充实的结果。然而，如果对表达式全称量化的解读是否属于语境充实不作出确定的判断，那么可选性标准本身就缺乏基础。笔者据此认为可选性标准不能成为判断词项语境敏感性的依据，并在下一章对最小语义学所面临的困难进行分析时，以 CL 测试为主要对象。

① 喝酒不开车。在英文中有第三人称不指称特定对象的例子，中文里似乎难以找到同样的情况，而普遍采取省略主语的方法。

3 最小语义学所面临的主要困难

最小语义学对于语境主义的核心批评，在于大部分后者所认为的语境敏感词都不语境敏感。按照 Cappelen 与 Lepore 的观点，它们无法通过 CL 测试。本章首先对这一点提出反驳，以说明通过 CL 测试的语境敏感词范围实际上大于基本集。在此基础上，本章对最小语义学理论的质疑进一步扩大到其核心概念即最小命题与句法驱动。

从语义过程看，最小语义学的困难主要体现在两个方面：第一，语境敏感词的范围大于基本集；第二，语境对词义的充实完全可以不需要句法基础。对这两方面展开质疑的目的是削弱甚至瓦解得到最小命题所依赖的句法驱动这一原则。从语用过程看，最小语义学的难点在于无法确保最小命题在交流中的地位和作用：第一，一句话在所有语境中所共享的语义内容与最小命题并不等价；第二，最小命题不论是在认知还是在交流中都没有存在的意义和必要。本章将从以上四个方面刻画最小语义学所面临的主要困难，并试图得出以下结论：如果最小语义学将交流作为自身的理论目的，则其理论框架无法解决这些困难。与之相比，语境主义是一个更为可行的方向。

3.1 语境敏感词的范围可以扩大

Cappelen 与 Lepore 坚称，语境敏感词的范围是极为有限的，仅仅包括基本集，并可通过 CL 测试得出。CL 测试本身是否合理，以及通过 CL 测试所得到的语境敏感词的集合是否与基本集相同，都遭到了语境主义者的质疑。同时，Cappelen 也对 CL 测试进行了反思，并提出使用替代测试。通过对 CL 测试及其替代测试的批判性分析，笔者倾向于认为这些测试难以做到理论中立，同时无法揭示语境敏感性自身的复杂性，因而难以为当下的讨论提供有益的洞见。

3.1.1　CL 测试是循环论证

CL 测试由三个子测试组成。在讨论它所存在的问题之前有必要先回顾一下这三个子测试的内容。

> 测试一：跨语境转述测试
>
> 只有当一个表达式使跨语境的间接引语无法通过仅仅去引号而得到时，它才是语境敏感的。
>
> 测试二：概括性测试
>
> 语境敏感的表达式无法进行概括性的描述。
>
> 测试三：真正的语境漂移测试
>
> 语境敏感的表达式能够通过跨语境间接引用测试并且承认真正的语境漂移论证。

正如第 2 章中所提出的，CL 测试内部最为基本的紧张关系，是它在设计时就存在循环论证的倾向，因此，在实际使用中也难以避免出现这一问题。本小节主要分析批评者们如何在各个子测试，尤其是在测试一的实际运用过程中揭示这一问题的存在。

一个容易被观察到的现象是，测试一虽然十分符合直觉，但存在典型的语境敏感词偶然在不同语境下仅仅通过去引号而得到正确转述的情况。比如，张三 2015 年 10 月 1 日在北京说“我喜欢听古典音乐”，而他同年 12 月 1 日在南京说“我说过我喜欢听古典音乐”。此时，虽然原句中包含“我”这个典型的索引词，但由于说话者没有发生变化，在转述时仍然能够仅仅通过去引号表达和原句同样的命题。为排除这种现象的干扰，Cappelen 与 Lepore 提出，在运用测试时对原话与转述各自所在的语境进行选择时需要满足一定的要求：“它们应该在感官输入、伴随活动、之前的谈话内容、谈话目的、对象性质、谈话者所共享的前提等方面有所区别。”简而言之，对两个语境的描述应该是不同的，才能用以进行跨语境转述测试。

然而，这种不同要到什么程度才能作为衡量的标准？比如，“外地”和“外国”都是在基本集中的语境敏感词，而李四在北京说出以下两个句子：

（1）张三去外地出差了。

（2）张三去外国出差了。

如果王五要在另一个语境下对这两句话作去引号转述，并且说明“外地”与“外国”满足测试一，那么转述句子（1）时王五不能身在北京，而转述句子（2）时他不能身在中国。这样看来，词项如果想通过测试一，对于转述语境中地点的选择并不能给出一个固定的标准，而必须依赖特定词项本身的意思。

为了解决这一问题，一个常用的方法是在构造测试时加入条件，使得转述者对说话者所在的语境一无所知。如 Cappelen 与 Lepore（2006）构造的一个语境：转述者在路上听到了电话亭的铃声，当她接起电话时，听到一个女人说：“附近有条河。”在这种情况下，除了时间之外，关于说话者的所有信息都是未知的。而时间也可以通过对语境的进一步调整变成未知因素，比如假设转述者在电话里听到内容的并不是那个女人当时所说的，而是一段录音。这些对语境的调整主要是为了达到这样一个目的，即转述者对原话所在的语境不知情、不在意，甚至可以有错误的预设①，但只要原话不包括语境敏感的表达式，那么转述者仍能通过去引号对原话作出正确的转述。

然而，根据本书的分析，如果预设转述者对原话所在的语境一无所知时，所作的转述仍然能够保持原话的真值，其前提是原话的真值条件是独立于语境而存在的，并且判断正确转述的标准，即哪些情况下可以仅作去引号处理而哪些情况下需要对表达式作出修改，也是已知的。换言之，第一个前提要求承认最小命题存在，而第二个前提要求通过测试得到的词项与基本集一致。而这两点正是测试一所隐含的结论。

对于测试一是循环论证这一点，Wieland（2010）给出了更为具体的论证。他采用上一章中苹果的例子，区分了两个语境。

语境一（C1）：我们在农贸市场挑苹果。挑出来的苹果按表皮的颜色分开放，表皮为绿色的苹果放一个袋子里，表皮为红色的苹果放另一个袋子里。此时，安娜说：

（u1）这个苹果是红色的。

---

① Cappelen 与 Lepore 将这三点对转述者的要求与前面对于语境包含内容不同的要求共同作为原话语境与转述语境区别的四种情况。参阅（2005：93）。

语境二（C2）：有些苹果感染了一种可怕的真菌，使整个苹果的果肉都变成红色。为了把好的苹果挑出来，我们把苹果一个个切开，好的苹果放锅里，坏了的苹果扔掉。安娜切开一个苹果，说了（u1）。为了和上一个语境作区别，将安娜这次的话语标记为（u1'）。

按照 CL 测试，有人可以在另外一个语境（C3）中将（u1）与（u1'）都转述为：

（u2）安娜说这个苹果是红色的。

在此基础上，Wieland 的论证分为以下四个步骤。

第一步：虽然 Cappelen 与 Lepore 认为（u1）与（u1'）的语义值是相同的，但这是他们想要论证的，不应在前提中直接规定。因此，先预设（u1）与（u1'）是两个不同的话语，它们的语义值可以相同，也可以不同。

第二步：假设（u1）的语义值是 p1，即“这个苹果的表皮是红色的”。假设（u1'）的语义值是 p1'，即“这个苹果的果肉是红色的”。

第三步：对（u1）与（u1'）的转述（u2）的语义值有三种可能，分别是安娜说了 p1；安娜说了 p1'；安娜说了 p，即“这个苹果是红色的”。

第四步：不论（u2）的语义值是“安娜说了 p1”“安娜说了 p1'”或“安娜说了 p”，（u2）都为假。原因如下：假设（u2）中“这个苹果是红的”其语义值为 p1，则它没能真实地反映 p1'。假设其语义值为 p1'，则它没能真实地反映 p1。假设其语义值为 p，则它没能真实地反映 p1 或 p1'。因此（u2）不是对（u1）或（u1'）的正确跨语境转述。“红色”没能通过测试一。

由此可以设想 Cappelen 与 Lepore 的可能反驳：这一论证过程的症结在第二步，即（u1）与（u1'）的语义值。根据话语行为多元论，（u1）与（u1'）在各自的语境下可以表达无数不同的命题，这其中包括但不限于 p1 与 p1'。但它们的语义内容，即它们所共享的最小命题，并不是 p1 或 p1'，而是 p。因此，正确的论证过程应该如下。

第一步：对于一个句子 s，“这个苹果是红色的”，原则上存在这样的可能性，对它的不同话语（u1）与（u1'）有不同的语义值，表达了不同的命题集合。

第二步：（u1）与（u1'）表达的命题集合中都包含 p：“这个苹果是红色的”。

第三步：对（u1）或（u1’）进行转述时，因为转述者对说话者所在的语境一无所知，（u2）的语义值只可能是“安娜说了 p”。

第四步：由于（u1）与（u1’）所表达的命题集合都包括 p，（u2）是对（u1）与（u1’）的正确跨语境转述。

然而，从第 5 章语境主义的观点分析中可以看出，它与最小语义学的核心区别，就在于不接受（u1）与（u1’）中都包含 p。这又回到 Wieland（2010）的结论：Cappelen 与 Lepore 需要论证最小命题是一个句子在不同语境下的所有话语共同表达的命题，而这一论证就是 CL 测试的工作。如果认为某些表达式因其为最小命题而通不过 CL 测试，而最小命题因其可以被跨语境转述而为所有表达它的语句所共享，那么这个测试本身是一种循环论证。

循环论证的两个批评都针对测试一展开，但它同样可以扩展到后两个测试中，因为测试一是后者的基础。以测试三为例，它涉及两个语境：讲故事的语境与目标语境，并需要在讲故事的语境中对目标语境的内容进行转述。对于转述是否成功的判断，Cappelen 与 Lepore 诉诸读者的直觉。如在苹果的例子中，按照真正的语境漂移论证所要求的格式可改写如下：

> 我在家里吃苹果，这个苹果的果皮是红色的，果肉是淡黄色的。我说：“这个苹果是红色的，很甜。”但昨天我朋友带了一些受真菌感染的苹果给我看，它们的果肉是红色的。他说：“这些苹果是红色的，不能吃。”我指着这个苹果说：“这个苹果也是红色的。”这是错的。虽然这个苹果确实是红色的。

Cappelen 与 Lepore 认为，直觉上的“红色”无法通过以上测试。而如果对原因进行进一步追问，他们恐怕只能回答：“这个苹果是红色的。”在讲故事的语境与目标语境中表达的最小命题并没有发生变化。因此，测试三与测试一同样存在循环论证的问题。

如果放弃共享最小命题这一预设，真正的语境漂移论证和 Cappelen 与 Lepore 所反对的语境漂移论证并没有其他任何区别。然而，本书不准备以循环论证为出发点对 CL 测试进行全盘否定。因为跨语境转述仍然是检验词项语境敏感性的有效工具，所以一旦切断这一测试与最小命题的联系，通过它所得到的结果可能才是语境敏感词的真实范围。

3.1.2 通过 CL 测试得到的语境敏感词范围大于基本集

温和语境主义者对 CL 测试的另一类态度是，接受它作为判断词项语境敏感性的标准，但认为该测试与基本集之间存在紧张关系。一方面，有些词项无法很好地纳入 CL 测试原有的框架，这些词是否应加入基本集值得探讨；另一方面，一旦 CL 测试不再预设最小命题，语境敏感词的范围将远大于基本集。然而，对于这两个结论，多数温和语境主义者只以例子的方式加以说明，并未系统探讨通过该测试的词项范围。本书将在完成对语境敏感词的分类后的第 6 章中专门解答这一问题。

Hawthorne（2006，2009）、Leslie（2007）以及 Cappelen 与 Hawthorne（2009）都提出，有一些谓词的意义在转述中有时候会依赖转述者所在的语境，而有时候会依赖原话的语境。这种现象与典型的索引词有明显区别，是 Cappelen 与 Lepore 的语境敏感性理论所无法有效解释的。这些谓词主要包括方向谓词，如“左边”，及地点谓词，如“附近”。

假设 A 说了以下两句话：

（1）约翰向左转了。

（2）玛丽去了附近的沙滩。

对它们可作如下跨语境转述：

（3）A 说约翰向左转了。

（4）A 说玛丽去了附近的沙滩。

这时我们会发现，“左”和“附近”所指称对象的确定与一般的语境敏感词有所不同。典型的语境敏感词所指称的对象由其发生（occur）时所在的语境决定。如“今天”，假设 A 说“今天是 7 月 1 日”时表达了一个真命题，而过了一天当其他人将其转述成“A 说今天是 7 月 1 日”时，它就不是一个真命题，因为此时“今天”所指称的并不是 7 月 1 日，而是 7 月 2 日。而当“左”与“附近”在句子（3）与（4）中得到转述时其指称的对象存在两种可能：第一种与“今天”相同，指称对象由转述者所在的语境决定，即转述者自己的左边或附近。在另一种情况下，它们指称的仍然是原话中对象的左边和附近。比如玛丽在加里曼丹岛度假，刚和 A 通过电话，说自己去了酒店附近的一个沙滩。此时如果有人问“玛丽今天去哪里玩了”，不论是 A 自己说出的句子（2）还是别人对此的转述句子（4），其中，“附近”所指的都是玛丽附近，而不是说话者自己附近。因为跨语境转述测试只能提供表达式是否语境敏感的两种答案，所以它难以反映这一复杂的情况。

这种复杂性在概括性测试中也能够得到体现。一方面，“附近”与“左边”能否通过测试取决于转述者与说话者所处的位置或方向是否一致。

假设玛丽在纽约而约翰在伯明翰，当玛丽说（5）而约翰说（6）：

（5）附近有家餐馆的印度菜很好吃。

（6）附近有家餐馆的越南菜很好吃。

此时无法将它们概括为：

（7）附近有家餐馆的越南菜和印度菜都很好吃。

但另一方面，这种位置或方向的一致性似乎又可以被忽略。如果他们两个人都说：

（8）我去附近的餐馆吃饭。

虽然他们所在的城市不同，但仍然能够将其概括为：

（9）玛丽与约翰都去附近的餐馆吃饭。

此时，“附近”又能够进行概括性的转述，而“左边”同样存在这两种情况。

对此 Cappelen 与 Hawthorne（2009）提出了两种可能的解释。一种是，类似“左边”与“附近”的词项具有“寄生性”（parasitic），它们指称的对象由原句说出时所在的语境决定，此后在转述中一直保持不变。但是这只能解释“左边”与“附近”为什么不能作概括性的报告，如句子（7），而不能解释句子（9）。另一种是，把这类词项抽象成 λ 表达式。Stanley（2005）指出，有一种句法结构会给概括性测试带来困难，即“约翰爱他的母亲，比尔也是”。这个句子存在两种合理的解读：比尔爱他自己的母亲，或者比尔爱约翰的母亲。Stanley 对此的处理是将“爱他的母亲”表示成“对于 x，x 爱 x 的母亲”。用类似的方法可以解释句子（9），因为“去附近的餐厅吃饭”的逻辑形式是“对于 x，x 去 x 附近的餐厅吃饭”，而玛丽与约翰都具有这一属性。然而，这种解释又无法处理句子（7），即此时“附近”为何无法作概括性的报告。

对这一困难，Leslie（2007）提出了一个更符合直觉的解决方案：“附近”有两种可能的解释，一种是基于说话者的，一种是基于语境的。如果语境中出现了一个明显的地点，那么“附近”的解读一般与这个地点相关；如果语境中没有提供地点，则“附近”的解读与说话者相关。当然，前提是解读必须适当。

Cappelen 与 Lepore（2006）也早已意识到了这个问题，因此他们将“左”“右”“附近”等词项纳入了基本集。

笔者认为，所谓“基于说话者”与“基于语境”两种可能的解释方式，与第 2 章中所讨论的两种语境因素是一致的。如果对词义的解释基于说话者，那么它在决定指称对象时所依赖的是客观的语境构成要素。而如果对词义的解释基于语境，是指它所依赖的语境关联要素存在于某个特定的语境，无法独立于它进行描述。在索引词中，单纯索引词通常指称的是语境构成要素，而指示代词通常指称语境关联要素。由于这类词项同时具有这两种索引词的特征，作者将它称为“索引性词”。

实际上，这些学者所没有讨论到的是，索引性词并不仅限于“左”“右”“上”“下”“附近”“旁边”等，基本集中于最后一类，即如“敌人”“朋友”“局外人”“外国人”“外地人”“移民”这样的词，意义同样或者基于语境构成要素，或者基于语境中明显的人或地点。如“朋友”：

（10）玛丽说约翰是朋友。

这句话既能理解成“约翰是玛丽的朋友”，也能理解成“约翰是说话者的朋友”，具体作哪种解读需要看实际情况而定。

基于此再回顾基本集，就会发现它由两类词项构成：Kaplan 意义上的索引词（包括严格索引词与指示代词），以及索引性词。

除了索引词与索引性词，还有没有其他词项能够通过 CL 测试？Leslie（2007）提出，还存在着一个过渡集（intermediate set），这个集合中的表达式同样能够通过测试三，即真正的语境漂移论证。这些表达式包括：比较形容词，如“高”；量化词，如“每个”；天气报告，如“下雨了”；以及“足够”和“准备好了”等其他词。她的论证方式是，将这些词按照 Cappelen 与 Lepore 的方式来逐个构造真正的语境漂移论证，并展示它们可以自然地通过这个测试。如“足够”：

例 1 我刚搬家了，准备在新居的客厅挂一张画。这张画很轻，用一个小钩子挂着就足够牢固了。但昨天我朋友帮我挂一个 25 磅重的穿衣镜，他也说“用一个小钩子挂着就足够牢固了”。这是错的（我有一块摔破了的穿衣镜以兹证明）。虽然对于我挂的画而言，一个小钩子确实已经足够牢固了。

真正的语境漂移论证理应具备以下格式：它必须涉及两个语境，即讲故事的语境和目标语境；同时特定的表达式需要在两个语境中都出现，在讲故事的语境中被使用，而在目标语境中被提及。如果按照这个要求来考察的话，例 1 的设计是符合的。

Leslie 进一步指出，如果 Cappelen 与 Lepore 要对此进行反驳，可能的意见有两条。第一，当要考察的表达式“足够”在例 1 中第二次出现时，需要有一个简短的铺垫（preamble）来将人带回到讲故事的语境，就是下划线部分所起的作用。这个例子之所以显得自然是因为有了这个铺垫，而这样的铺垫在真正的语境漂移论证中是不需要的。第二，在这个例子，以及很多类似的例子中，是说话者的考察标准发生了变化，与词义本身无关。

对此 Leslie 的应对是：如果这两个反驳适用，那么它对于典型的语境敏感词，如“那时”也同样适用。“足够”与典型的语境敏感词在测试中的表现是同进退的。如果为“那时”构造一个真正的语境漂移论证，则可以得到例 2。

例 2　回想 2000 年，那时约翰住在加利福尼亚。前几天玛丽和我聊到去年夏天的事，她说：“约翰那时住在加利福尼亚。”但这是假的，因为约翰去年夏天住在普林斯顿。虽然在 2000 年的时候，约翰确实住在加利福尼亚。

如果没有下划线部分起到铺垫作用，“那时”就无法通过这个真正的语境漂移论证。同样，在这个例子中，人们不会认为对“那时”的考察标准发生了变化，而只会认为它所指称的对象变化了。

对于其他几类词项，Leslie 同样以给出例子的方式，说明它们在真正的语境漂移论证中的表现与“那时”一致。如果据此认为过渡集中的词项都是语境敏感的，那显然对最小语义学是一个不小的冲击。

然而，Leslie 的论证方式存在一个问题，即她的论证基本都是由例子构成的，而对例子的判断除了直觉之外并没有其他的判断依据。如她提出，比较

“高”和“对于站直的且怀孕的长颈鹿而言是高的”这两个谓词就能发现，前者明显是语境敏感的，而后者则不是，因为前者能够顺利通过真正的语境漂移测试，而后者不能。试比较这两个例子：

例 3　汤姆身高一米九，他很高，并且经常打篮球。有一次他在场上和我聊天，说他对接下来的比赛感到很紧张。我鼓励他说：“没事，你很高，这是个优势。”但他说：“你开玩笑吧？你看见我们的对手了吗？我一点都不高好吧！”我看了一眼他们的对手，发现他是对的，因为他的对手身高都在两米三左右。虽然以一米九的身高来看，汤姆绝对是很高的。

例 4　安娜是一头怀孕的长颈鹿。对于站直的且怀孕的长颈鹿而言，它一点都不高。也没人说它高。但是有一天，我们在谈论刚洗完澡后再站直的且怀孕的长颈鹿，我说：“安娜对于站直的且怀孕的长颈鹿而言是高的！”我说的是真的，因为洗澡会使长颈鹿的身高缩短那么一点。当然，等它身上干了之后，安娜对于站直的且怀孕的长颈鹿而言又不高了。

Leslie 认为，例 3 在直觉上明显是一个有效的真正的语境漂移测试，而例 4 明显不是。然而，如果以真正的语境漂移论证的格式对后者进行考察，那么它在设计上似乎也不存在问题。因此例 4 也并非完全通不过真正的语境漂移测试。如果追问例 4 通不过测试的原因，恐怕除了直觉之外她给不出其他的回答。就笔者的直觉而言，如果“高”是一个语境敏感词，那么对它的范围加以限定的结果不应该是使其变得不敏感，而应该是使其敏感性降低。

与此相反，直觉上认为语境不敏感的表达式，如“重 80 千克”，可以构造类似于例 3 的真正的语境漂移测试。

例 5　史密斯早上起来光着身子空腹在体重秤上称了一下，得到 80 千克。史密斯很高兴地说：“我重 80 千克，比上周轻了 1 千克。”他吃完饭后穿上西装带上电脑包去上班，正好电梯快满员了，只能再容纳 80 千克的重量。史密斯说“我重 80 千克”并站了进去，但电梯超重了，他说的话是假的。虽然一大早史密斯确实重 80 千克。

例 5 读起来甚至比例 3 还要流畅。而如果追问为什么“重 80 千克”不是语境敏感词，恐怕无法得到直觉以外的答案。因此，假如仅以直觉和例子来进行考察，对类似“对于站直的怀孕的长颈鹿而言是高的”和“重 80 千克”这种似是而非的例子难以对其是否语境敏感进行更为深入的分析。本书第 6 章将以等级性分析为工具，对这两类例子所代表的语境敏感性强弱与宽容性进行澄清。

除了 Leslie 之外，Davis（2014）也认为，CL 测试的结果应该扩大到包括天气报告、比较形容词、量化词等词类。但他的论证对 CL 测试进行了一大改动，即在测试中不预设最小命题是跨语境转述的内容，而是通过比较不同语境之间的差异来寻找什么是在语境间保持不变的内容。

Davis 对测试三进行了一些调整，将测试三中的第一个测试，即跨语境间接引用测试（ICD）修改成了与它对应的（ICD’）。

（ICD）即使 s，仍（可能）存在“s”的话语为假的情况。

（ICD’）“s”在任何现实语境中都是真的当且仅当 s。

如果一个表达式能够通过 ICD，那么根据 Cappelen 与 Lepore 的观点它是语境敏感的。如果它不能通过 ICD’，同样说明它是语境敏感的。[①]

Davis 用这个测试来判断天气报告：

（11）“下雨了”在任何现实语境中都是真的当且仅当下雨了。

显然，如果现在说话者所在的华盛顿下雨了，那么这个恒等式的右手边就满足了。但这并不能够使“下雨了”这个表达式在任何现实的语境下都为真，因为存在着现在没有下雨的地点。

类似地，用这个测试可以判断比较形容词和量化词：

（12）“约翰个子很小”在任何现实语境中都是真的当且仅当约翰个子很小。

如果约翰的身高是一米八，国家篮球队的教练看见他时觉得他个子很小，那么这个恒等式的右手边是满足了。但这也不能使“约翰个子很小”这个表达式在任何现实的语境下都为真，因为对于挑选赛马骑手的教练而言，这个表达式显然为假。

（13）“所有人都活着”在任何现实语境中都是真的当且仅当所有人都活着。

如果航班 1309 坠毁了，安娜去检查飞机残骸时说道：“机上共有 357 名

① Davis（2014）在论证这三类表达式语境敏感时结合了这个测试与跨语境转述测试。而笔者认为，仅凭这个测试就足以完成他的论证了。

乘客，所有人都活着。”这时恒等式的右手边满足了。但是另一架航班 597 则没那么幸运，机上 126 名乘客全部遇难。这说明“所有人都活着”这个表达式不是在任何现实的语境下为真。因此“所有人”也是语境敏感的。

从 Davis 的分析方法可以看出，他认为 ICD’中恒等式的右手边，即 s，满足的条件是它在某个特定的语境下为真。如果航班 1309 上的乘客是这个语境中的所有人，那么当他们都活着时，所有人就都活着。这显然是 Cappelen 与 Lepore 所不能接受的。在他们的理论中，只有这个宇宙中所有的人都活着的时候，“所有人都活着”这句话才为真，这是这句话所表达的最小命题。但如果抛弃最小命题作为 CL 测试的前提，按照 Davis 的分析方法，只要找到两个语境，使得 s 在一个语境为真而在另一个语境为假，那么它就通不过 ICD’。因此，ICD’与语境漂移论证是等价的。而因为 ICD’与 ICD 是等价的，ICD 与 RCSA（操作风险评估）也是等价的，因此真正的语境漂移论证与语境漂移论证是等价的。这与上一小节的结论一致。而按照 Cappelen 与 Lepore 的看法，语境漂移论证不是一个有效的判断语境敏感性的测试，因为任何词项都能够通过这一测试。根据这两小节的分析，可以发现 CL 测试面临着难以克服的困难。同时，由于笔者在 2.3.2 中提出，Cappelen 与 Lepore 对语境主义的反驳依赖 CL 测试，尤其是语境漂移论证与真正的语境漂移论证的区别，因此他们的这一反驳也难以成立。

3.1.3 替代测试：同意测试

不论是 IQ 测试还是 CL 测试，都是基于“说”，即认为一个话语在不同语境下如果能够原样转述，那么它就语境不敏感。而随着对 CL 测试的批评不断增加，Cappelen 本人也开始对此进行反思。他与 Hawthorne 认为这一测试并不可取，而提出基于“同意”的测试来取代它。本小节将在前提预设及效用上对这种新的测试及 CL 测试进行比较，并讨论前者能否替代后者。

Cappelen 与 Hawthorne（2009）认为，跨语境转述测试存在以下问题：首先，Cappelen 与 Lepore 坚持像“约翰准备好了”以及“钢材强度不够”这样的表达式是完整命题，这与大多数人的直觉不符。人们普遍认为它们并不是完整命题，因为无法找到一个特定的语境，提供特定的参数，对它们进行真值判断。因此，他们是在“吃子弹”，即为了理论的融贯性强行接受反直觉的结论。既然如此，不如用其他能够更好解释这一问题的理论取而代之[①]。其次，如前一小节中讨论的，有一些谓词，如“左边”，它们存在不同的语境敏感性，其指称对象的决定既可以依赖语境构成要素，也可以依赖语境关联要素。而对于这种复杂的情况，CL 测试只能给出单一的结论。

正是在这样的基础上，Cappelen 与 Hawthorne 提出用基于“同意”的语境敏感性测试取代基于“说”的测试。他们仍采取与 CL 测试近似的结构，但对内容则作出了修改，得到如下结论。

同意测试一

假设 A 在语境 c 中诚恳地说出句子 S 的话语 u，B 在语境 c’中诚恳地说出句子 S 的否定形式的话语 u’。如果在第三个语境 c”中无法得出“A 与 B 不同意是否 S”，那么 S 就是语境敏感的；如果能够在第三个语境 c”中正确地得出“A 与 B 不同意是否 S”，那么这就能证明 S 在语境 c、c’、c”中意义保持不变。

同意测试二

假设 A 和 B 分别在语境 c 与 c’中诚恳地说出句子 S 的话语 u 和 u’。如果在第三个语境 c”中可以被转述成“A 与 B 同意 S”，那么这就证明 S 在语境 c、c’、c”中意义保持不变；如果在第三个语境 c”中不能进行这样的转述，那么 S 在语境 c、c’、c”中意义就没能保持不变。

同意测试三

以三联 A 组合（AAA）表示 A 和 B 分别在语境 c 与 c’中诚恳地说出句子 S 的话语 u 和 u’，以及在第三个语境 c”中的转述“A 与 B 同意 S”。如果对于 S 的所有三联 A 组合，c”中的转述都是正确的，那么就证

---

① Cappelen 与 Hawthorne 还提到，“可能”这种情态助词以及“恶心”这种表述个人品位的谓词，根据跨语境转述测试都能够被认定是语境不敏感的，这不符合直觉。在他们看来这两类词的意义显然因人而异，比如香菜的味道有人觉得很恶心而有人觉得好吃，因此应该是语境敏感的。这两类词在前面的讨论中被刻意避开了，因为它们和“知道”一样，在认识论方面有更多的意义。而笔者认为，所有词项的意义对于使用者而言都是存在个体差异的，比如颜色谓词中，同一种颜色，有人认为它是蓝色，而有人认为它是紫色。这种使用者之间的差异并不属于目前所广泛讨论的语境敏感性。虽然其他谓词如“高”“矮”它们的标准也随使用者的不同而变化，但争议的要点并不在于使用者之间的差异，而在于它们根据不同的语境要求调整了自身意义的范围。对于表达个人品位的谓词是否具有语境敏感性，本书将在第 6 章进行讨论。

明 S 的意义在不同语境下恒常不变。(2009：54)

笔者试以一些常用的例子检验这一系列测试的效力。

假设在语境一中玛丽正在加里曼丹岛度假，当 A 说“玛丽去了附近的沙滩”时，A 指的是玛丽去了她所在的加里曼丹岛附近的沙滩；假设在语境二中玛丽和 B 都在伦敦，而当 B 说“玛丽没去附近的沙滩”时，B 指的是玛丽没去 B 所在位置附近的沙滩。如果 C 据此说：“A 与 B 不同意玛丽是否去了附近的沙滩”，这个命题在直觉上是不正确的，因为二者对于“附近”指的是哪里并没有达成共识。因此，根据同意测试一，“玛丽去了附近的沙滩”这句话展现出了语境敏感性。

A 看见玛丽穿上了外套，已经可以出门了，就诚恳地说：“玛丽准备好了。”而 B 看见玛丽还没有为明天的测验进行充分的复习，也诚恳地说：“玛丽没有准备好。”同样，通过同意测试一可以得到，“A 与 B 不同意玛丽是否准备好了”这句话也是不正确的，因为 A 与 B 对于玛丽准备好做什么事情有不同的理解，没有同意或不同意的基础。因此，“玛丽准备好了”这句话也是语境敏感的。

假设在后一个例子中 A 的情况不变，而 B 看见玛丽已经为明天的测验进行了充分的复习，诚恳地说：“玛丽准备好了。”此时也不能得到“A 与 B 同意玛丽准备好了”。既然双方对于语句中的特定词汇没有共享的语义值，那么他们既不能对此表示同意，也不能对此表示不同意。因此同意测试二与同意测试一的结论一致，即“玛丽准备好了”是语境敏感的。

再以同意测试三考察上一个例子。同意测试三中只要在一个语境下“A 与 B 同意 S”这个转述不能成立，那么 S 就是语境敏感的。显然，上例既然无法通过同意测试二，那么就满足同意测试三，即“玛丽准备好了”这个句子是语境敏感的。

如果对上例进行 CL 测试，恐怕会得出“玛丽准备好了”这个句子语境不敏感的结论。但结论上的不同不足以作为抛弃 CL 测试而选择同意测试的理由。为什么应该用“同意”代替“说”作为测试依据？同意测试在哪些地方优于 CL 测试？对于这两个重要问题，Cappelen 与 Hawthorne 并没有给出有说服力的回答。

实际上，这两个测试有一个基本区别，即它们的前提预设不同。CL 测试预设说话者所表达的语义值就等同于最小命题，而同意测试中要考察的语义值指的不是最小命题，而是经过语境充实后得到的“所言”。这是 Cappelen 与 Hawthorne 用“同意”取代转述的原因，即判断说话者是否能够达成一致意见时，最为重要的考量是他们对于什么达成一致意见，而这很多时候需要考虑语境的充实之后才能作出判断。这就意味着判断者对于两个转述以及原话的语境因素都非常了解，寻求的是同一个句子的不同话语在不同语境下是否经历了相同的充实。而根据同意测试三，只有在所有语境下对于一个句子的转述都能达成同意，即一个句子在所有语境下都被认为表达同样的“所言”，这个句子才是语境不敏感的。从话语行为多元论以及第 5 章中对“所言”的分析不难发现，判断一个句子在语境中得到了什么充实本身就存在困难。Cappelen 与 Hawthorne 没有对如何在语境中得到“所言”进行论证，而判断同一个句子在不同语境下是否被充实成了同样的命题则更为困难。因此，能够被同意测试认定为语境不敏感的命题是十分有限的，可能只有数学命题这种分析命题能达到这般严格的条件。此外的所有命题都语境敏感。这是与 CL 测试相当不同的结论。

Lepore 与 Sennet（2010）正是从这一角度对同意测试提出了质疑。与 Cappelen 与 Lepore（2005）反驳温和语境主义的论证相似，同意测试的立场也不稳定，它极易使得过多的词项无法通过测试而被认定为语境敏感，最终滑落成为极端语境主义。

他们的论证结构如下：如果认为句子 S 是语境敏感的，那么即使通过语境因素对它进行充实，充实之后得到的句子仍然是语境敏感的。假设我们以同意测试判定“钢材的强度足够了”这个句子是语境敏感的，如果当 A 说出这个句子的时候，他考虑的是这种钢材的强度足以支撑房顶，而当 B 说出这个句子的时候，他考虑的是这种钢材的强度足以摆放一只泰迪熊，那么我们显然不能得到如下结论。

（1）A 与 B 同意钢材的强度足够了。

因此，“钢材的强度足够了”这句话是语境敏感的。人们普遍认为，在对它进行充实之后，如充实成“钢材的强度足以支撑房顶”，那么这个表达式就不语境敏感。但实际上，仍然可以设想两个不同的语境，在第一个语境中，当 A 说出这个句子的时候，他在华北地区，考虑的是这种钢材的强度足以在没有剧烈气候变化的情况下支撑房顶；而在第二个语境中，当 B 说出同样的句子时，他在东南沿海地区，考虑的是这种钢材的强度需要足以抵御百年一遇的台风。显然，经过同意测试后，仍然无法得到如下结论。

（2） A 与 B 同意钢材的强度足以支撑房顶。

因此这句话仍然是语境敏感的。而就算 A 与 B 的意见已经统一到“钢材的强度足以在没有剧烈气候变化的情况下支撑房顶 10 年的时间”，仍然可以设想两个不同的语境，如 A 在地球而 B 在月球，使得上面这句话无法通过同意测试。推而广之就得到了 Lepore 与 Sennet 想要得到的结论：如果考虑足够多的语境复杂性，那么人们就无法真正同意任何断定。

然而，即使知道 Cappelen 与 Hawthorne 提出同意测试的动机，还有一个问题仍然没有得到解决，即同意测试是否优于 CL 测试。而遗憾的是，二者相较，前者似乎也没有明显的优势。一个可以观察到的现象是，同意测试并不能解决 CL 测试所不能解决的问题，如 Cappelen 与 Hawthorne 自己提出的类似“左边”“附近”的语义既有寄生性，又有指称性的词项在语境敏感性上的双重性。再以“玛丽去了附近的沙滩”为例，根据同意测试一，“附近”在那三个语境中体现出了语境敏感性。而再根据同意测试三，只要句子在一个测试中体现出了语境敏感性，那么它就是语境敏感的。可见同意测试只能断定“附近”是语境敏感词，但同样都没能揭示它的复杂性。

综合本节讨论可以发现，各种语境敏感性测试对于语境敏感词范围的界定在很多情形下依据的并不是测试本身，而是测试的提出者对于语境敏感词的构想和相关前提。在此基础上，很多对于测试的争论实际上是对于直觉与前提的争论，因此很难对测试本身的修改与完善提出有益的洞见。为了推进对语境敏感性的讨论，一个可能的替代方案是，探讨语境敏感词具有哪些不同的类型，各自在语境敏感性上具有什么特点。一些语境主义者对于等级性形容词的刻画对此有重要的借鉴意义，笔者将在第 5 章中对这条研究进路进行考察。

3.2　语境对词义的影响可以不需要句法基础

语境主义者从语义学角度对最小语义学提出的第二个质疑是：最小语义

学的基本原则，即句法驱动，并不是语境影响命题内容的唯一方式。本节的论证结构主要借鉴 Recanati 关于饱和与自由充实（free enrichment）① 的区分。他以可选性标准作为判断依据，提出如果语境对某词项的充实是由句法驱动的，那么该词项在所有语境下都需要进行语境充实，这被称为饱和。笔者虽然反对将可选性标准作为判断语境敏感词的依据，但接受饱和与句法驱动的对应关系。句法驱动是最小语义学的基本原则之一，如果成功论证大量普遍被认为是句法驱动的语境充实在实际上并不是饱和，那么对于最小语义学的理论也是一个有效攻击。

Recanati（2004）提出，与饱和相反，自由充实并不是由句法驱动的，而是由语境从上而下驱动的。它出现在初级语用过程之中，即命题意义产生之前。此时语境的作用是局域性（local）的，即作用于句子的组成部分之上，而不是全局性（global）的，即并不作用于整个句子。全局性的影响要在次级语用过程才会出现。另外，自由充实不是必需的，而是可选的，必须要在特定语境下才能进行判断。一个词项在某个语境下需要自由充实，并不意味着它在其他语境下同样需要进行这一过程。语境对词义的自由充实分为三种情况：充实（enrichment）、放宽（loosening）与转移（transfer）。

3.2.1 语境对词义的充实

语境对词义的充实，指的是通过语境将某个表达式的意义进一步细化的过程，有文献中也将其称为“具体化”（specification）或“强化”（strengthening）。比如“貂”这个词，当我们说“她买了件貂”的时候，它指的是貂皮大衣；而当我们说“她吃过貂”的时候，它指的则是貂的肉。在这两个语境中，“貂”的意义通过上下文进行了细化，而实际上有多少种细化的情况是完全由语境来决定的。“这并不是从一个有限的集合里挑选出一个特定的值。只要用一点想象力对可能的语境进行设想和操纵，就能构思出几十种可能的解释来。可设想的解释在数量上并没有上限”。（同上：24）强调语境对某个词

① 由语境从上而下对词义进行影响的过程在 Recanati（2012）中被称为“调整”（modulation），而在 Recanati（2004）中被称为“自由充实”（free enrichment）。“调整”这个概念在 Recanati（2004）中描述的是上下文对词义的影响。为澄清之用，本书统一使用“自由充实”描述由语境自上而下作用于词义的过程。它包括但不限于下文中出现的“充实”（enrichment）。

项的各种可能充实并不存在一个“有限的集合”，是因为这是语境敏感性区别于歧义的地方。对一个给定的词项，如果可能的解释是有限的，那么可以把这些解释一一标注，并在它出现的句子中进行去歧义处理。去歧义一般被认为是典型的句法过程。而如果可能的解释是无穷的，那么只能在不同的语境下具体情况具体分析，此时词项所具有的就不是歧义，而是语境敏感性。

此外，对于“貂”这个词项，并不是在所有的语境下都需要对其意义进行充实，存在取其最宽泛解释的可能。如果我们说“养殖场里面都是貂”，则可以设想养殖场里有活的貂、死的貂、貂皮、貂肉、貂的标本等各种可能情况。此时语境并不需要对“貂”的意义进行细化。由于有这类不需要语境充实的情况存在，说明在其他语境下对“貂”进行的充实并不是通过句法驱动的，而是由上而下的自由充实。

Recanati 只是对充实的情况进行了描述，笔者试对充实需要满足的条件作如下概括：首先，通过语境对表达式的意义进行细化，更确切地说，通过语境对表达式的使用范围作出限制；其次，作出限制的方式是无穷的，没有一定之规，需要在具体的语境下得出；最后，存在不需要对表达式的使用范围作出限制的语境。

Recanati 提出，大部分未述成分都可以用充实来解释。如下例：

玛丽拿出钥匙之后开了门。

一般认为在这个例子中，玛丽是用这把拿出来的钥匙开的门，但句子中并未提供这一信息，因此未述成分的支持者对它作如下解释：要理解整个句子，就必须为其补充未述成分，如在“开”之前需要补充未述成分“用钥匙”。而用充实可以为这句话提供另一个可能的解释：“开”这个谓词在这句话中被充实成了“用钥匙开”。两种解释得到的结果似乎是相同的，但补充未述成分是一个全局性的过程，它预设交流者先得到句子的意义，意识到它还缺乏某些重要信息，再通过加入语境因素使其具体化。而充实则是一个局域性的过程，当语句在某个特定的语境下被说出时，不需要先得到整句话的意义，语境直接对某个特定词项的意义进行具体化的规定。这一刻画更加符合交流中的实际情况。

由此可以推断，充实是语境影响句子意义最为常见的方式。本书之前分析过的很多例子，如“这个苹果是红色的”，以及“史密斯重80千克”，其意义在不同语境之间的变化在Recanati看来也都是由充实造成的。在前一个例子中，当我们在农贸市场买苹果时，语境将“红色”充实为“果皮是红色的”，而当我们在实验室挑出受真菌感染的苹果时，语境将“红色”充实为“果肉是红色的”。后一个例子也类似，语境对谓词“重80千克”提供不同的充实方式。

然而，笔者对充实不需要句法基础这一核心问题存在两点质疑。其一，如何理解“语境对表达式的意义作出细化”。直觉上它与缩小表达式的外延似乎是等价的，因为从上面给的例子可以看出，无论“貂”“开”还是“红色”，语境对它们所谓的“细化”或者“具体化”都是起限制外延范围的作用。不过这种解释与Recanati的理论相左，因为他的语境主义观点不承认有脱离语境单独存在的最小命题，自然也不能承认在脱离语境的情况下能够谈论词项的外延。但是，如果不涉及外延，如何将充实与下一种自由充实的方式，即放宽相区分又会存在问题。其二，2.3.3中提到可选性标准不适合成为语境敏感词的判断标准，其原因就是它无法在饱和与自由充实之间作出有效区分。这一困难在Recanati关于充实的论证中同样存在。

对充实在概念上还有另外一个质疑，即它与Recanati提出的另一个概念“调整”（modulation）难以作出明确的区分。“调整”的定义是“一个词义受句子当中其他词项所影响的过程”。它原本被用来去歧义，如“清风拂面”和“清偿债务”中的“清”有不同的含义，前者指“纯净没有杂质”，后者指“一点不留”。对“清”这个词到底应该作哪种解读不需要依赖语境，而根据它在上下文中与哪些词项搭配就能决定。但Recanati将“调整”扩大到除了去歧义之外其他使词义更确切的因素。如“红色的书”与“红墨水”这两个词组中的“红”，前者在这个词组中指的是封面的颜色，而后者指的是墨水本身的颜色。此时“红”的指称对象不需要由语境决定，而由与它搭配的名词限制。回顾句子“玛丽拿出钥匙之后开了门”就能发现，将“开”充实成“用钥匙开”也只需要上下文对词项作出这一限制，未必需要涉及语境因素。

当然，也存在通过上下文不足以确定词项在句子当中意义的情况，如“约翰的书”这句话。约翰与书是一种什么样的关系，是他写的书、买的书还是从图书馆借的书，必须要经由语境决定。这类例子的存在是对充实必要性最为有力的支持。然而，这类例子应该被归入饱和，因为在任何语境下史密斯与书的关系都需要得到充实，不存在不需要充实的情况。

3.2.2 语境对词义的放宽

语境直接影响词义的第二种情况是放宽，即通过语境将一个谓词的使用条件放宽而扩大它的使用范围。放宽的典型例子是：

自动取款机吞了我的卡。

“吞”的定义是指把东西不经咀嚼或不细嚼，整个地或成块地咽下去的情况[①]。显然，咀嚼或吞咽一般都是用来描述动物的，而这句话将这一限制放宽到了人造设备。

笔者也试对放宽所需要满足的条件作如下概括：首先，通过语境使表达式的意义变得更加宽泛，换言之，通过语境扩大表达式的使用范围；其次，扩大范围的方式有无穷种，需要在具体的语境下得出；最后，存在不需要对表达式的使用范围进行扩大的语境。

对放宽这种情况略加想象就可以将其应用到几乎所有词项。以谓词为例，即使像“高”这样意义本身就需要语境对其进行饱和的词项，仍然能进一步放宽其使用范围。通常情况下，“高”被用来形容物体的高度。但当我们用它来形容强度，如“高强度的训练”，或形容某物体中某种成分的含量，如“高度白酒”，就是对它使用范围的放宽。

从比较语境对词义的充实与放宽可以看出，二者都依赖于词项在语境对它施加影响之前就已经有的“使用范围”作为细化或放宽的基础。如“吞”这个谓词原有的使用范围是有嘴的动物，在“自动取款机吞了我的卡”这句话中，“吞”的范围被扩大到人造设备。它原有的使用范围显然为词项本身的定义所蕴含。如果将使用范围视为词项所有正确使用时的语境的集合，那么“猪八戒吞人参果”和“自动取款机吞卡”所在的语境都在这个集合之内，放宽就无从说起。

与上一小节中对充实与饱和的讨论类似，充实与放宽之间的区别也并不绝对。对词项采取哪种处理方法很大程度上取决于词项独立于语境下的内涵

---

① 对“吞”的释义以及本书中其他所有中文词项的释义皆出自《现代汉语词典》（2002 年增补本），中国社会科学院语言研究所编纂，商务印书馆出版。

或外延。以“貂”为例，可以认为它在独立于语境时的外延十分广泛，包括貂这种动物本身、它身上的一切组成部分及相关衍生物。在“养殖场里面都是貂”这个句子里该词项就取的是这种解释。这时，如果语境中将“貂”解释成“貂皮大衣”或“貂肉”，则缩小了它的外延，因此应被视作语境对它意义的充实。而如果将“貂”作一个比较严格的定义，如就指貂这种动物，那么将它解释成“貂的标本”或“貂形状的毛绒玩具”或“貂皮”的语境都是对它使用条件的放宽。因此，判断一个语境对词义进行了充实还是放宽仍需词项有独立于语境的意义，并且依赖该意义的严格程度。这一点在下一种自由充实的情况即转移时同样体现得十分明显。

3.2.3 语境对词义的转移

在转移发生时，词项的使用范围并不如充实和放宽一样根据语境的影响缩小或扩大。实际上，词项在特定语境中所指称的对象与一般情况下它所指称的对象完全不同了。Recanati 对“转移”所给出的典型例子是：

（1）那个火腿三明治没付钱就走了。

在餐馆中，当一个服务员对另一个服务员说出句子（1）时，她口中的“火腿三明治”指的并不是火腿三明治本身，而是点了它的那个人。在一般情况下，“火腿三明治”所指称的对象都是火腿三明治，但在这个语境当中，它所指称的对象被说话者转移到了一个特定的人。二者之间当然要有联系，但这一联系并不是词义上的，而是在语境中给出的。

类似于充实与放宽，笔者对转移所需要满足的条件概括如下：首先，通过语境完全改变表达式的使用范围；其次，改变范围的方式有无穷种，需要在具体的语境下得出；最后，存在不需要对表达式的使用范围进行改变的语境。

由此可见，很多传统上被认为是会话含义或者传统含义的语言现象，都可以用转移来解释。如以下两例：

（2）锅开了。

（3）那个可怕的小丑要办讲座了。

在句子（2）中开的并不是锅，而是锅里的水。这个例子和句子（1）一样，表面上它指称一个特定的对象，而实际上它指称的是另一个离它很近的对象。这种修辞手法被称为“转喻”，由于人们习惯于这样的说法，因此它被认为是典型的传统含义。在句子（3）中，说话者用“那个可怕的小丑”所指的并不是真正的小丑，而是与他共事的一位教授。由于这一信息并不包含于句子（3）的字面意义之中，而是之前的相关谈话以及说话者的意向性和语境关联要素所提供的内容，因此根据它和句子（3）所共同得到的命题“那位教授要办讲座了”是句子（3）的会话含义。然而，转移理论可以为这两个例子提供统一的解释：它们通过字面意义所指称的对象在语境的影响下发生了转移，分别指称不同的对象。指称对象的转移仍然属于对词项指称对象的确定，因此它发生在初级语用过程中，并不如传统语用学观点所设想的那样发生在次级语用过程中。

既然转移的目的就是突破表达式本身使用范围的限制，那么显然对它的应用也没有任何句法或词项的限制。只要语境许可，它就可以应用于任何的词项，包括专有名词与索引词。

然而，如果通过转移后词项所指称的对象与它在通常情况下所指称的对象之间没有任何逻辑联系，而前者本身已有专门的词项与之相对应，那么转移发生的原因以及运作的机制显然比充实与放宽更复杂。对此，似乎会话含义所提供的解释更使人信服。应该说，将转移作为初级语用过程的一部分是 Recanati 所独有的观点，对此，人们有相当多的质疑。而 Recanati 为它所提出的论证只有可通达性原则（availability principle）一项，即只有转移后的意义才为说话者的意识所通达。以句子（1）为例，当说话者说出句子（1）时，他直觉上所表达的就是“点火腿三明治的那个人没付钱就走了”。句子（1）的字面意义根本没有经过他的脑海。对可通达性原则将在 3.4.2 中进行详细探讨。

由于充实与放宽之间的差异未必绝对，因此一个相关问题是：转移与放宽能否作出明确的区分。二者在定义上是有区别的，但用“使用范围”这种模糊的表达难以进行明确的描述。笔者提议用内涵与外延的概念来解释二者的区别。假设一个词项 A 的内涵是它必须同时满足条件 x、y 与 z，它由此得到的外延是 F。放宽是通过语境减少内涵所满足的条件，比如排除 z，使得 A 在该语境下的外延扩大为 F'，F' 包含 F。而转移则是通过语境使 A 的外延变成 G，而 F 与 G 没有任何逻辑联系。但是这种定义上的区别在实际情况下的解释力未必足够。假设张三长得有点像汤姆·克鲁斯，他的朋友们都叫他“阿汤哥”，有人看见他过来了，说：“阿汤哥来了。”对这句话中的“阿汤哥”应该作转移还是放宽的解读？两种似乎都可以。假设这个语境起的作用是将“阿汤哥”的内涵进行放宽，使它不只指称汤姆·克鲁斯，也能够指称外表上具有某些汤姆·克鲁斯特征的人，那么这一过程就是放宽。假设语境起的作用是将“阿汤哥”的指称对象从汤姆·克鲁斯转移到张三，而这一过程就是转移。

如果接受转移作为自由充实的一种在初级语用过程中发挥作用，那么词项经过语境作用后得到的意义就十分灵活，包含无限的可能。此时显然不能认为某个特定的词项在所有语境下有共享的意义。但是从前几节对充实、放宽与转移的区别进行的讨论看，Recanati 在对自由充实的论证中还是需要预设词项有独立于语境的字面意义的。这在他的真值条件语用学领域的观点中反映得更加充分。但在他的观点中，词项的字面意义需要语境充实再形成命题，因此没有独立于语境的最小命题。接受词项有独立于语境的意义而反对句子有独立于语境的最小命题，这是 Recanati 理论内部的紧张关系，对此笔者在第 5 章中会详细进行分析。但这一攻击对最小语义学仍是有效的，因为最小语义学预设基本集之外的词项有独立于语境的意义。

总之，虽然充实、放宽与饱和三者或许缺乏明确的界限，但它们作为自由充实的不同形式，其目的是论证语境可以不经由语义过程而直接从上而下地对词义产生影响。正如 Hall（2008）所指出的，只要自由充实是局域性的，那么语境对命题的作用就有迹可循。从这个角度看，自由充实也可以是系统性的、规律性的，只是它的系统性不依赖于句法驱动。这可以构成对最小语义学的有效反驳。为了维护句法驱动这一基本原则，最小语义学理论的一个新发展是索引词主义，从句法结构中寻找语境影响的基础。第 4 章将主要讨论这一发展。

3.3 语义内容与最小命题并不等价

本节与下一节都关注语境主义从语用学角度对最小语义学提出的反驳。由于关注的焦点在最小命题这一概念上，在讨论之前有必要对它作出澄清。最小语义学认为最小命题是一个句子经由单纯的语义过程所产生的命题，包含索引词及语境敏感谓词的句子不表达最小命题。温和语境主义者同意这一观点，也同意数学表达式等不语境敏感。当一个句子的所有组成部分都不语境敏感时，它表达的是最小命题。典型的例子就是表达数学断定的句子，对此双方都认为它表达最小命题。后者主要在语境敏感谓词的范围上与前者有较大区别。因此，这两节的讨论针对的是这些有争议的谓词，即当句子包含这些谓词时，它还能不能表达最小命题。

这个批评角度主要针对的是 Cappelen 与 Lepore（2005）所提出的言语行为内容与语义内容的联系，其核心论点是一句话在任何语境下经由任何说话者说出时，说话者所表达的所有命题，即所有言语行为内容当中必然包含一个共同的内容，就是这句话的语义内容。语义内容是在所有说出这句话的语境下共享的唯一命题，也是人们在交流遇到困难或发生误解时唯一可以依赖的命题。它与最小命题是等价的。通过语义内容在交流中地位与作用的刻画，Cappelen 与 Lepore 力图说明最小命题在语用分析中也有存在的必要。

对这一点的反驳有三条相互联系的进路：第一，与 Cappelen 和 Lepore 的预期相反，一个句子在所有语境下所共享的语义内容的数量大于一，而最小命题只能有一个，因此二者无法等同。第二，一个句子在所有语境下说出时并不共享任何语义内容。如果接受二者等同，那么最小命题也不复存在。第三，语义内容与最小命题毫不相干。这三个观点都有相当有力的论证作为依据，它们充分展现了通过所有语境下共享的语义内容确定最小命题时存在的困难。

3.3.1 语义内容的数量大于一

对于语义内容数量的不确定性，Clapp（2007）提供了一个相当简明有力的论证：当一个命题得到表达时，它所明显蕴含的其他一些命题也得到了表达。因此，通过在所有语境下寻找共享命题的方法不会只得到唯一一个确定的命题。以“狗会叫”这个句子为例，假设它在所有语境下被说出时，都至少表达了“狗会叫”这个最小命题。但这个命题明显蕴含着另一个命题：“狗会叫或者猪会飞。”如果说出“狗会叫”这个句子时表达了“狗会叫”这个命题，那么它必然也同时表达了“狗会叫或者猪会飞”这个命题，任何筛选过程都无法将后者除去。因此，一句话在所有语境下所共享的语义内容远多于最小命题，二者并不等价。

Soames（2002）提出了“解释优先”（explanatory priority）的概念。他认为，最小命题在解释上的优先性能够确保它与它蕴含的其他命题得以区分。只有当共享语义内容中一个命题的成立不依赖于其他命题，这个命题才是最小命题。这可以视为应对 Clapp 攻击的一种方式。然而，为什么需要解释上的优先性是论证上的一个困难。如何确保它是现实存在的理解机制而不只是为了确保最小命题存在的理论架构，Soames 并不能给出令人满意的答复。

此外，还有另一种可能的解决方案。按照 Clapp 的论证方式，任何命题 F 中都蕴含命题“F 或者 G”，而命题 G 的内容是任意的，与 F 或表达 F 时所在的语境可以没有任何关系。G 进入命题 F 进而变成其语义内容的一部分没有任何句法上或语境上的动机，因此是不被许可的。

然而，如果真正对句法和语境进行详细考察，最有可能得到的结论并不是一个句子的语义内容大于或等于最小命题，而是一个句子在所有语境下所共享的内容是一个空集。

3.3.2 语义内容的数量等于零

与一个句子在所有语境下理论上能够共享大量语义内容相比，Clapp（2007）更倾向于认为，一个句子在不同语境下所表达的命题是多样化的，它们之间实际上难以找到任何跨语境共享的语义内容。Carston（2002）与 Soames（2005）也持有这样的观点。

考察以下例子：

（1）玛丽没法继续了。

当说话者在不同的语境下说出这句话时，他们实际上表达的都是玛丽没法继续做那个特定的语境下明显的一件事情，如她没法继续学习了、没法继续工作了、没法继续跑步了、没法继续吃饭了等。换言之，句子（1）在所有语境下所表达的命题是集合 P：{玛丽没法继续 a 了，玛丽没法继续 b 了，玛丽没法继续 c 了……玛丽没法继续 *n* 了……}，而句子（1）本身既不是这个集合的成员，也与这个集合的任何成员都不相同。因此，在句子（1）所表达的所有可能命题中并不存在跨语境共享的最小命题。

对这个论证有两个可能的回应。第一，按照 Soames（2002）和 Cappelen 与 Lepore（2005）的观点，当句子（1）在某个语境下表达“玛丽没法继续 a

了”，它也同时表达“玛丽没法继续了”。因此，后者仍是句子（1）在所有语境下共享的语义内容。第二，按照 Borg（2004）的观点，集合 P 里的命题共同蕴含一个存在量化的表达式，即“玛丽没法继续某事了”，而这个表达式就是它们所共享的语义内容。

Clapp（2007）对这两个回应的态度是一致的：找不到一个现实或可能的语境，在其中说话者说句子（1）时不表达玛丽没法继续做某件特定的事情。这个回应与 Recanati 所提出的可选性原则是一致的。为了表明现实交流的复杂性，他举了另一个例子：

（2）我想要咖啡。

假设希拉里走进了一家咖啡店并且说出句子（2），她想要的或许是现磨的咖啡，或许是咖啡豆，又或许是咖啡粉。而她想要的数量或许是一杯，或许是一包，也有可能是一千克。假设希拉里走进的是一家成衣店，她试穿了红色、紫色和咖啡色的礼服后说出句子（2），那么她表达的是对于礼服颜色的选择。再假设希拉里走进一个晚宴的筹备现场而工作人员问她应该准备什么饮品，她说出句子（2），此时她用“咖啡”表达一种抽象的饮料。这三个语境下所说出的句子（2）表达什么共同的语义内容？似乎很难概括。即使它们共享的内容得以概括成为“希拉里想要（与）咖啡（有特定关联的某种事物）”，如此宽泛的概括存在的必要性仍然存疑。

Clapp 进一步提出，他不否认宽泛的概括或者 Borg（2004）意义上的最小命题是语言使用者在对语境没有收集到足够的信息时会对句子（2）进行的理解。但这种理解属于意义的蓝图（blueprint），在实际的交流过程中只能被更加确切的意义所蕴含，而不能够直接出现。

值得注意的是，虽然 Clapp 为两个可能的回应提供了统一的解决办法，但这两个回应本身是相互独立的，不应被混淆。第一个回应与本节的讨论直接相关，它将语义内容视为一句话在任何语境下所有直接被表达的命题中共同的一个。而第二个回应提出了一个不同的概念，即一句话在所有语境下所表达的各种“所言”是否蕴含同样的命题。对此的讨论将在第 5 章继续。

3.3.3　语义内容不同于最小命题

在对语义内容的刻画上，Camp（2007）与 Stern（2011）独辟蹊径，试图论证在包含隐喻的句子中，隐喻义而不是句子的字面意义才是句子真正的语义内容。如果这一论证成立，那么它不但将为本节的讨论，甚至是对语境敏感词的讨论，都将带来全新的视角。

自 Grice 以来，隐喻都被认为是会话含义的典型例子，即一个命题表达了什么样的隐喻意义是要在分析其本身字面意义的基础上通过应用会话原则得到的。而 Stern（2011）则认为，一个句子表达了什么样的隐喻义与组成这个句子的各个表达式各自的意义有关，而与整个句子的意义无关，因此隐喻不属于会话含义。这个前提与 Recanati（2004）对转喻的处理较为接近。

在此基础上 Stern（2011）提出，含有隐喻义的句子在不同的语境下所共享的语义内容就是它的隐喻义，而不是它的最小命题。以《罗密欧与朱丽叶》中的经典台词为例：

朱丽叶就是太阳。

首先，在任何语境下，说话者说出带有隐喻的句子时都不表达句子的字面意义，也不会预期听话者将隐喻用字面意义进行解读。换言之，当说话者说出这句话时可以表达无数可能的命题，如“朱丽叶像太阳一样光彩照人”“朱丽叶像太阳一样让其他女人黯然失色”“朱丽叶像太阳吸引地球一样吸引着我的注意力”，等等。但它不会表达“朱丽叶就是（作为恒星的）太阳”这一最小命题，因为它显然在任何语境中都为假。另外，当听话者对这句话进行理解时，即使听话者对于其所在的语境并未完全掌握，也不知道甚至误解了说话者的意向性，也不会认为这句话表达的是它的字面意义，同样因为它永远为假。Cappelen 与 Lepore（2005）认为语义内容是说话者可以期望听话者即使在对语境不知情或不在意的情况下也能够领会的，而在这一点上，隐喻义是满足的。其次，如果对带有隐喻的句子作字面意义的解读，对它的真值判断就会成为问题。判断一个命题的真值要求我们知道这个命题在哪些可能世界为真。虽然我们可以确信这句话的字面意义所表达的命题在当下这个世界一定是假的，但我们无从设想它在哪个可能世界为真。最后，从上一点可以得出，真值条件不足以判断包含隐喻的句子其字面意义到底应如何理解。

这一论证消解了隐喻句字面意义的存在，可以被视为对字面意义概念的有力攻击。但是它并不能支持隐喻义是句子语义内容的结论，这是它所存在的问题。虽然听话者可以意识到这句话表达了一个隐喻，但却无法得出它具体表达了什么隐喻义。因为对于这句话而言，“朱丽叶像太阳一样光彩照人”“朱丽叶像太阳一样让其他女人黯然失色”“朱丽叶像太阳吸引地球一样吸引着我的注意力”等所有命题都是可能的解释，而这些解释之间并未共享任何最小命题。如果沿用上文的论证，必然会得出含有隐喻义的句子在不同的语境下不共享任何语义内容的结论。

从本节对语义内容与最小命题关系的讨论可以看出，对于二者的定义、获得途径以及二者相互关系的刻画远比最小语义学所设想得要复杂。Cappelen 与 Lepore（2005）所提出的从言语行为内容共同表达的命题得到语义内容这一途径实践起来有很多障碍，对于本节所提出的三点攻击，他们难以找到有效的辩护方式。因此，笔者建议放弃从语义内容得到最小命题这一进路，转而考察另一个在当下的讨论中经常出现却尚未得到明确定义的概念：“所言”。显然，语境主义与最小语义学最大的矛盾，就在于前者认为，经过语境充实的“所言”才是一句话在特定语境下意义的载体，而后者坚持认为语境充实对于理解命题意义并不是必需的。但是，在语义内容不能保障最小命题存在的情况下，如果能够从一句话在不同语境下所表达的不同“所言”出发，探索它们是否蕴含同样的命题蓝图，以及能否以命题蓝图作为对最小命题的解释，或许是一条更加可行的进路。

3.4 最小命题在认知和交流中没有存在的必要

Cappelen 与 Lepore（2005）本身承认最小命题没有认知功能。同时通过话语行为多元论也可以看出，他们认为最小命题与交流的联系相当薄弱。然而，他们坚持认为最小命题是说话者说出一个句子时所明确表达的命题之一，同时也是交流不畅时进行理解的最终依据。如果对此进行反驳，将最小命题与交流的联系切断，其存在的价值就会受到重大削弱。有一部分批评者正是从这个角度提出，最小命题充其量是一种理论构造，而在面对面交流中并不起任何作用。一方面，经由自由充实得到的“所言”并不依赖于它，句子片段也不是对它的省略。即使在跨语境交流中，如果只是最小命题得到了转述，那么这次转述也不能算是成功。因此，在交流的方方面面都不需要预设最小命题的存在。另一方面，最小命题并不如 Cappelen 与 Lepore 所设想的那样，是一种心理实在，它存在的心理学基础同样值得质疑。

3.4.1 交流不必依赖最小命题

在本章第 2 节中笔者提到，语境对词义的作用在很多情况下不是局域性的，自由充实可以直接由上而下地作用于词项，而无须借助任何句法工具。这实际上就说明自由充实的进行并不需要依赖最小命题。但是第 2 节认为饱和与自由充实之间的界限难以划清，因此存在另一种对最小命题的可能辩护，即存在两种语境进入命题的渠道，但其发生的时机是不同的。理解时先将说出的句子通过饱和得到最小命题，然后再通过自由充实得到“所言”。这是调和论者（如 Bach 1994a，2001；Salmon，1991；Soames，2002）所持有的观点(参阅 5.3.1)。而 Recanati（2004）则对此提出了反驳。他指出：一方面，自由充实与饱和的作用时间上没有先后之分；另一方面，饱和需要依赖自由充实。

首先，对于句子意义的解读需要句子各部分意义之间的相互调节，在这种情形中饱和与自由充实是可以相互作用的。例如：

（1）麦克完成了约翰的书。

这个句子当中有两处需要对语境进行充实的地方。“完成”所指的可以是完成阅读、完成装订、完成写作等情况。对完成的具体内容加以补充属于饱和。而“约翰的书”当中的所有格同样具有不确定性，它可以是约翰写的书、约翰借的书、约翰正在看的书等。对它的充实则属于自由充实。而如果我们从语境中得知约翰与书的关系是写作关系，即这本书是约翰写的，那么它将制约对于“完成”的饱和，至少将“完成”充实成“完成写作”这种情况排除在外。

此外，很多时候一个句子既需要饱和，也需要自由充实，如下例：

（2）他(比尔）拿出他的(比尔的）钥匙然后（用它）开了门。

↑	↑	↑
（饱和）	（饱和）	（自由充实）

这两种充实在理解过程中是同时发生的，直觉上并没有先得到一个经过饱和产生的最小命题“比尔拿出他的钥匙然后以某种方式开了门”，而是直接得到了经过自由充实后的结果。

其次，饱和时常依赖于自由充实所提供的信息才能够进行。这一论证依赖的是语境对词义的转移。在转移发生时，确定指称的对象是饱和的工作，而确定所有格的关系则属于自由充实。但很多时候，确定指称对象需要在所有格关系确定之后才能进行。如之前提过的例子："那个火腿三明治没付钱就走了。"假设那个没付钱就拿走三明治的人衣服上沾了蛋黄酱，服务员则可以说出如下话语：

(3) 那个火腿三明治的衣服上粘了蛋黄酱。

这时确定"衣服"所指称的对象是饱和的工作，但是要得到它就必须先知晓"火腿三明治"实际上指称哪个对象，而后者由于属于意义的转移，又需要经由自由充实完成。因此，在这个例子当中，饱和依赖自由充实。

总之，经由这两点，Recanati论证了饱和与自由充实相互依赖和相互作用的关系。两者同时作用于词项之上，句子经由这两个过程的作用之后直接得到经过语境充实后的意义，即"所言"，并不需要中间哪个步骤产生最小命题。

另一个被用来论证最小命题必要性的观点是：人们在交流当中并不总是说出完整的句子，有的时候只说出一个短语或词组就能让人明白他们的意思。这是因为这些短语是经过省略的最小命题，而它们只有补充成完整的命题才能实施言语行为。因此，最小命题是命题片段补充完整的模板，是言语行为得以实施的基础。[①] 然而，Stainton（1995，2006）和Corazza（2011）都试图说明，句子片段也能够表达完整命题，作出言语行为，中间不需要预设最小命题。

通常人们认为完整的句子才能表达命题，如果人们说出句子的片段或短语，那么它不是语义就是句法上出现了省略。Stainton（1995）则提出，这两种解释都会面临困难。一个明显的事实是，在脱离语境的情况下，仅凭句子片段无从得知说话者想要表达什么内容，也不知道它具有什么样的句法结构。假设有这样一个句子片段：

(4) 红色。

在第一个语境下，医生正在检查患者是不是色盲，她指着不同的色板问

① 这一观点可参阅Dummett（1981）、Davidson（1977）。

患者看到的是什么颜色。当指到红色时，患者说："红色。"此时患者所表达的完整命题是："这块色板是红色的。"在第二个语境下，室内设计师正在向顾客展示他对于房间颜色的构想。他走进浴室，对顾客说"浅蓝色"，又走进卧室，对顾客说"红色"。此时他所表达的完整命题是："我计划将卧室的墙壁涂成红色。"这两个语境的相同点在于句子（4）在交流中居于起始位置，不需要上下文来表示说话者有省略的内容。而在这种情况下，同一个短语成功地表达出了完全不同的命题，呈现出了完全不同的句法结构。这说明句子片段也能够表达完整命题并实施话语行为。如果预设"红色"这个短语先需要添加省略的内容而还原成最小命题，再由语境对其进行充实，那么以上两个语境中说话者所表达的意义之间应该共享一定的语义内容或句法结构。但显然二者之间除了"红色"这个短语之外没有共享任何内容。因此，这一过程只能是由语境自上而下进行的自由充实，中间没有最小命题存在的余地。Stainton（2006）将这一观点略作修改，他认为对命题的理解不需要预设完整的句子，句子片段对应命题片段，但说话者可以用命题片段断言完整命题。这一过程同样属于自由充实。

Corazza（2011）试图为句子片段如何表达完整命题提供系统的解释。他借用反身性（Perry，2001）的概念，说明类似于片段（4）的短语实际上表达了一个反身性的命题：

（5）存在一个对象 x，使得

（i）（4）是关于 x 的。

（ii）x 是红色的。

这种处理方式预设所有短语如果表达完整命题都存在同样的句法结构，而在 Stainton（2006）关于"红色"的两个例子中可以看出，这一点并不成立。在第一个语境下当患者说出"红色"时，可以认为它表达了一个反身性的命题：

（6）存在一个对象色板，使得

（i）（4）是关于色板的。

（ii）色板是红色的。

但在第二个语境下，"计划"这种命题态度无法包含在反身性的命题模式之中。

最后，另一种交流的情况是 Cappelen 与 Lepore 十分倚重的，即跨语境交流。他们认为跨语境转述必须预设最小命题，因为转述者对原话所在的语境并不了解、并不在意甚至有错误的理解。此时只有最小命题能够不受这些因素影响而完成正确的转述。但是这一观点同样需要反思。Cappelen 与 Hawthorne（2009）、Wieland（2010）都认为，在大多数情况下，以最小命题为转述内容并没能转达原话所真正表达的意义，因此是失败的转述。

Wieland（2010）断言，如果对现实的语言交流加以反思就能够发现，在跨语境转述中如果不对原话的语境有任何提及，则极易造成交流的失败。这与 Cappelen 和 Lepore 的预期恰恰相反。究其原因，转述也是在特定的语境下发生的，如果对在另一个语境中的原话不作任何解释和区分就进行转述，那么被转述的内容将在当下的语境中寻找语义值。回到苹果的例子，假设厨房里一张桌子上放着受霉菌感染而果肉变红的苹果，安娜曾经把它们挑出来，告诉约翰说："这些苹果是红色的，不能吃。"对此比尔并不知情，因为他还在上班。当晚上比尔下班回家时觉得很饿，想先吃个又红又甜的苹果。厨房里没开灯，他摸到桌子上放的苹果就问约翰："这些苹果红吗?"约翰明明知道比尔想吃苹果，却仍然说："安娜说这些苹果是红色的。"虽然约翰按照 CL 测试的衡量标准作出了一个正确的转述，但当比尔咬了一嘴霉菌后，他有理由责怪约翰转述的正确性。在约翰转述安娜话语的语境中，由于比尔想吃苹果这一点表现得很明显，当他问这些苹果红不红的时候，他关心的是苹果表皮的颜色，并且他不想吃到坏了的苹果。而此时约翰表示"安娜说这些苹果是红色的"，"红色"在这个语境中直觉上应与比尔所意向的意义一致，即表示"表皮为红色"。因此，一个成功的转述必须要考虑到原话所在的语境与转述语境的区别。

Cappelen 与 Lepore 对此的反驳是可以预见的：他们不认为转述者需要对之前的语境有任何的了解。如果安娜挑苹果时约翰不在场，她只告诉约翰"这些苹果是红色的"而未曾提及更多的细节，那么当比尔询问时，他只能转述最小命题，因此比尔咬一嘴霉菌不能怪他。而如果接受这一解释，那么转述者的作用实际上就与复读机没有任何区别。他只是机械性地重复别人说过的内容，按句法要求在索引词上作一些替换，而不能显示他对原句有任何的理解。这显然不是 Cappelen 与 Lepore 所预期的情况，也不是大部分转述所发生的实际情况。Cappelen 与 Hawthorne（2009）提出用同意代替转述也可视为是出于这个目的。

综合这三个讨论可以得出结论，面对面的交流不需要预设最小命题，因为自由充实与饱和相辅相成，不可分割。在有些情况下，如理解句子片段所表达的命题时，更是只需要借助自由充实而不需要饱和。同样，跨语境的交流也不需要预设最小命题，因为它与理解毫无关系。因此，从语言使用的实际情况看来，最小命题只是一种理论上的假设而没有担负任何交流功能，其存在是多余的。

3.4.2 最小命题不是心理实在

Cappelen 与 Lepore 对最小命题最后的辩护是：它是一种心理实在，其存在经由这一点得到了保障。对此 Soames（2002）、Recanati（1993，2004）、Clapp（2007）以及 Elugardo（2007）都进行了反驳。

即使在最小语义学内部，对最小命题是不是心理实在这一问题也有意见分歧。Borg（2004）显然认为，是否预设心理实在不是语义学所应该关心的问题。Soames（2002）虽然倾向于最小语义学的观点，但他坚称说话者在直觉上只能得到言语行为内容。语义学家应该放弃当一句话说出时，说话者通过内在语义理论生成最小命题并使其区别于这句话所传达的其他命题的想法。

Recanati 则提出了一个判断心理实在的标准：可通达性原则（availability principle），并以此论证最小命题在交流时并没有在意识中显现。

可通达性原则：在判断话语的意义中由语用决定的那部分是否属于“所言”时，也就是在判断与“所言”相关的情况时，我们应该始终坚持前理论的直觉。(Recanati，1993：248)

可通达性原则基于一个前提，即理解是直觉而不是推理的。Recanati（2004）认为，我们在交流中应该用理解来定义意义，即听话者所理解的表达式的意义就是该表达式真正的意义。而听话者所理解的意义就是一个语句在特定语境下在听话者的直觉中所呈现出来的命题。语境对词义的影响有两种：经由句法驱动的饱和与从上而下的自由充实，而这两种都是意识上不可通达的（consciously unavailable），即这两种语境作用的过程不在交流者的意识中显现，他们直接意识到的命题就是意义被语境作用后得到的结果，即“所言”。如下例：

(1) 所有人都去巴黎了。

正常情况下，当一个人说出句子（1）时，他所表达的命题并不是这个世界上的所有人都在巴黎，而是在一个语境中明显的域当中的所有人都去巴黎了。假设一个公司有内部福利，招待公司所有员工去巴黎度周末，而只有一个人因为生病去不了。当这个人说出句子（1）时，他认为他所表达的以及他实际上表达的命题都是“这个公司里除了我之外的所有人都去巴黎了”，而“世界上所有人都去巴黎了”这个所谓的最小命题压根没在他的脑海中出现过。因此，最小命题只是一种理论上的设想，而不具有心理实在①。

Recanati 的这一观点有着浓厚的心理学背景，它所直接针对的是以 Sperber 与 Wilson（1986）为代表的相关性理论（relevance theory）的观点：交流是基于推理的。Recanati 的意图并非完全推翻这一观点，而是将基于推理的交流限定在会话含义的产生过程之中。他区分了两种语用过程，即产生“所言”的初级语用过程与产生会话含义的次级语用过程。前者是意识上不可通达的，而后者则是可通达的。会话含义需要在“所言”的基础上结合语境中的其他因素进行推理得出，而“所言”是直接在交流者的直觉中浮现的，并不需要基于语句进行推理。即使进行推理，该过程也在潜意识中发生，而并未在交流者的意识中浮现。

可通达性原则初看起来非常符合直觉，但经过反思就会发现，它仍然存在相当的模糊性，并且在相当多的方面向相关性理论作出了妥协。

首先，Recanati（2004）并不认为直觉与推理是两个互斥的概念。他承认推理所涉及的层面非常广泛，在潜意识层面也能够进行，只是我们在意识层面直接得到的是推理的结果，推理过程不为意识所通达。他将推理过程分为有意识的推理和潜意识的推理，将前者进一步分为显性的推理（explicit reasoning）和自发的推理（spontaneous inference），而又将自发的推理与潜意识

① 基于这个原因 Recanati（2004）直接把“所言”等同于一个命题的字面意义。这一极端观点并未得到普遍接受，为了防止读者误解本书将一直使用“所言”。

的推理合称为隐性的推理（tacit inference）。推理过程如图 3 -1 所示。[①]

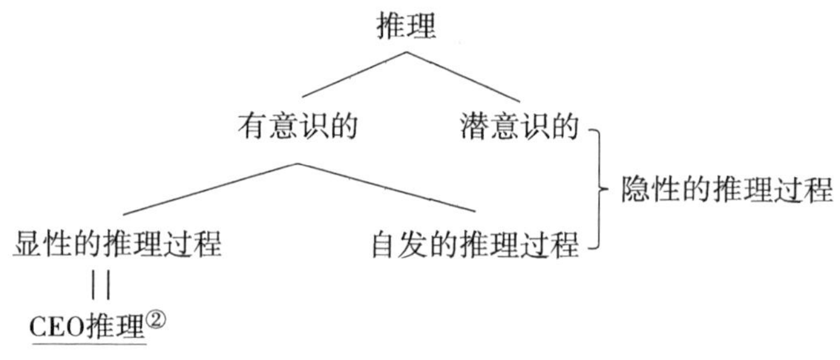

图 3 -1　推理过程

这就带来了一个难题，即难以对潜意识的推理与自发的推理进行有效的区分。Recanati 提出的区分方法是：如果“构成这一系统的因果过程反映某人进行显性推理时的过程（同上：49）”，则这一推理过程属于前者；而当这一过程的认知主体本身有能力来显性地进行推理并论证自己所自发得出的结论时，它属于后者。显然后者蕴含前者。

其次，Recanati 认为潜意识中的推理过程虽然不为意识所通达，但是仍可通过反思呈现。结合上一段对自发的推理过程的定义，又可以将潜意识的推理等同于自发的推理。

最后，Recanati 认为这三种推理过程都能够产生会话含义。有些会话含义能够直觉地被掌握，不需要经过显性推理过程。这些会话含义的典型例子是句子中词与词之间意义的相互调整，如对所有格的意义进行确定。如果一个学生准备去图书馆还书，而她的同学跟她说“你把我的书也一起还了吧”，这时前者能直觉地得出“我的书”指的是“我从同一个图书馆借的书”，而不需要经过推理过程。如果对于所有格意义的充实到底属于“所言”还是会话含义仍存在争议，则可以考察一个更为典型的例子：

（2）你有病啊。

一般情况下，当句子（2）被说出时，人们所直觉上理解的就是它反讽的

① 本关系图来源于 Recanati（2004：43）。加下划线部分为笔者根据他在该书其他部分的论证添加。

② CEO 推理是 Recanati 引自 García - Carpintero（2001）的概念，即显性推理应该满足的三个特征：有意识的（conscious），明确的（explicit），以及进行中的（occurrent）。

会话含义，而不需要再经历一个显性的推理过程。但是这一论证所带来的代价就是：第一，各个推理过程之间的界限无法清楚地划出；第二，由于直觉也能够通过推理进行解释，Recanati 的交流是基于直觉的观点与相关性理论交流是基于推理的观点无法被作出明确的区分。

总之，由于可通达性原则是一个心理学预设，想要对它进行有效的论证需要借助心理学的相关理论。而 Recanati 的论证仅仅借助对于自身有利的直觉，似乎难以令人信服。完全可以根据其他一些直觉提出与其相反的观点。比如，一个人听见门铃响了就去应门。Recanati（2002）认为，听见门铃响后，这个人就产生了“有人在门口”的信念，因此可通达性原则是满足的。然而，另一个更符合直觉的解释是，这是一种条件反射。听到有人敲门就回答一声“来了”或“哪位”，听到有人叫自己的名字就应答，这些都是条件反射的情况，而条件反射才真正不为意识所通达。

Clapp（2007）与 Elugardo（2007）都从心理学的角度对最小命题提出了批评，但他们的论据，如人的语言机能要求对量化词的域作出限制，或说话者不预期听话者理解最小命题等，也存在类似的困难。这条讨论进路若要向前推进，必须要依赖心理学研究的成果，对言语直觉给出能够量化的分析方式。而这在本书的论域之外。本书接下来在对最小语义学的修正或替代理论进行讨论时也不会涉及心理因素。

即使对最小命题是否心理实在的断定存在困难，最小语义学所受到的其他挑战也难以在其自身理论体系内得到解决。回顾最小语义学理论所面临的困难，从语义过程看，核心在语境敏感词的范围无法明确界定及语境对词义的影响超出了句法驱动；从语用过程看，核心在最小命题的存在缺乏必要性。为了维持句法驱动在容纳语境因素中的核心地位，一个可能的解决方案是扩展最小语义学的理论框架，这是索引词主义的工作。它提出句子的逻辑形式中存在隐藏变量，而语境对词义的影响最终都归结于对隐藏变量的赋值。如果索引词主义能够成立，那么句法驱动这一最小语义学的基本原则就能够得到保全。然而，在第 4 章中笔者将提出，索引词主义自身存在理论困难，无法成为替代最小语义学的语义理论。

对于另外两个问题的进一步探讨都需要放弃最小语义学的框架，而转向语境主义。首先，不同的词项可能具有不同的语境敏感性，而已有的测试无法揭示这一点。为了对语境敏感性问题有真正的洞见，不如换一个角度，对不同的语境敏感词各自所具有的特征进行刻画。Kennedy（2007）、Kennedy 与 McNally（2010）、Hansen（2011）等作出的大量基于等级性形容词的研究都为此提供了一个全新的角度。其次，既然最小语义学的批评者们大都认为语义内容与最小命题并不等价，而“所言”才是理解和交流的基本对象，那么对于“所言”产生的理论基础需要进行探讨。在这一方面调和论与相关性理论是两条基本的进路，它们与最小命题的必要性还有相容的可能。最后，如果完全排除最小命题在理解和交流中存在的必要性，语义学会是什么样的面貌，认知与交流以何为本，关于这些问题，Recanati（1993，2012）提出的真值条件语用学可作为一种参考。这三个问题的发展构成了语境主义的不同理论派别，笔者将在第 5 章对它们展开详细分析。

4 最小语义学克服困难的尝试：索引词主义

最小语义学理论一个主要的困难，是无法对实际交流中纷繁复杂的语境因素施以命题意义的影响给出系统的解释。一方面，大量基本集之外的词项在不同语境中指称的对象会发生变化；另一方面，这种意义变化无法全部通过句法驱动得到解释。索引词主义可被视为最小语义学对这两个困难的一种解决进路。它试图论证在句子的逻辑形式中系统地存在着隐藏变量，而语境只能通过对隐藏变量进行赋值的方式对词义产生影响。因为隐藏变量是句法结构的一部分，所以对它的赋值仍然是由句法驱动的。按照这一理论，所有所谓的语境敏感性实质上都是显性或隐藏的索引性。

虽然理论前景十分美好，但索引词主义自身存在着困难。它的核心论证只有约束论证（Binding Argument）一项，而其普遍性值得质疑。它的理论结果即隐藏变量的膨胀也与最小语义学的其他基本原则无法融贯。本章将通过考察索引词主义的基本观点和主要困难，说明它并不能成为最小语义学有效辩护的原因。

4.1 索引词主义的理论目的

索引词主义的主要代表人物是 Stanley，其核心观点可以用 *Context and Logical Form* 中的一句话进行概括："所有语境对于真值的贡献都可以追溯到这个句子的句法结构。（2000：391）"他承认有句法上完整但语义上不完整的句子，这些句子中存在隐藏的索引词，需要从语境中引入要素对其进行赋值。比如，名词的域（domain）就是与名词所共生的隐藏变量，它的值需要从语境中取得。为隐藏变量赋值是句法所要求的，因而仍然可以被纳入语义学的范畴。

Stanley 提出索引词主义的主要目的是反对 Bach（1994b）、Sperber 与 Wilson（1986）及 Recanati（1993）所共同持有的观点，即第 1 章中提到的“未述成分”：一些语言成分并不是某个句子的组成部分，却是说话者所表达的命题的组成部分。因为传统形式语义学预设句子所包含的真值可判断的内容与命题是等价的，所以未述成分就成了它无法解释的现象。通过提出索引词主义这一理论，Stanley 试图为形式语义学提供辩护，他提出与其预设相对任意难以系统性刻画的未述成分概念，不如预设句子的逻辑形式中存在位置固定的隐藏索引词，为语境因素进入命题提供体系化并且与语义学理论相融贯的解释。

但 Stanley 所反对的未述成分观点不包括 Crimmins（1992）与 Perry（1986，1998）的理论。因为 Perry（1998）提出，未述成分与暗含的指称（implicit reference）之间尚能作出区分。后者是前者的特殊情形，在有些情况下仍然有一些“蛛丝马迹”能够起到指称的作用，因而不是真正的未述成分。Stanley 据此认为他的观点与 Perry 有一致的地方，但这种一致性取决于 Perry 所谓真正的未述成分在 Stanley 的框架下能否给出。

索引词主义的另一个理论目的是解释量化词的域限制（quantifier domain restriction）这一语言现象。它也被认为是传统形式语义学所面临的挑战。如一个简单的包含量化词的句子：

猫在垫子上。

根据形式语义学的解释，既然句子中没有出现“猫”和“垫子”的域，那么它们所指称的对象是“宇宙中唯一的那只猫”和“宇宙中唯一的那个垫子”①。然而这种解释显然不符合人们日常交流中的直觉。一般情况下当人们说出这句话的时候，总是指称某个特定的论域中唯一确定的对象，比如说家里客厅里的那只猫。而这个论域同样并未包含在句子本身的意义中。这一现象与未述成分相似，因此理应用同一个理论框架对其进行解释，即量化词的逻辑形式中也有隐藏变量存在。

由此可见，索引词主义一方面能够比最小语义学接受更多的语境因素进

① 来自 Searle（1978），其英文原文为“The cat is on the mat”。“the cat”与“the mat”是量化词，它们并不像索引词与专名一样直接指称对象，而是给出对对象的描述，具体指称哪个对象需要根据语境给出的域决定。在独立于语境的情况下，量化词的域就默认为是整个宇宙。而“that cat”就是索引词，直接指称某个特定的对象。由于中文无法准确地译出“cat”“the cat”与“that cat”的区别，故此进行说明。

入命题；另一方面又试图为语境的作用找到体系化并且符合句法驱动的解释。这显示了它与最小语义学在理论目的与主要观点上的区别与联系。通过在句子的逻辑形式中安插隐藏变量，它坚持命题意义的产生是完全经由句法驱动的，这也是最小语义学的核心要求。但是最小语义学的另一个基本概念，即最小命题，则在索引词主义中被弱化。最小命题要求句法结构上完整的句子有独立于语境的意义，在最小语义学的框架内，语境敏感词数量有限，大部分不包含它们的句子可以满足这个条件。一旦句子的逻辑形式当中都包含隐藏的空位，那么在空位得到填充之前就不能认为它是完整命题，也不能够称之为最小命题。

4.2　索引词主义的主要观点

索引词主义作为语义学框架内容纳最小命题的尝试，其理论创新主要体现在隐藏索引词这一概念的提出以及对它在逻辑形式中所处位置的构想。尤其是前者，隐藏索引词是否存在直接关系到这一理论能否成立。但是不得不看到，Stanley 对此给出的论证相当有限，基本只依赖一个论据，即约束论证。对索引词主义的批评也基本围绕它展开。

4.2.1　隐藏变量存在的核心论证：约束论证

Stanley（2000）关于约束论证的基本论证思路可概括如下：

首先，他对未述成分给出了一个明确的定义，突出说明它的成立需要满足两个条件：第一，它作为一个语句真值条件的一部分，是由语境所提供的。第二，它并不是这个句子本身在逻辑形式上的任何组成部分的值。由这两点能够得出：未述成分如果存在，它的值是由语境给出的，不由逻辑形式决定，因此也不会与逻辑形式有任何关联，比如说它的值不会随着句子中算子（operator）的加入而受其约束。算子的作用是约束出现在它辖域（scope）内特定变量的值，而未述成分根据定义应该是不受算子约束的。

其次，他对严格索引词（narrow indexicals）如“我”“这里”“现在”的特点也归纳如下：第一，它们是初级词汇；第二，它们不受算子约束；第三，对它们的解读随语境的变化而变化。由此可见，未述成分与严格索引词有一个共同点，即它们都不受算子约束。Stanley 正是要对此发起质疑，通过论证未述成分实际上必须受算子约束，将其纳入句子的逻辑形式之中。

为了达到这一目的，他的论证策略是：证明这些所谓的未述成分是受到算子约束的，因此它们是句子逻辑形式中一个可被算子约束的组成部分的值，只是这个组成部分没有表现在句子的表层结构当中，而是隐藏在它的逻辑形式之中。

考察未述成分存在的一个典型论证：仍以“下雨了”为例，其真值条件为：“下雨了”在语境 c 中为真，当且仅当“下雨”所指称的时间地点这一二元组 $< t, l >$ 为真，其中 l 指称的是语境 c 中明显（salient）的地点[①]（同上：415）。由此可见，l 作为地点变量是直接由语境提供的，而与原来的句子“下雨了”无关。

然而，为上述句子加入算子就可以发现，l 不一定是直接由语境给出的，它也是受到算子约束的。如：

（1）不论我去到哪里都在下雨。

显然，在这个句子中，下雨的地点并非是在语境中默认的地点，比如说话者说出这句话时所在的地点，而是和说话者在句子（1）中提到的所去的地方是一致的。这个句子可以改写为：

（2）对任意一个我所去的地点 l，l 都在下雨。

因此，“下雨”的地点是受到“不论”这个算子的约束的。

这种情况并不鲜见。Stanley 进一步举了三类常被语境主义者认为包含未述成分的例子，并逐一用同样的方式进行了反驳，说明它们都是受算子约束的。这三类例子是：比较形容词（comparative adjectives），如“大”“高”“美”；量化词（quantifiers），如“每个”“有些”“所有”；相对性的表达式（relational expressions），如“在家”“敌人”“当地”。笔者对每类各举一例：

（3）张三个子矮小。

（4）每个瓶子都是绿色的。

（5）李四在家里。

对于句子（3），语境主义者认为，比较形容词的值都应由语境中默认的

---

① 根据 Kaplan（1989）对语境与评价环境的划分，时间应属于后者，因此这个变量不是由语境所给出的。对于这一点大家已经默认了，因此在讨论语境因素时一般不涉及时间。

一个标准给出，不然对它无法作出真值评价。因此，当我们在语境 c 中说“个子矮小”的时候，我们是相对于语境 c 中默认的身高标准来衡量张三的。然而，同样可以构造出加入算子的句子，让语境 c 不参与对真值条件的决定：

(6) 大部分物种都有个子矮小的成员。

在这个句子中，“个子矮小”的衡量标准并不取决于某个特定的语境，而是大部分物种自身种群中的平均大小。即：

(6a) 大部分物种 s 有相对于 s 而言个子小的成员。

对于句子 (4)，语境主义者会认为这里的“每个瓶子”指称的并不是宇宙中所有的瓶子，而是某个特定语境中一个明显的域内所有瓶子的集合。然而，如果构造一个有算子的句子：

(7) 在约翰的每个房间里，所有的瓶子都是绿色的。

同样，此处“所有的瓶子”不能直接指称说话时的语境，而是受到了“约翰的每个房间”这一算子的约束，指称那里所有的瓶子。

下一类例子与上两类相比具有特殊性，即量化词的引入会带来歧义。如：

(8) 每个人都在家里。

这句话有两种可能的解读：

(8a) 每个人 x 都在 x 自己的家里。

(8b) 每个人 x 都在 N 的家里，N 是语境中明显的一个人。

这两种解读都是合理的，但未述成分只能得到后一种不被算子约束的解读。根据 Stanley 的理论，隐藏的索引词在简单句中可以有被约束与不被约束两种处理方式。认为它被算子约束时就得到句子 (8a)；认为它不被约束时，它可以直接指称语境中的对象，得到句子 (8b)。如此则能够容纳歧义的情况，使得预设隐藏索引词比单纯预设未述成分有更强的解释力。

最后，Stanley 得出结论：所有由语境因素带来的未述成分都是由句法结构中隐藏的索引词（简称隐藏变量）触发的。它们在句法结构中占据固定的位置，所有语境因素对语义的充实都是通过对这些隐藏变量进行赋值而实现的。

约束论证的典型论证方式可以概括为：通过为不包含地点的简单句加入“不论我去到哪里”或类似的地点算子进行约束，从而揭示该简单句中存在隐藏的地点变量；或者通过为包含量化词的句子加入域限制，从而揭示该句中存在隐藏的域变量。这一论证方式如果仅仅适用于有限的例子，那么它的解释力也受到了限制，不能够成为索引词主义反对未述成分存在的核心论证。而实际上 Stanley 所坚持的索引词主义归根结底是一种句法规则，试图将所有语境对句子的充实都归结于句法结构中隐藏变量的存在。因此可以认为，约束论证有一个隐藏的假设，即它的论证对于所有符合条件的句子都成立。而正是这一点导致了隐藏变量的膨胀。

4.2.2 隐藏变量在逻辑形式中的位置

约束论证的作用是论证隐藏变量的存在，与此相关的另一个问题就是它存在的形式及处在句子逻辑结构中的位置。

Stanley 与 Szabó（2000）认为，将句子的逻辑结构用树形图进行展示时，隐藏的索引词如果要与一个句法要素有关联，只能二者共生（co - habit）于一个节点[①]（node）之上。这种共生只有四种可能的形式：

① 隐藏的索引词（图中以 i 表示）与处于非终端节点的其他句法要素共生。如图 4 - 1 所示。

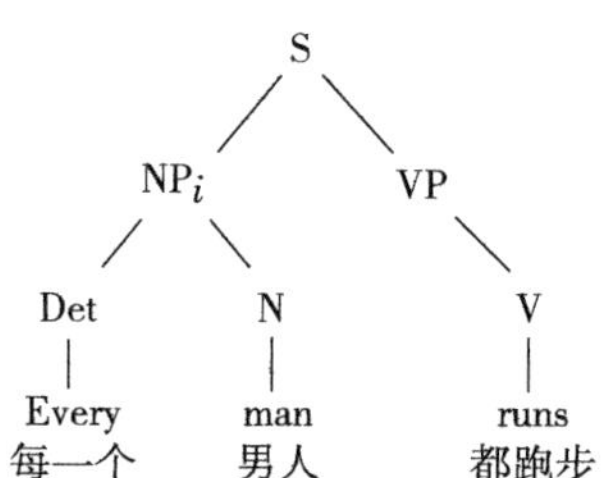

图 4 - 1　隐藏索引词的可能位置一

Stanley 与 Szabó 对这种共生形式持反对态度。他们认为，根据组合性原则，一个处于非终端节点的语法要素与它所控制的语法要素之间的关系应该能表示为一个函数，输入后者的值就能得到前者。在图 4 - 1 中，NP$_i$[②]作为非终端节点控制的是居于其下方的 Det 与 N，它们之间的关系应该能够表达成

① 节点是指句法结构树形图中连通上下两个组分的位置。如果一个节点与词汇直接相连，那么它就是一个终端节点（terminal node）。除此之外的节点都是非终端节点（non - terminal node）。

② 树形图的缩略语所代表的含义如下：S（sentence）代表句子；NP（noun phrase）代表名词短语；VP（verb phrase）代表动词短语；Det（determiner）代表限定词；N（noun）代表名词；V（verb）代表动词；CP（complimentizer phrase）代表标句成分短语；C（complimentizer）代表标句成分；O（object）代表宾语；XP 代表任意短语。

[NP_i] $=f$ ([Det]，[N])，而传统观点接受的是 [NP] $=f$ ([Det]，[N])。因此，如果 i 直接在非终端节点中出现，它的值与它所控制的两个终端节点没有任何关系，这是组合性原则所不允许的。据此可得，隐藏的索引词不能够出现在非终端节点上。

② 隐藏的索引词自己占据一个终端节点。如图 4－2 所示。

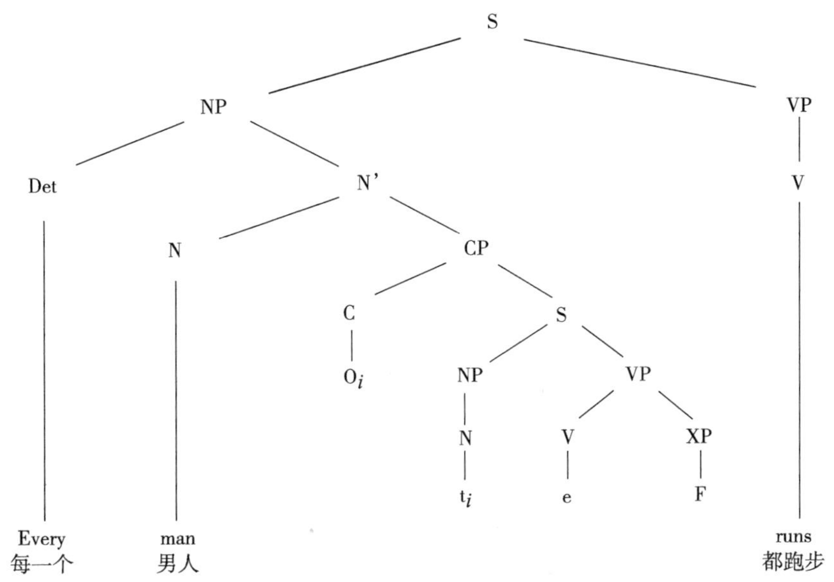

图 4－2　隐藏索引词的可能位置二

对于这种处理形式，一个直观的感受是，为了加入隐藏的索引词而在句法结构中加入了一整个 CP，这对于句法结构是相当大的负担。因此，Stanley 与 Szabó 认为如果没有其他更为必要的原因，不应该考虑这个选项。

③ 隐藏的索引词与处在终端节点的量化词如“每一个”“所有”等共生。这个处理方式应该是最符合直观且代价最小的。说它符合直观，是因为量化词的域限制这一现象只有加入量化词才能观察得到，因此预设量化词本身携带一个隐藏的索引词是一个很自然的想法。说它代价最小，是因为它既不违反组合性原则，又不对句法结构作出太大的改变，同时与最后一种处理方式相比包含隐藏索引词的终端节点数量也是最少的。如图 4－3 所示。

但是，Stanley 与 Szabó 指出，这种处理方式不能解释句子意义存在歧义的情况。如果隐藏的索引词与量化词共生，那么 4.2.1 中的例子“每个人都在

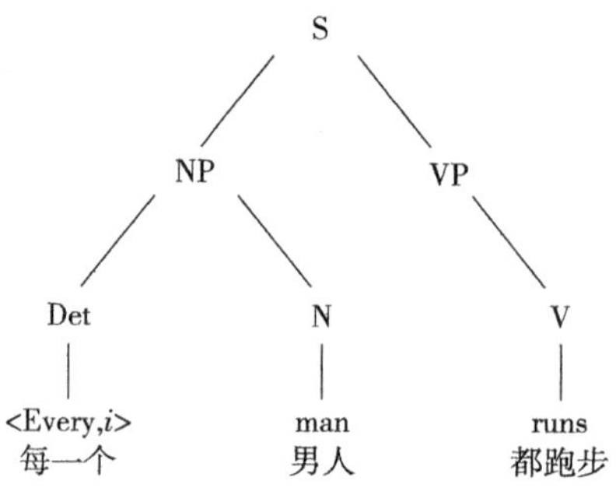

图 4－3　隐藏索引词的可能位置三

家里”就只能解释成“每个人都在自己的家里”，而不能解释成“每个人都在语境中明显的那个人的家里”。

④ 基于以上考虑，Stanley 与 Szabó 最终认为只有一种共生方式是合理的，即所有的名词都与一个隐藏的索引词共有一个终端节点。如图 4－4 所示。

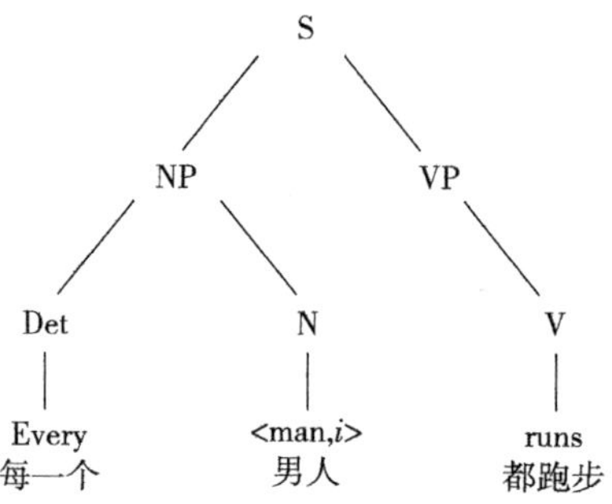

图 4－4　隐藏索引词的可能位置四

然而，Stanley（2005）对这一观点进行了反思。他认为，与一个名词共生于一个节点的处理方法将域检索词（即隐藏的索引词）视为词法结构的一部分，而不是句法结构的一部分。这与他原先的设想并不一致。为了让域检索词成为句法结构的一部分，应该取第二种解释，即它们有自己单独的终端节点。

Stanley（同上）进一步提出，域检索词所指称的就是某个特定的域，而并不是对于这个域细节化的描述。此外，他还使原本已经复杂的第二种图景进一步复杂化，认为与名词相联系的并不是一个隐藏的索引词，而是两个：函数检索词（function index）和目检索词（argument index）。通过语境赋值，函数检索词得到了一个从对象到性质的函数，而目检索词得到了一个对象。例如，当说话者一边想着新泽西州一边说：

每个政治家都是圣人。

此时，新泽西州就是这个目检索词得到的对象的值，而“从州名到居住在这个州的人”这一函数就是函数检索词的值。

据此，Stanley 断言，应该把量化词的域限制作为语义学的一部分。这并不会带来什么理论代价：一方面，受到域限制的词项仍然满足该词的俗成义；另一方面，域限制不会将语境中无关的因素引入命题，仅仅是对一个名词词组的范围加以限制。

从将域检索词进一步细分为函数检索词与目检索词的做法可以看出，Stanley 本人就存在着对于隐藏索引词类型和范围不断加以扩大的倾向。实际上，通过对约束论证的审视也可以发现，它本身就蕴含着隐藏变量的种类与数量难以控制的风险。

4.3 对约束论证的质疑（1）：隐藏变量的膨胀

作为索引词主义的核心论证，约束论证主要面临两方面的攻击：一方面，如果严格遵循约束论证的内在逻辑，很容易将隐藏变量的数量扩大到无法控制，这与索引词主义试图维护形式语义学的初衷相违背；另一方面，约束论证隐藏的前提是不能够成立的，有大量的反例表明，语境对句子的充实不单纯依赖句法结构，而与词义及命题性质都有不可切断的联系。在本节与下一节中，笔者将分别考察这两方面的攻击。

4.3.1 对隐藏变量膨胀的论证

由于约束论证主要是从两个角度提出的：量化词的域限制与地点的域限制，对其理论结果的考察也分这两个方面进行。它们的论证结构相似，论证方式略有不同，但最后得出的结论是一致的：约束论证会带来隐藏变量的膨胀。

首先，回顾约束论证对量化词的域限制进行的典型论证：构造包含两个量化词的句子，其中一个量化词的域受另一个量化词的域约束。如下例：

（1）在某些房间中，所有的酒瓶都空了。

其中“所有的酒瓶”所在的域是由“某些房间”所约束的，而这种约束需要预设一个与之共生的隐藏变量才能够实现。因此，“所有的酒瓶”这个表达式有一个隐藏的变量与之共生。由此可知，隐藏变量的数量与约束它的域的数量相关，如果对它进行约束的域增加，隐藏变量的数量也应该同步增加。

Cappelen 与 Lepore（2002）与 Clapp（2012b）都采用归谬法指出，如果接受约束论证，那么隐藏变量的数量将无法控制。Clapp（2012b）提供了更多的细节：假设在一个婚宴的现场，有十个房间，同时供应五种酒，那么可以想象出句子（2）：

（2）对于某种酒，所有的酒瓶都空了。

根据约束论证，此处“所有的酒瓶”的域是由这种特定的酒来约束的，因此与这个表达式共生着一个隐藏变量。而这个变量与句子（1）中受房间约束的变量又不同。将这两个句子合并就得到了：

（3）对于某种酒$_j$，在某些房间$_i$中，所有的酒瓶$_{j\,i}$都空了。

为区别不同的隐藏变量，将不同的约束关系用不同的下标进行标记。这样在句子（3）中与“所有的酒瓶”共生的隐藏变量数量就达到了两个。再进一步假设上例中的五种酒，每种酒的酒瓶都有大中小三种型号，那么可以说：

（4）对于某种酒$_j$的某种型号$_k$，在某些房间$_i$中，所有的酒瓶$_{j\,k\,i}$都空了。

在句子（4）中对“酒瓶”数量进行限制的域就达到了三个，因此可以得出有三个隐藏变量与之共生。只要对此进行限制的域不断增加，隐藏变量的数量就可以继续增加下去，理论上并没有上限。据此，Clapp 总结道，如果接受“所有的酒瓶”这个表达式有一个隐藏变量与之共生，根据同样的论证就能得到它与无数个隐藏变量共生。

实际上，隐藏变量的膨胀还不止于此。在多重的域限制中，除了主语之外，下一级名词的域也受上一级名词的约束。如在句子（4）中，“房间”不仅约束了“酒瓶”所在的域，它自身也受到“酒”的约束。“某些房间”指的并不是语境中婚宴现场房间中的“某些”，而是供应这种“酒”的房间中的“某些”，因此也需要加入隐藏变量。句子（4）中的隐藏变量的数量如果全部都用下标表示应该是：

（5）对于一种酒$_j$的某种型号$_{jk}$，在某些房间$_{jki}$中，所有的酒瓶$_{jki}$都空了。

只要在句子当中添加域约束，各个相关表达式所包含的隐藏变量都会呈现有规律的增长。为了解释这种现象，索引词主义只能接受所有名词都包含无穷的隐藏变量。

约束论证对地点的域限制也采用了类似的论证方式：对于任意一个不包含地点的句子S，都可以构造出“不论我去到哪里，都S”的复合句。而由于这个复合句可以形式化地改写为：

（6）对于任意一个地点l，如果我去到l，则S在l。

可以得出句子S包含隐藏地点变量的结论。如以下两个句子：

（7）下雨了。

（8）她在跳舞。

加入“不论我去到哪里”这个从句，则句子（7）句子（8）都能够改写成：

（9）不论我去到哪里，都在下雨。

（10）不论我去到哪里，她都在跳舞。

显然，句子（9）与句子（10）中“下雨”和“跳舞”的地点都受到了“我”所在地点的约束。因此，（7）（8）这两个句子本身就存在隐藏的地点变量。

同样的论证方式其实也适用于时间变量：对于任意一个不包含时间的句子S，都可以构造出“每当……，都S”的复合句。比如，对句子（7）与句子（8）也能改写如下：

（11）每当我出门的时候都下雨。

（12）每当我去酒吧的时候她都在跳舞。

同理可得，句子（7）、句子（8）本身都存在隐藏的时间变量。

由此有理由相信，类似的论证方式适用于任何形式的变量。假设一种语言里有n种变量，那么任何给定的句子就应该包含这n种变量，就算没有全部在句子中直接给出，也会以隐藏变量的形式存在。这是另一种形式的隐藏变量的膨胀。

综合以上两部分的分析可以得出，约束论证会带来隐藏变量膨胀的理论结果，接受它就意味着接受所有句子在逻辑形式中都包含形式上和数量上无穷的隐藏变量。这一结论对于索引词维护形式语义学的努力是极大地削弱，因为接受它意味着句子会失去稳定的句法结构。正如 Clapp 所提出的，索引词主义应该坚持“无论是明显的还是隐藏的，表达式 e 的每个语句都与同样的句法结构相对应（2012a：453）”。这就要求同一个句子或句子成分在所有语境下所携带的隐藏变量数量是一致的。如果同一个句子成分中隐藏变量的数量在不同语境下发生变化，甚至有不断膨胀以至无穷的倾向时，句法结构的稳定性就不复存在。同时，由于无穷的隐藏变量意味着无穷多的语境因素可以借此进入命题，这实际上支持了极端语境主义者的观点。为了避免这一严重后果，需要寻找在逻辑形式中容纳隐藏变量膨胀的合理方法。

4.3.2 修改逻辑形式，容纳隐藏变量

对隐藏变量的膨胀，索引词主义者自然也有所察觉。他们提出的修正方式大致可分为两类：用隐藏的事件变量代替隐藏变量，或者用隐藏函数代替隐藏变量。前者作用有限，而后者则能够实现维持句法结构稳定的目的。

隐藏的事件变量（hidden event variable）是 Stanley（2000）对自身理论提出的一种可能修正：用一个既可以被约束，又可以不被约束的隐藏事件变量来取代原先的隐藏变量。这样一来，约束就从原来对于名词的域限制变成了对于事件的域限制，隐藏的事件变量则成了对于事件的限制域受上层时间量化词约束的复合变量。以此对句子（1）作出的形式化描述是句子（2）。

（1）约翰不论什么时候去公园，妮娜都在遛狗。

（2）对于任何时间 t，如果约翰在 t 时刻去公园，那里在 t 时刻存在一个妮娜遛狗 $f(t)$ 的事件。

这其中 $f(t)$ 是从时间到那个公园里所发生的事件的函数。因此，在这个分析中不需要再加入这个事件的地点函项。

这种处理方式被 Cappelen 与 Hawthorne（2007）称为事件分析（event analysis）。它适合被用于将谓词作存在量化的处理，并且在处理过程中建立起事件与地点及时间的联系。他们认为，这在原来索引词主义理论中实现起来是有困难的。比如：

（3）不管什么时候只要有人抽烟就会下雨。

原来被改写为：

（4）对于任何时间 t，如果有人在 t 时刻抽烟，那么在 t 时刻就会下雨。

此时它只能表达"只要有人抽烟某个地方就会下雨"，而不能表达人们在交流中普遍预期的抽烟与下雨在地点上的一致性。将事件作为变量就能解决这个问题：

（5）对于任何时间 t，对于任何事件 e，对于任何人 p，如果 e 是一个由 p 在 t 作出的抽烟的行为，那么在 t 时刻有一个下雨f（e）的事件发生。

当 f 所指称的是一个从事件 e 到所有与它同个地点的其他事件时，就能够得到抽烟与下雨发生在同一个地点这个预期的解读。

可见，事件变量的提出是为了使得时间、地点、参与者这些主要的语境构成要素与命题所刻画的事件相一致。然而，仅仅依靠事件变量无法容纳隐藏变量的膨胀。一方面，隐藏变量的类型不仅限于时间、地点、参与者这几类；另一方面，就算所有类型的隐藏变量都能被事件变量这一函数所囊括，它也只能允许每个类型存在一个隐藏变量，而上一小节的论证已经说明，每个类型中的隐藏变量数量都是无穷的。因此，容纳隐藏变量的膨胀需要其他理论工具。

Marti（2006）提出，在句子的逻辑形式中居于隐藏索引词位置的并不应该是索引词，而是函数。这可以看作容纳隐藏变量的另一种方法：用隐藏函数代替隐藏变量。

当"下雨了"这个句子需要一个特定的地点时，隐藏在逻辑形式中的因素并不直接提供一个地点，比如巴黎，而是将"下雨"这个谓词作为它的一个变元，将地点作为另一个变元的一个函数，而它的值就是"巴黎下雨了"。这个函数有另一个特点，即它是一个所谓的可变参数函数（variadic function）：它所输出的值与输入的值之间的区别仅仅在于关系数量的增加或减少。对谓词添加各种副词或从句就是这个函数的典型例子。如"下雨"这个谓词，本身表达的是 0 元关系，但可以经由增加"巴黎"而变成"巴黎下雨"这个一元谓词，再增加"大"变成"巴黎下大雨"这个二元谓词。这种增加可以不停地持续下去，直至无穷。

可变参数函数的关系数量不但可以增加，同样也可以减少。Recanati（2004）就提出，所有 $n+1$ 元的谓词都能够通过抑制一个论元角色（argument role）而成为 n 元谓词。比如，将谓词的主动态转换为被动态时，经常会出现一个论元角色被抑制的情况。比如“约翰亲了一下玛丽”中的“亲”是一个二元谓词，而将它转换为“玛丽被亲了一下”时，它就成为一个一元谓词了。

值得注意的是，Recanati 不认为可变参数函数本身包含对被抑制的论元角色的存在量化。在“玛丽被亲了一下”中，“亲”就是一个一元谓词，并不蕴含亲她的那个对象存在。换言之，从“玛丽被亲了一下”不能得到“玛丽被某人亲了一下”的结论。这与上一小节中提到的事件变量所针对的对象是不同的。前者对论元角色进行操作，后者则将谓词视为一个事件进行操作。“玛丽被亲了一下”用事件变量的方式应被描述成“存在一个玛丽被亲了一下的事件”。

Marti（2006）支持可变参数函数的关系数量可以减少的观点，并对它进行了如下扩展：隐藏变量作为一个可变参数函数既可以不断增加关系以满足语境充实的需要，又可以不断减少以至于不包括任何关系或对象。

从结果看，如果索引词主义用隐藏的可变参数函数取代隐藏变量在逻辑形式中的位置，那么它能够容纳隐藏变量的膨胀并保持句法结构的稳定。因为此时无论隐藏变量的数量如何增加，都只是这个函数所包含的参数的数量增加而已，句子的句法结构不需要发生变化。同时，这一过程不需要将谓词作存在量化的处理，更是优于事件分析。

然而，即便隐藏变量的膨胀能够与句法结构的稳定相容，它仍然不是索引词主义所能够接受的理论结果。因为承认它就意味着磨灭了索引词主义与极端语境主义的界限。极端语境主义认为语言的意义本身就是欠决定的，因此语境敏感性是一个普遍存在的现象，通过语境因素对于句子意义的补充可以由上而下地进行，丝毫不受句法限制。索引词主义的理论初衷是维护句法驱动的必要性，设置有限的隐藏变量也正是为了控制语境因素进入命题的方式和数量。而一旦接受隐藏的可变参数函数作为对索引词主义的修正，就在实质上取消了对于语境因素进入命题时在形式上和数量上的限制。任何语境因素都能够找到与之对应的可变参数函数中的一个参数，并通过对它的充实成为命题的一部分。这是另一种形式的极端语境主义。为了实现自己的理论目的，索引词主义所寻求的不应该是如何在句法结构中容纳尽可能多的语境因素，而是提出对这些因素进行控制的有效方法。从目前的讨论看来，索引词主义的支持者选择了错误的辩护方向。隐藏变量的膨胀仍然是索引词主义面临的一大难题。

4.4 对约束论证的质疑（2）：并非句法规则

索引词主义面临着一个两难的局面。首先，这一理论若要成立，其约束必须是与词义或语境都无关的句法规则，这会带来隐藏变量的膨胀；而实际上，约束似乎并不具有句法规则的普遍性，在很多情况下对词项进行约束会得出不符合直觉的结论。最为常见的一个现象是，分析命题显然不包含任何隐藏变量，而索引词主义无法对此作出解释。其次，与索引词主义的设想相反，即使为句子加入算子，约束是否成立仍与词义有难以剥离的联系。这两个观察都说明，约束并不是一个纯粹的句法过程。最后，约束论证的分析手段也十分单一，主要是通过为简单句加入算子进行约束来揭示隐藏变量的存在。由于算子的引入是约束论证的必要步骤，对它的另一个反驳是，隐藏变量不是简单句自带的，而是算子的引入所导致的。对于这些批评约束论证缺乏有效的辩护手段。笔者据此认为，约束论证存在重大缺陷，索引词主义本身恐怕也难以成功。

4.4.1 约束论证无法反映对隐藏变量的直觉

根据约束论证，任何一个组成部分中不包括地点的句子仍包含隐藏的地点变量。那么总能够设想一个情况，使得这个隐藏的地点变量有存在的必要。比如设想一个语境，使得对这个句子的真值需要加入地点才能够进行判断；或者为这个句子加入一个地点算子，使隐藏变量受到算子的约束。然而，如果句子本身的真值判断不需要依赖语境，那么设想它包含隐藏地点变量是违反直觉的。这包括两种情况：①虽然为某些简单句加入地点算子后能够得到被约束的解读，但是认为它们单独说出时也存在隐藏的地点变量则不符合直觉；②即使为某些简单句加入地点算子，也不能得出其地点受算子约束的结论。本小节与下两小节将分别讨论这两种情况。

比较“下雨了”与“她在跳舞”这两个例子，为它们加入“不论我去到哪里”这一算子，则它们都能够得到约束的解读。根据约束论证，这两个例子的逻辑形式中本身就携带隐藏的地点变量：

（1）对于任何一个地点 l，如果我去 l，那么 l 在下雨。

（2）对于任何一个地点 l，如果我去 l，那么她在 l 跳舞。

但是，当这两句话被单独说出时，直觉上，“下雨了”包含隐藏的地点变量，而“她在跳舞”则不包含①。约束论证无法解释这一区别。

对于这个问题 Cappelen 与 Hawthorne（2007）提出通过否定测试（negation test）② 取代约束测试，以解释对于隐藏地点变量直觉上的区别。如果一个句子包含隐藏的地点变量，那么可以不对它进行整体的否定，而进行部分否定。如果一个句子中不包含隐藏的地点变量，那么就不能够对它进行部分否定。如对“下雨了”可作如下部分否定：

（3）A：下雨了。

B：没，下在那边了。

人们在直觉上认为，B 的回答是可以接受的。之所以能够产生这样的直觉，是因为默认在“下雨了”中存在隐含的地点，即“这里”。因此，B 对它进行否定的时候实际上表达的是“（这里）没（下雨），下在那边了”。而如果将“她在跳舞”作类似的改写，却会得到反直觉的结果：

（4）A：她在跳舞吗？

B：没，她在别的地方跳。

因此，这个测试可以表明，“下雨”包含隐藏的地点变量，而“跳舞”不包含。

然而，对于否定测试的效力，Cappelen 与 Hawthorne 并不十分自信，他们设想了一个对此的可能反驳：在某些语境下，“她在跳舞”也能够通过否定测试。如下例：

（5）A：（在一场舞蹈演出之前，A 不清楚妮娜会不会登台，于是问道）妮娜今天会跳舞吗？

B：不，她在别的地方跳。

在这个对话中，以部分否定作为回答仍然是可以接受的。

Cappelen 与 Hawthorne 所没有意识到的一个基本问题是，在句子（3）与句子（5）中，部分否定都是对于“这里”这个地点的否定，如问句（5）中

---

① 这一观点并非人人同意，如 Recanati（2004）就构造了一个极端干旱的地球的例子，试图通过可选性标准说明“下雨了”本身并不蕴含隐藏的地点变量。

② 这个测试最先由 Marti 提出，参阅（2006：156），注 3。

实际上包含着隐藏的地点“这里”。而一旦语境不能提供“这里”作为隐藏的地点，部分否定就无法进行：

(6) A：(A 是妮娜的朋友，知道她是一个舞蹈演员，在超市购物时碰见了妮娜的丈夫 B，就问道）妮娜今天会跳舞吗?

B：?[①] 不，她在别的地方跳。

由此可见，否定测试并不能作为句子是否携带隐藏地点变量的有效判据，它最多只能表明句子有没有包含“这里”这一隐藏变量。但这显然与提出它的初衷有较大出入。

否定测试不能生效而约束论证的困难依然存在。一种维护约束论证的方式是，既然任何一个事件都发生在一个特定的地点，对命题的真值判断都已隐含这个特定的地点。隐藏地点变量确实是普遍存在于命题中的，这一事实如此基本，因而未被人的直觉所普遍认识。然而，确实存在不发生在某个特定地点的事件以及刻画它们的命题：分析命题。这对于约束论证是更为致命的攻击。

4.4.2 约束论证无法解释分析命题

一个命题的真值判断未必都需要依赖语境。当一个命题在所有语境下都为真或为假，那么设想它包含隐藏地点变量是违反直觉的。这类句子最典型的例子就是分析命题。如：

(1) 2 +2 =4。

Cappelen 与 Lepore (2005) 以与约束论证同样的论证方式构造了一个命题：

(2) 不论我去哪里，2 +2 =4。

假设说话者是玛丽，那么这个命题表达的就是，不论玛丽去到哪里，在那个地方 2 +2 =4。

因此，它的逻辑形式可以表示为：

(3) 对于任何地点 x，如果玛丽去 x，那么在 x 那里 2 +2 =4。

根据约束论证的分析方法，与“下雨”的情况相同，“2 +2 =4”受到

---

① 本书以句首的问号表示该句不是一个直觉上可以接受的句子。

“不论玛丽去哪里”这个从句的约束。而如果没有隐藏变量 x，则这种约束作用是无法实现的，因此可以得出“2 + 2 = 4”这个表达式的逻辑形式中存在隐藏地点变量的结论。

而笔者结合约束论证的理论结果，能够进一步发现“2 + 2 = 4”中包含的隐藏变量也有膨胀的倾向：

（4）不论玛丽去到哪里，也不论她在什么时间去那里，2 + 2 = 4。

时间与地点都能约束“2 + 2 = 4”，因此这个表达式包含两个隐藏变量。以类似的手法还能够不断增加隐藏变量的数量，直至无穷。约束论证的荒谬性就得到了体现。数学命题在直觉上毫无疑问是完整命题，不包含任何隐藏变量，因为它在任何情况下都不受语境影响。其他分析命题也是如此。如句子（5）加入算子之后能够得到句子（6）：

（5）单身汉是未婚男性。

（6）不论玛丽去到哪里，也不论她在什么时间去那里，单身汉都是未婚男性。

而如果据此坚持认为句子（5）中包含隐藏的时间与地点变量，同样不能令人信服。因为与“下雨了”不同，句子（5）的成真条件不需要依赖时间或地点。如果约束论证能够得出分析命题包含无数个隐藏变量的结论，那么显然这个理论本身是值得质疑的。

对此，索引词主义的支持者一直没能给出有力的反驳。Cohen 与 Rickless（2007）提出，这个攻击本身是建立在错误的类比基础上的，对句子（2）的正确的形式化改写不是句子（3），而是句子（7）：

（7）对于任何地点 x，如果玛丽去到 x，则 2 + 2 = 4。

但是，这种处理方式明显与“下雨了”和“她在跳舞”之类约束论证的典型例子相违背。后者都如句子（3）一样在主句中加入了隐藏地点变量。如果句子（7）成立，那么随之而来的问题就是如何将类似“2 + 2 = 4”的句子与类似“下雨了”的句子进行区别。根据索引词主义的核心观点，隐藏变量是句法结构的一部分，只要给出了句法结构就能确定它们的位置。而分析与综合命题有相同的句法结构，无法仅以句法为工具对二者进行区分。因此这种处理方法是不可取的。

索引词主义者仍有一个自我辩护的可能。他们可以坚持分析命题中存在隐藏变量，只是不论语境对变量如何赋值都不影响对它的真值判断。句子(3) 作为对句子 (2) 的改写是正确的，仅仅以违反直觉为理由不足以推翻约束论证。为了进一步暴露约束论证的问题，4.4.3 中笔者将提供一个更强的论证，即约束并不是句法规则。

4.4.3 约束需要依赖词义和语境

虽然隐藏变量与隐藏索引词不同，可以有被约束与不被约束两种解读，但约束论证显然认为被约束的解读是普遍存在的。因为只有当主句被算子约束时才有隐藏变量存在的必要。在不被算子约束的情况下主张隐藏变量的存在明显缺乏事实依据。然而，存在很多的例子，就算用“不论我去到哪里”或类似的地点算子构造出了有意义的句子，这些句子当中也可以有隐藏变量的存在，却仍然不能产生被约束的解读。如果坚持对这些句子作出被约束的解读，那么会付出违反句法规则或违反现实情况的代价。更为重要的是，这些句子并没有任何句法上的特殊性。它们与典型的被约束的句子相比具有相同的句法结构，而仅仅在某个特定的词项上有所区别。这充分说明，句法驱动不是约束产生的充分条件。这对于约束论证是一个更为有力的反驳。

考察以下两个句法结构相同的例子：

(1) 不论我去哪个城市工作，我父母都不建议买房。

(2) 不论我去哪个城市工作，我父母都不介意。

假设这两个例子所处的语境也相同：说话者目前居住在北京，她分别得到了来自西安和昆明两地的工作机会，正和朋友讨论应该去哪里。而她的父母则居住在广州。此时，根据约束论证，句子 (1) 与句子 (2) 的主句“我父母都不建议买房”和“我父母都不介意”中都存在隐藏的地点变量，并且受“不论我去哪个城市工作”这一算子约束。句子 (1) 可以毫无困难地进行如下解读。

(1a) 对于任何一个城市 c，如果我去 c 工作，那么我的父母不建议我(在 c) 买房。

而句子 (2) 中对约束的解读显然难以成立。如果约束成立，那么被约束的地点变量只可能在以下几个位置：

(2a) 对于任何一个城市 c，如果我去 c 工作，那么我的父母不介意 (c)。

（2b）对于任何一个城市 c，如果我去 c 工作，那么我（在 c）的父母不介意。

（2c）对于任何一个城市 c，如果我去 c 工作，那么我的父母不介意（这个事件发生在 c）。

在以上改写中，句子（2a）语法上不正确，句子（2b）与句子（2c）则未能正确反映实际情况，因为说话者的父母在广州。实际上，在任何语境下句子（2）都无法得出被约束的解读。如果对句子（2）有正确的理解，则只能是以下两种情况：地点变量或者不存在，或者存在，但不被算子约束。

（2d）对于任何一个城市 c，如果我去 c 工作，那么我的父母不介意。

（2e）对于任何一个城市 c，如果我去 c 工作，那么我（在某个地方）的父母不介意。

因此，即使为简单句添加地点算子，也不能自动得出约束的解读可能存在的结论，更不能得出隐藏的地点变量存在的结论。约束论证的普遍性是值得质疑的。

类似的例子并不罕见。为防止否定形式与“介意”这个谓词在句法上存在特殊性，试举以下一组不包含它们的例子：

（3）不论你去哪里，我都会跟着你。

（4）不论你去哪里，我都会等着你。

（5）不论你去哪里，警察都会等着你。

这三个例子同样在句法结构上完全一致，但在约束性的理解上却存在较大区别。句子（3）能够产生典型的受约束的解读，并且只能产生受约束的解读：

（3a）对于任何一个地点 l，如果你去 l，那么我会跟着你去 l。

而句子（4）则能够产生受约束与不受约束两种解读，但后一种更符合语言使用者的直觉：人们会普遍理解成说话者在一个约定的地点等待听话者回来，即（4a），而不是先行去到对方将去的地点在那里等他，即（4b）。

（4a）对于任何一个地点 l，如果你去 l，那么我会在某个地点等你。

（4b）对于任何一个地点 l，如果你去 l，那么我会在 l 等你。

最有意思的是句子（5）。它只能产生被约束的解读：

（5a）对于任何一个地点 l，如果你去 l，那么警察会在 l 等你。

比较这三个句子就可以发现，句子（3）与句子（4）的区别仅仅在于一个谓词，而句子（4）与句子（5）的区别则仅在一个名词。它们在约束关系上所呈现的不同除了来源于词项之外很难找到其他原因。

对此，索引词主义的一种可能辩护是，这种区别是约束作用于不同位置上的隐藏变量所造成的。在句子（4）中，“我”作为主语是直接指称的，因此它并不受算子约束，算子约束的是谓词所发生的地点，因此得到约束与不约束两种解读。而在句子（5）中，“警察”作为量化词需要对其进行域限制，而量化词的域必须受算子约束。但是这一观点同样面临问题。首先，它不能解释句子（3）为何只能得到受约束的解读。其次，如果算子对句子（5）进行量化词的域限制，得到的解读会是句子（5b）：

（5b）对于任何一个地点 l，如果你去 l，那么 l 的警察会等着你。

句子（5a）与句子（5b）都是直觉上可以接受的解读，但由于算子对主句中不同位置的隐藏变量进行约束，导致它们在含义上有一定的差别。前者没有明确指出警察的身份，比如可以是 l 当地的警察、从其他地方赶去 l 追捕犯人的警察、在 l 的国际刑警等，而后者则只能指称 l 当地的警察。至于在实际交流中选取句子（5a）或句子（5b）作为解读，恐怕只能取决于说话者的意向性，而无法由句法决定。

因此，即便在被约束的解读中，一旦主句中可以被约束的隐藏变量数量大于1，句法不足以作为选取哪个变量进行约束的依据。决定约束关系的除了说话者的意向性之外，还有词义及对词项百科全书式的知识、语境。这进一步说明，句法驱动不是确定约束关系的必要条件。对此可以用比句子（5）更明显的例子进行阐释：

（6）不论我去哪家餐厅吃饭，都由别人埋单。

（7）不论我去哪家餐厅吃饭，都由公司埋单。

假设A是一个交友广泛的人，当她说出句子（6）时，人们在直觉中预设“别人”当时也与她在同一家餐厅，并且很可能与A一起吃的饭。在这一理解中，地点算子不但对“别人”与“账单”的域进行了约束，而且还对“埋单”这一谓词发生的地点进行了约束。对此的形式化改写应该是：

（6a）对于任何一家餐厅 r，如果我去 r 吃饭，那么由（在 r 的）别人埋（在 r 的）单（埋单的行为发生在 r）。

假设B是一个销售员，所在的公司福利非常好。当他说出句子（7）时，人们不会预设这家公司在餐厅与B一起吃饭，而只会认为B描述了以下两种情况之一：B用公司的信用卡直接埋单，或者他在餐厅先付钱，再以消费凭据向公司报销。这两种情况所对应的约束也是不一样的：前一种，地点算子对"埋单"这一谓词的地点进行了约束，见句子（7a）；而后一种，只能认为地点算子对"账单"的域进行了约束，见句子（7b）。

（7a）对于任何一家餐厅 r，如果我去 r 吃饭，那么由公司埋（在 r 的）单（埋单的行为发生在 r）。

（7b）对于任何一家餐厅 r，如果我去 r 吃饭，那么由公司埋（在 r 的）单。

比较句子（6）与句子（7），二者有完全相同的句法结构和十分相似的组成部分，区别仅仅在于人们有对于"别人"与"公司"这两个词项的百科全书式的知识，知道前者可以在一个餐馆中出现，而后者则不大可能。这导致了"别人"受地点算子约束而"公司"不受约束。但换一个语境，"公司"同样可以受地点算子的约束。如下例：

（8）不论我去哪个城市工作，都能找到合适的公司。

至于句子（7a）与句子（7b），更是无法通过句法与词义进行选择。说话者指的是哪种情况只能由他的意向性或者当时的语境决定。

由此可见，算子的约束作用作为一种语言现象虽然广泛存在，但与索引词主义者的预期相反，它并不是一种单纯的句法规则。有大量的例子表明，在引入地点算子之后，简单句仍然可以只作不被其约束的解读，也不能推出有隐藏地点变量存在。同时，即使约束关系成立，约束论证也无法确定被约束的隐藏变量的数量、位置以及约束方式。确定这些需要依赖词义、语境、说话者的意向性以及对于词项的百科全书式的知识。因此，约束论证不足以支持索引词主义所有语境对句子意义的影响都可以归因为句法的结论。这一缺陷恐怕在索引词主义自身的理论框架内难以找到解决的办法。

4.4.4 隐藏变量是没有意义的理论假设

由于约束论证对以上三个困难都无法提出合理的解决办法，在句法结构中预设隐藏变量就显得没有必要。Carston（2002）和 Wilson 与 Carston

(2007) 都倾向于认为预设隐藏变量只是一种没有实际意义的理论假设。Recanati (2004) 对此提供了一个更为具体的论证：隐藏变量不是简单句自带的，而是算子的引入导致了隐藏变量的引入。

仍以“下雨了”为例，考察带有地点算子的句子和不带地点算子的句子：

(1) 不论我去到哪里都在下雨。

(2) 巴黎在下雨。

假设谓词“下雨”与前面提到过的可变参数函数共生，那么在句子 (2) 中“巴黎”的加入不但为“下雨”这个谓词增加了一个论元角色，还提供了论元本身。换言之，“下雨”本身是0元谓词，在句子 (2) 中它扩展成了一元谓词，并以“巴黎”为这个论元角色赋值。虽然句子 (1) 为“下雨”添加的是一个从句，但可以用同样的方式得到解释：句子 (1) 将“下雨”扩展成一个一元谓词，并以“在我去的所有地方”为扩展而得的论元角色赋值。在这两个例子中，虽然扩展之后的句子包括地点或隐藏地点变量，但未经扩展时“下雨了”本身仍是0元谓词，不包含隐藏变量。

对于这一观点，索引词主义很难进行反驳。一方面，它对约束的论证大量依赖算子的引入，难以通过不引入算子的方式论证隐藏变量存在，对二者的因果性确实难以澄清。接受 Recanati 可变参数函数的观点对自身理论是一大打击。另一方面，索引词主义又无法对可变参数函数进行反驳，因为在句法结构中需要依赖它容纳隐藏变量的膨胀。这又是索引词主义所面临的一个两难局面。

本章通过对索引词主义的批判性分析得出以下结论：首先，索引词主义在理论上依赖的核心论证，即约束论证，面临根本性的困难。一方面，它会导致隐藏变量的膨胀；另一方面，它在自然语言中的普遍性又无法保证，甚至可能是理论上的虚构。面对这两个攻击，索引词主义无法保持理论的融贯性。

其次，索引词主义无法实现自身的理论目的。作为对最小语义学的修正，其初衷一方面是控制语境对句子意义的影响；另一方面是维持句法驱动作为语境充实的依据。只有当隐藏变量的数量有限，且赋值机制明确时，索引词主义的目标才算达成。然而，由于隐藏变量的膨胀，导致句子的逻辑结构不稳定，并且无法对隐藏变量的数量和赋值机制进行控制。现有的修正方案只能保证在语境因素无限制地进入时句子仍能维持稳定的逻辑结构，但在规范和控制隐藏变量的数量和赋值机制方面并未提出合理的方法。句法驱动这一目的同样无法实现。因为约束并不是一个句法规则，它的成立需要考虑句子性质、词义、语境、说话者的意向性、百科全书式的知识等各方面的因素。

由此可见，不论是最小语义学还是索引词主义，除非如 Borg 那样只保留索引词而完全摒弃语境对意义的其他影响，否则其理论体系都难以融贯。一旦试图对人们在交流中的直觉给出更为有效的解释，或在命题意义中接受更多语境因素，单纯的语义过程便无法成功。因此，笔者认为，如果意义理论将为交流提供理论基础作为目标之一，那么就应该放弃最小语义学及其阵营内的索引词主义，转而通过它们的替代观点语境主义寻找刻画语境对意义影响的方法。

5 语境主义及其所代表的语用学策略

从第 4 章的讨论可以看出，最小语义学以及作为对它的理论修正而提出的索引词主义都面临巨大的挑战。因此，一个自然的理论转向是，全部或部分放弃最小语义学所坚持的基本原则，承认语境对于命题意义存在更大的影响，并提出新的理论来刻画这种影响。这就是语境主义的主要工作。

虽然总体目的相同，但语境主义内部又有温和语境主义与极端语境主义两种不同的倾向。温和语境主义力求扩大语境敏感词的范围，接受语境因素对命题意义的决定有更大的影响。但它与最小语义学一样，仍接受语境敏感词与不敏感词存在区别。而极端语境主义则放弃了大部分最小语义学的原则，认为所有词项都语境敏感，并对语境的作用形成了新的理论框架。本章主要考察语境主义各个派别的理论观点，并着重探讨等级性分析对语境影响词义的刻画。第 6 章将以它为基础构造本书的核心观点：复杂语境敏感机制框架。

5.1 语境主义的理论目的

最小语义学所面临的挑战主要来自以下几个方面：首先，它认为语境敏感词的范围是明确并且狭窄的，但是它给出的语境敏感性测试却不支持这一点；其次，它主张语境对意义的影响必须是由句法驱动的，但是在句法层面却提供不了一个完善的理论方案；最后，它声称存在独立于语境的最小命题，但是面对语境大规模的作用这一概念也难以保全。

在这种情况下对最小命题的理论目的以及基本原则进行反思是极有必要的。第 1 章中笔者将其理论目标概括为在自然语言中为语义学划定确切的范围，可见只要语境敏感词的范围明确，或者语境对于句法结构的影响能够得到系统的刻画，就是一个有效的语义学理论，而与语境敏感词的范围大小或语境对句法结构的影响大小无关。追求二者的“最小化”可能只是最小语义学对自身理论一个没有必要的限制。因此，语境主义与前者的一个总体性区别就是摆脱“语境影响最小”这一限制，承认语境对于表达式的意义有着重要影响，并将容纳和刻画语境因素作为意义理论的目的之一。显然，这种意义理论从一开始就追求语义学与语用学两个不同研究进路的结合。

在共同目的一致的情况下，语境主义内部又呈现出两种不同的倾向①。第一种希望能够继续沿用语义学的基本框架，如语境敏感词与不敏感词的区分，以及最小命题与“所言”的区分，并通过对它们进行较大的修改与扩展，为语境因素的进入提供空间。这种研究倾向被笔者称为温和语境主义。它包括两条不同的研究进路：第一条进路是对一种和语境敏感性关系密切的词义特征即等级性（gradability）展开研究，笔者称之为等级性分析。这一派别的代表人物为 Atlas（1984）、Burnett（2014）、Cobreros（2012）、Kennedy 与 McNally（2005，2010）、Kennedy（2007）、Klein（1980）、Rotstein 与 Winter（2004）等。从前几章对语境敏感性测试的分析就可以发现，像“高”“富”这种类型的形容词构成了对最小语义学的实际挑战，因为在很多情况下它们能够轻易通过这些测试，而最小语义学者试图阻止它们的方式并不令人信服。一个可能的原因是，语境对不同词项的词义有不同的影响机制，而最小语义学忽略了这一点。等级性分析有深厚的语言学背景，通过阐发形容词词义中具有的一个特征：等级性，对词义与语境的因素的互动进行了刻画。这对本书将要进行的工作有重要的借鉴意义。

温和语境主义的第二条研究进路是基于话语的逻辑形式并对其进行发展，从而得到在实际交流中替代它的概念：“所言”。笔者将 Bach（1999，2001，2006）、Carston（1997，2002，2013）、Salmon（1991）、Soames（2002）、Sperber 与 Wilson（1986）、Wilson 与 Carston（2007）等归入此类。从对最小

① 温和语境主义与极端语境主义这一对概念区分来自 Cappelen 与 Lepore（2005），并在后续讨论中得到沿用，本书也借用了这一区分。但是由于语境主义本身是一个较为松散的理论的集合，对于理论如何分类概括并没有定论。如 Recanati（2004）认为包括相关性理论（relevance theory）、调和论（syncretic view）、话语表征结构理论（discourse representation theory）、极端语境主义（extreme contextualism）、意义消除主义（meaning eliminativism）等。虽然等级性分析并不在这一框架之内，但 Recanati（2010）对此进行过专门的分析。目前，讨论的各方也都将等级性分析视为语境主义的研究进路之一。

命题的反思中可以发现，它独立存在的意义与必要性难以在语言使用中得到背书，语境对它的充实可能也无法完全遵循句法驱动这一严格要求。然而如果放松对其完整命题的要求，视其逻辑形式为一个可以扩展的框架，在扩展其逻辑形式时仍然遵循特定的规则，但不是严格的逻辑规则，有可能为容纳语境因素进入命题提供一个更为合理的解释。当然，采取这条进路意味着接受“所言”替代最小命题，成为一句话语的真正意义。在这方面，温和语境主义与极端语境主义的目的能够达成一致。

与温和语境主义相对的另一种理论倾向是以 Recanati（1993，2004，2010）为代表的极端语境主义。它的极端性体现在对语义学的基本原则的否定，如组合性原则与句法驱动。组合性原则规定一个表达式的意义只由两方面构成：它构成部分各自的意义，以及组合所依据的规律或方式。与传统形式语义学不同的是，极端语境主义并不认为词项有固定的意义。恰恰相反，所有词项都是语境敏感的，其意义需要在特定的语境中才能明确给出。由此可知，脱离语境的最小命题在极端语境主义看来只是理论上的虚构，而并不真实存在。同时，由于语境的影响是从上而下不需要以句法结构为基础的，同一个句子在不同语境下说出时可以表达不同的命题。在这种情况下，一个句子组成部分的意义以及句法结构都不固定，自然无法应用组合性原则。

极端语境主义在观点上比温和语境主义更加极端，主要体现在前者认为所有词项在独立于语境时的意义都是欠决定的，而后者所认定的意义欠决定的词项范围要小一些。但是二者在观点上也有共同点：同意所有欠决定的意义在语境中都能得到确定。

正是与温和语境主义观点上的联系使得极端语境主义区别于比它更为极端的语境主义观点。这类观点被 Recanati（2004）称之为意义消除主义（Meaning Eliminativism），以 Waismann（1951）、Searle（1978，1980）、Travis（1975，1981，2000）为代表。极端语境主义认为词项的意义在语境中立的情况下是欠决定的，但是一旦提供特定的语境，词项的意义就能够得到确定，命题的意义也能够随之产生。而意义消除主义则主张意义本身就是不确定的，即使在语境当中也无法得到。它更进一步提出，在产生命题意义的过程中根本不需要独立于语境的词义。当一个词在一个新的语境中出现时，人们会照搬它在上一个语境中的意义，并根据目前的语境作出相应的调整，产生适合这个语境的意义。这个过程不断重复，使得意义一直处在动态的变化当中。意义消除主义的极端性可见一斑。它与最小语义学及语境主义缺乏共同的理论目的和前提预设，因此不在本书的讨论范围之内①。

总之，温和语境主义与极端语境主义的理论目的相同而研究进路不同，这使得二者在观点上有互相借鉴之处。

5.2 温和语境主义：等级性分析

等级性分析这一研究进路普遍预设等级性蕴含语境敏感性。如 Burnett (2014) 一再强调，在描述语义学框架（delineation semantics framework）中，等级性是从语境敏感性中推导而来的。描述语义学框架是程度语义学框架（degree semantics framework）的理论前身。前者一个重要的开创性工作在于，它论证了不依赖程度也能够对形容词比较级给出定义，并得到级差概念。后者在其基础上直接使用程度与级差作为分析手段，根据是否具有等级性将形容词分为两类：一类是等级性形容词（gradable adjectives），如“高”“干净”；另一类是非等级性形容词（ungradable adjectives，或 non - gradable adjectives），如“质数的”“哺乳动物的”。对等级性形容词进行进一步细分，得到相对级差形容词（relative scalar adjectives，相对形容词），如“高”，以及绝对级差形容词（absolute scalar adjectives，绝对形容词），如“关闭”。

对于等级性形容词而言，词项的意义本身包含级差，并预设了语境因素需要提供评价方式或比较集，以确定其每次说出时包含的具体级差范围或对象的集合。这种对于语境影响机制的刻画十分具体精致，并区别于典型的语境敏感词如索引词。笔者将借鉴等级性分析，在第 6 章中依据语境影响词义机制的不同，对语境敏感词的种类作出细分。

然而，目前等级性分析遇到了一些挑战。有的挑战是绝对形容词与相对形容词之间没有明确的界限。有的挑战则从颜色谓词出发，试图论证颜色谓词本身具有普遍的语境敏感性，对其受语境影响的方式无法作出系统性刻画，并将这一结论推广到其他语境敏感词。这些挑战的一个最新版本是 Hansen 与

---

① 书中对意义消除主义观点的描述概括自 Recanati (2004：146 - 151)，其具体理论可参阅以上所列文献。

Chemla（2015）[①] 通过实验哲学所进行的观察。本节将用一些篇幅分析这些挑战，并在第6章中对其作出反驳。

5.2.1　描述语义学框架

描述语义学框架由 McConnell - Ginet（1973）及 Kamp（1975）最先提出，而以 Klein（1980）最有影响。它有以下几个特点：对等级性的刻画不预设级差；预设等级性从语境敏感性推导而来；只以正面形容词（positive adjective）如“高”与比较形容词（comparative adjective）如“更高”为研究对象。

Klein（1980）提出，对于正面形容词与比较形容词，应以前者解释后者，同时在解释的过程中不能涉及程度概念。Cresswell（1976）提议将“约翰比玛丽更高”解释为约翰“高”的程度大于玛丽。这初看起来十分符合直觉，但是进一步思考就会发现，对于“程度”的定义却需要依赖“更高”。约翰“高”的“程度”被其定义为所有与约翰高度相同的物体的集合，即所有既不高于约翰也不低于约翰的物体的集合。因此，依赖“程度”难免会造成循环论证。

Klein 理论的重点在于，不用依赖“程度高于”而对“更高”给出定义。为了达到这个目的他预设了几个基本概念。首先，正面形容词都是线性（linear）的，“假设 c 是形容词 A 所在的一个语境，NP_1与 NP_2分别指称 A 外延中的特定对象，那么句子‘NP_1比 NP_2更 A’在 c 中有确定的真值（1980：7）”。通过将对程度的讨论转变成对真值的讨论，Klein 成功地避开了前者[②]。其次，正面形容词的外延是一个元素呈线性排列的集合，它在某个特定语境中的外延不必是这个完整的集合，而是它的子集，也被称为比较集（comparative class）。由于比较集的选取方式由语境决定（Klein 对此的描述是“谈话的主题”），正面形容词具有语境敏感性。而通过比较集能够直接定义比较形容词：“A 比 B 更高”为真当且仅当能够在“高”的外延集合中找到一个比较集，使得在这个比较集中“A 是高的”为真而“B 是高的”为假。

可见，正面形容词外延线性排列和语境敏感是等级性分析的核心前提，

---

① 此论文由 Nat Hansen 2015 年 4 月在北京大学与雷丁大学语言哲学合作项目（Pervasive Context - Sensitivity）视频会议上进行宣读。

② 不排除这一论证方式也存在循环的可能。但本书倾向于接受 Klein 的观点，故不对此展开分析。

而比较集则是其核心概念。比较集中的对象此时还不是按照某个特定的顺序排列的，级差概念尚未完全形成。笔者认为存在一类词项，其比较集需由语境决定，但并没有等级性。这类词项按照描述语义学框架同样蕴含语境敏感性。第6章将对这类词项进行探讨。

为了进一步得到级差概念，Van Benthem（1982）对比较集中对象的排列顺序提出了一些形式化的限制性原则。Burnett将其描述为：对于一个正面形容词P，比较集中对象的排列顺序应遵循以下原则。

原则一

不可逆性（No Reversal）：如果在一个比较集中a_1是P而a_2不是P，那么不可能存在一个a_1不是P而a_2是P的比较集。

原则二

正向区别（Upward Difference）：如果在一个比较集中a_1是P而a_2不是P，那么即使在这个比较集中引入更多的元素，这一事实仍然不变。

原则三

逆向区别（Downward Difference）：如果在一个比较集中a_1是P而a_2不是P，那么即使这个比较集中所包含的元素减少，这一事实仍然不变。（2014：16）

通过这些原则又可以定义严格弱化顺序（strict weak order），并在实际上定义级差：由大于号（>）连接的一个关系属于严格弱化顺序当且仅当它具有非反身性（irreflexive）、传递性（transitive）、几乎连接性（almost connected）。非反身性指的是该关系中一个元素不能大于自身。传递性指的是该关系中如果元素x大于y而y大于z，则x大于z。几乎连接性指的是该关系中如果元素x大于y，那么对于该关系中的另一个元素z而言，x大于z或者z大于y。Rotstein与Winter将级差定义为“以度量函数为其元素排序的集合（ordered sets with a measure function）（2004：259）”。对于正面形容词P而言，其外延的集合所包括的元素如果能够按照P性质的大小呈现严格弱化顺序排列，那么就得到了关于P的一个级差。

虽然在阐述描述语义学框架的主要理论时仅仅依赖“高”一个例子，但显然据此可以得到一系列与之类似的等级性形容词，如“低”“宽”“富”

"贵"等。这些词项的外延都能按照词项本身的性质从大到小进行排序。另一类形容词也符合这一框架，如"开""关""湿""弯"等，其外延也能够形成一个级差。如"开"的外延包括各种各样打开的物体，可以根据各自打开的幅度大小进行排序。"湿"的外延包括各种湿的物体，同样可以根据湿的程度进行排序。因此这类词也属于等级性形容词。这两类程度形容词似乎又存在不同，然而它们的不同无法在描述语义学框架内得到刻画。

通过描述语义学框架奠基性的工作，等级性形容词得以与非等级性形容词有语义学上的区分。在此基础上，程度语义学框架依赖级差概念对等级性形容词进行了更为细致的分类。

5.2.2 程度语义学框架

Cruse（1980）观察到，大量等级性形容词能够表示成反义词词组的形式，如"高"与"矮"、"长"与"短"、"完成"与"未完成"、"干净"与"肮脏"。这些反义词词组在相互关系上存在两种不同的情况：第一种情况是二者的意义互补（complementary），即对于反义词词组 A_1 与 A_2，对 A_1 的否定与 A_2 等价，反之亦然。如"完成"与"未完成"：一篇论文或者完成了，或者未完成，二者必居其一。然而，在另一种情况下，反义词词组却并不互补。如"长"与"短"，一根不长的棍子未必就是短的。

Yoon（1996）进一步提出，在互补的反义词词组中，两个形容词也呈现出不同的特征。如"安全"与"危险"、"干净"与"肮脏"、"健康"与"生病"这三组词，对一个对象的描述如果要符合后者，那么只要该对象具有一点后者的性质就能够满足。只要有一丝危险性，这个对象就是危险的；只要有一点脏东西，这个对象就是脏的。但只有当它不具有任何后者的性质时，这个对象才能被认为具有了前者，即一个对象是安全的当且仅当它没有任何危险性，而一个人是干净的当且仅当这个人没有任何脏东西。Yoon 据此对这两类形容词进行了区分：部分形容词（partial adjective，也被称为 existential adjective）指的是只要这种形容词所指称的属性在某个对象中存在，那么这个对象就能被这个形容词描述，如"危险""肮脏""生病"。全称形容词（total adjective）则恰恰相反，只有某个对象不具备某个与之相反的属性，换言之只有这个对象充满了这个属性时，才能被全称形容词形容，如"安全""干净”“健康”。

除了词义关系之外，这种区别也在词项的搭配中体现出来。Atlas（1984）注意到，等级性形容词对于蕴含关系的表现也不一致。如“高”这个词，“约翰不高”蕴含“约翰不太高”。但这种蕴含关系对于“干”则不成立：“这块毛巾不干”不蕴含“这块毛巾不太干”。反过来却是成立的：“这块毛巾不太干”蕴含“这块毛巾不干”。为了解释这一现象，Atlas（同上）区分两种等级性形容词：简单等级性形容词（simple gradable adjective）与等级性成就谓词（gradable accomplishment and achievement predicate）。假设 φ 为一个等级性的谓词，如果“x 不 φ”蕴含“x 不太 φ”，那么它是简单等级性形容词。这些词包括“高”“矮”“长”“短”“湿”“开”等。如果“x 不太 φ”蕴含“x 不 φ”，那么它是等级性成就谓词。这些词包括“干”“满”“空”“关”等。

这些观察都有理有据，但失之松散。Rotstein 与 Winter（2004）建议将等级性形容词的这些区别统一用级差性上的区别进行刻画。他们提出，有一大类形容词与不同的级差存在关联。与 Klein（1980）的比较集概念相似，他们也预设形容词 A 在特定语境下的外延并不覆盖整个级差，而是级差中的一段，具体哪一段则由标准值（standard value）决定。

在此基础上，他们将全称与部分形容词的区别解释为级差结构的区别。以“干净”与“肮脏”这对形容词为例，假设物体干净的程度是按级差排列的，那么部分形容词，即“脏”的标准值可以在这个级差内（除了最小端）自由移动，这带来的效果是任何程度的不干净都可以定义为“脏”。但是全称形容词，即“干净”的标准值则是固定的，它只能处于这个级差的最小端。换言之，只有不干净程度最低的物体才能被称为是干净的，或者只有没有脏东西的物体才是干净的。

以上对于部分形容词的刻画相当符合实际，但容易让人得出全称形容词只是级差最小端的一个点，因而有固定值的结论。大量例子表明，全称形容词也是有等级性的，如下例：

（1）这块毛巾和那块毛巾都是干净的，但这块毛巾更干净一些。

这样的例子在日常交流中普遍存在并且十分符合直觉。因此，Rotstein 与 Winter（2004）提出，全称形容词的外延是级差上从最小端开始的一段，它的具体界限同样来自随语境变化的标准值。

在此基础上，Kennedy 与 McNally（2005）进一步完善了级差理论并提出如何将它纳入语义学框架之内。这两点对于等级性分析都有重要意义，他们的理论架构也得到了广泛的采纳。他们认为所有正面形容词（positive adjective）都包含一个空的程度词素（null degree morpheme），以 pos 表示，即“正面形式”（positive form）的缩写。这个词素的作用是将形容词的值与比较标准（standard of comparison，参考 Klein 的比较集及 Rotstein 与 Winter 2004 的标准值）联系起来。联系的方式是，pos 词素中包括一个自由变元 C，C 决定该形容词的比较集，而它的值则由语境决定①。

由于 pos 词素的值受语境影响，它所附着的形容词自然也具有了语境敏感性。由此可见，通过等级性分析也有为语境敏感词提供纯语义解释的可能。Kennedy（2007）认为这种处理方式接近于索引词主义，二者的不同在于 Kennedy 与 McNally 在词项中预设自由变元，而 Stanley 则把隐藏变量安排在逻辑形式当中。

Kennedy 与 McNally（2005）对于级差结构也进行了更为深入的研究。他们归纳出了级差的三个重要特征：一个按程度排列的集合（a set of degrees）、维度（a dimension）、顺序（an ordering relation）。不同的级差关系能够通过这三个特征加以区分。如通过顺序可以区分一个级差中的元素是按升序还是降序排列，这样就能够区别反义词如“高”与“矮”、“满”与“空”。维度指的是某个级差所蕴含的衡量角度，或者说是进行排序的依据。如按成本排序能够得到“贵”“便宜”等形容词，按速度排序能够得到“快”“慢”等形容词。这使得非反义词的等级性形容词之间也能得到区分。这两个特征在其他文献中也得到过讨论，如 Cruse（1986）、Kennedy 与 McNally（1999）。而 Kennedy 与 McNally（2005）的创新在于对级差本身进行了细分。他们将级差分为开放级差（open scale）与封闭级差（closed scale）两种。在开放级差中，级差至少有一端是开放的；而在封闭级差中，级差的两端都是封闭的。开放级差又可以分为三个类型：既没有最大值也没有最小值的完全开放级差（totally open scale）、有最大值而没有最小值的顶端封闭级差（upper closed scale

① Kennedy 与 McNally（2005：350－351）的 pos 概念系统更为复杂，本书挑选与本讨论相关的内容进行了简化。

或 top - closed scale)、有最小值而没有最大值的底端封闭级差（lower closed scale 或 bottom - closed scale)。这一区分的理论依据和 Rotstein 与 Winter（2004）基本一致，但更清晰并更具系统性。

因为级差与比较集有密切的关系，所以 Kennedy 与 McNally 将二者结合并对等级性形容词作出相应的区分。如果一个等级性形容词的级差是完全开放的，这意味着它的比较集必须由语境给出。这类形容词被称为相对形容词（relative adjective），它的典型代表为“高”“富”“重”等。而如果一个等级性形容词的级差至少有一端是封闭的，那么它就是绝对形容词（absolute adjective)。取级差封闭一端的值作为选择标准就能得到一个比较集，此时并不需要借助语境。绝对形容词又可进一步分为两类，一类独立于语境时的解读只需要满足最低标准就能够成立，即 Yoon（1996）和 Rotstein 与 Winter（2004）所谓的部分形容词，见下例：

（2）婴儿醒了。

（3）门开着。

“醒”与“开”的级差都是底端封闭的，因此只要它们的程度大于 0，句子（2）与句子（3）就为真。与之相对的是另一类绝对形容词即全称形容词，它的级差是顶端封闭的，在独立于语境时的标准就是其最大值。如下例：

（4）地是平的。

（5）杯子满了。

“平”与“满”都自带最大值的解读，即只有它们的程度达到 100%，句子（4）与句子（5）才为真。

绝对形容词及其分类有几点值得注意：首先，有最大或最小值并不意味着它与非等级性形容词如“灭绝”一样语境不敏感。由于它预设了级差，在大量的语境中它的值并不取最大值或最小值，而是由语境决定其上限或下限，并将上下限与最大值或最小值之间的级差作为它能够成立的范围。这种情况下它就呈现出了语境敏感性。

其次，级差两端封闭的绝对形容词，并不意味着它独立于语境时可以同时满足以上两种情况。二者明显相互矛盾，因此只能取其一。如上面四个例子中的“开”与“满”都是两端封闭的，对它们的判断只能依赖于它们是部分形容词还是全称形容词。

综合 5.1 和 5.2 对于等级性形容词的分析，以图 5－1 总结基于级差的形容词分类。

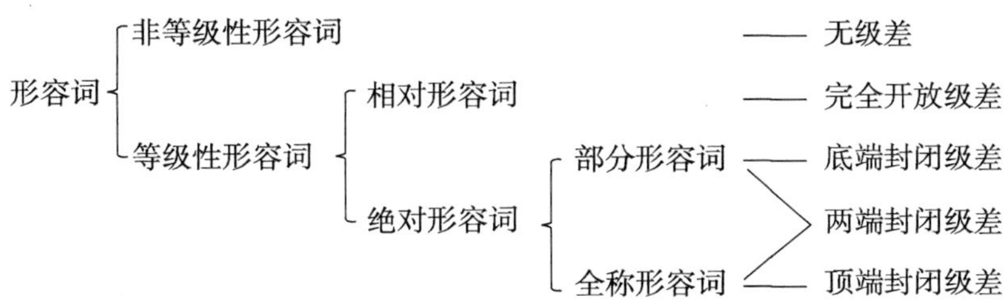

图 5－1　基于级差的形容词分类

笔者试对不同类型的等级性形容词作出如下简单定义。

相对形容词：如果一个形容词的外延能够根据级差进行排序，其级差在独立于语境时没有上限或下限，在特定的语境下能够得到下限，那么这个形容词就是相对形容词。如“高”“大”。

底端封闭绝对形容词：如果一个形容词的外延能够根据级差进行排序，其级差在独立于语境时以存在量化为其下限，在特定的语境中下限范围能在级差中变化，那么这个形容词就是底端封闭绝对形容词。如“脏”“醒”。

顶端封闭绝对形容词：如果一个形容词的外延能够根据级差进行排序，其级差在独立于语境时以全称量化为其值，在特定的语境中下限范围能在级差中变化，那么这个形容词就是顶端封闭绝对形容词。如“干净”“平”。

两端封闭绝对形容词：如果一个形容词的外延能够根据级差进行排序，其级差在独立于语境时有上下限，在特定的语境中上下限范围都能在级差中变化，那么这个形容词就是两端封闭绝对形容词。如“开”“饱”。

在此需要强调一点，笔者虽然赞同程度语义学框架对等级性形容词作出的区分，但与其观点仍有一处基本区别，即反对程度语义学框架为形容词加入包括自由变元的 pos 词素以解释词义的语境敏感性。因为这种处理方式实际上是索引词主义的一种表现形式，只不过将原来居于句子逻辑形式中的隐藏变量放入了词项之中。如 Rothschild 与 Segal（2009）就明确提出，颜色谓词包含一个隐藏变量，需要由语境因素对其进行赋值，因此它与“我”之类的索引词并没有实质上的区别。本书第 4 章之所以对索引词主义持批评态度，其中一个重要的原因就是隐藏变量是否存在及语境是否受到算子约束都需要由词义决定。对于等级性形容词所具有的等级性及语境敏感性笔者同样认为是词义本身所包含的，而不是由 pos 词素中的自由变元带来的。笔者对此试作如下论证。

第一，如第 4 章中所讨论的，如果自由变元存在，那么词项将具有以下特征：在所有语境中都需要充实，并且充实的内容来源于语境关联要素，而不需要依赖词义。如“玛丽准备好了”可以经由语境充实成为“玛丽准备好出门了”，这其中“出门”与“准备好了”之间没有任何语义上的关联。反观级差，它是等级性形容词自身所具有的特征，而不是纯粹由语境所提供的。我们无法在脱离某个特定词项，如“高”的情况下谈论级差。同时，比较集的概念也是依赖级差的，它同样无法脱离词项被单独讨论。因此对它们进行语境充实有条件限制，即与词项有语义关联，而自由变元则没有这一限制。

第二，对自由变元的语境充实是必需的，而绝对形容词则在某些情况下可以不被语境充实。这已在本小节得到讨论。

第三，Kennedy 与 McNally（2005）认为级差是词项的特征，对此笔者表示同意。对于这一点，大量文献都以形容词副词搭配或者等级性形容词有比较级的方式给出了经验证明。由于这些搭配都与语境无关，笔者认为这恰恰说明级差是词义的特征，而不需要预设隐藏词素。笔者从以下几方面选取了典型例子加以论证。

区分非等级性形容词与等级性形容词：Klein（1980）认为，后者能以“更……”的形式变成比较级①，同时能用“很”进行修饰，而这两类特征前者都不具备。如下例：

（6）约翰很高。

（7）约翰比玛丽高。

(8)？恐龙很灭绝。

---

① 在英语中形容词变成比较形容词有两种方式，一种是直接在词项上进行变形，添加表示程度更甚的“er”词素作为后缀，如“hot”变形成为“hotter”，“long”变形成为“longer”。由于等级性能够导致词项发生改变，因而它是词项本身的特征。然而在汉语中不存在这种变形方式，只存在添加“更”作为程度副词，这与英语中在形容词前加入“more”形成比较级的方式是一致的。这种方式不如前一种更能直观地说明等级性是词项本身的特征。

(9)？恐龙比熊猫更灭绝。

区分相对形容词与绝对形容词：对于形容词 A，除了前面提到的以“不A”与“不太 A”蕴含关系的不同来判断外，Atlas（1984）还提出，前者不能用“几乎”加以修饰，而后者则可以[①]。如下例：

（10）婴儿几乎醒了。

（11）酒杯几乎倒满了。

(12)？约翰几乎是高的。

(13)？这件衣服几乎是贵的。

区分具有底端封闭、顶端封闭和两端封闭级差的绝对形容词：Kennedy 与 McNally（2005）举了两个表示程度更甚的副词“much”与“well”[②]，其中“much”适用于修饰底端封闭的形容词，如“appreciated”；“well”适用于修饰两端封闭的形容词，如“educated”。对于这一区别除了直觉之外他们还用了英国国家语料库的数据加以证实（同上：346）。此外完全封闭的形容词也能够用“半”进行修饰，因为只有当级差封闭的时候才能确定它的中点在哪里。见下例：

（14） Your help is much appreciated.

（15） He is well educated.

（16）我吃了个半饱。

(17)？ Your help is well appreciated.

(18)？He is much educated.

(19)？我半饱。

不过对于顶端封闭的形容词尚未找到它独特的固定搭配。

因此，虽然目前参与等级性形容词讨论的各方普遍预设 pos 词素或隐藏变量存在，笔者在阐述描述语义学框架时对此将不再涉及，但这并不影响等级性分析的展开，因为将语境敏感性归因于 pos 词素中的隐藏自由变元或词义本身从结果看并没有区别，对接下来的分析也不构成影响。另外，笔者虽然通

---

① 值得注意的是虽然相对形容词不能用“几乎”进行修饰，但是典型的语境不敏感词能够与这一副词搭配，如：“由于人类破坏了它们的栖息地，20 世纪 80 年代朱鹮几乎灭绝。”因此能否用“几乎”进行修饰只能区别相对与绝对形容词，而不能区别绝对形容词与语境不敏感词。

② 这两个词的意义都是“很”，但修饰不同的形容词。汉语中找不到类似的情况，故此只能用英文举例。

过对约束论证的攻击反对索引词主义，但不排除它有通过其他论证成立的可能。如果将来这样的情形出现，笔者再考虑是否对自身观点进行修正。

从总体上看，不论是理论框架还是语言使用的直觉，都有强有力的论据支持将是否具有等级性作为词项的一个重要特征。同时，由于等级性预设了语境敏感性，可以认为等级性形容词都是语境敏感词。等级性形容词又可分为相对形容词与绝对形容词两类，各自具有不同的特征，能够与不同的副词进行搭配。这一区分同样能在语义学与语言使用的直觉中找到依据。可见，从词义出发对词项的语境敏感性进行刻画是一条有效的进路。

5.2.3 挑战（1）：绝对形容词与相对形容词的界限

本书重视等级性分析的原因是它一方面默认等级性预设语境敏感性，另一方面又对等级性形容词自身的特点及受语境影响的机制进行刻画。这是目前语境敏感性讨论所忽视的问题，也是为了进一步推进讨论所应该进行的工作。目前程度语义学框架遇到了三个主要挑战，对这些挑战的分析与解决有助于对词项受语境影响的机制作出一个系统的刻画。

第一个挑战是，对于绝对形容词与相对形容词能否依照上文提到的方式进行明确的区分，仍存在不同的意见。Hansen 与 Chemla（2015）试图通过实验哲学的方式论证这一区分在实际上并不存在，二者有统一的理论框架：等级性形容词在一个下限与上限之间是相对形容词，而在界限之外则是绝对形容词。由于绝对形容词本身就符合这一描述，因此他们的目的实质上是论证相对形容词，如“宽”“高”等也存在下限，也是绝对形容词。对于这个较为新颖的观点笔者持反对态度，认为二者的区别仍是实际存在的，Hansen 与 Chemla 的实验（下文称 HC 实验）设计及数据不能支持他们意图得到的结论。本小节将对 HC 实验进行分析，为了对此进行反驳笔者设计了一个类似的实验，实验方式及结果将在第 6 章呈现。

已知相对与绝对形容词的区别能够在级差性及与副词的搭配上得到体现，Syrett（2007）设计了一系列实验，试图说明顶端封闭、底端封闭以及相对形容词在人的认知上确实能够形成区别。实验包含三对物体，分别是两根长度有明显区别的铁棒；两个装有颗粒物的瓶子，其中一个瓶子的颗粒物含量约占总容量的 80%，另一个约占 40%；两个红底上印着黄点的盘子，其中一个上面只有寥寥数点，而另一个点数较多。实验用具如图5－2所示。

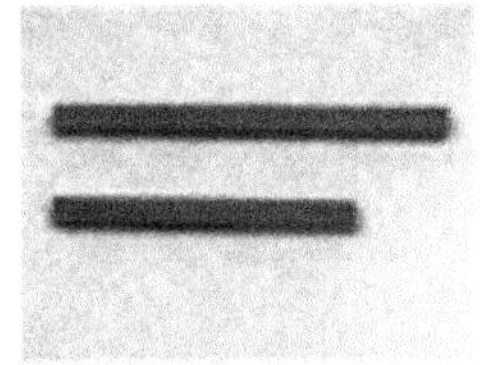
（1）长度不同的铁棒

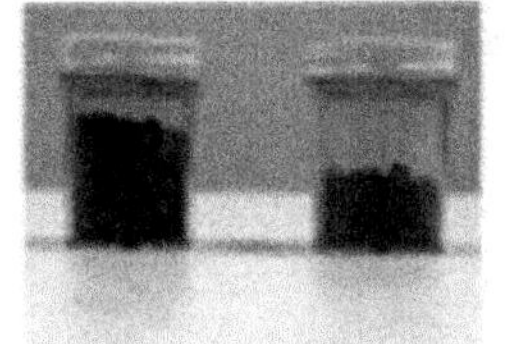
（2）装有颗粒物的瓶子

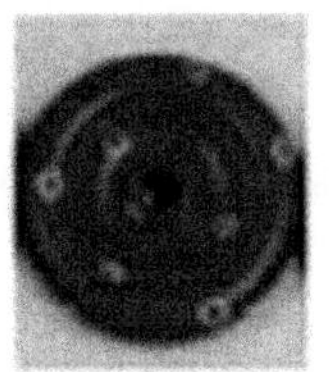
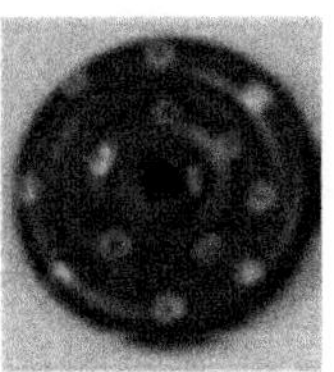
（3）印有斑点的盘子

图5－2 Syrett的实验用具（2007，附录E）

当受试者面对两根铁棒时，如果被要求“请给我长的铁棒”，所有受试者都把二者当中较长的那根递过去。而当他们面对两个瓶子并被要求“请给我满的瓶子”时，只有12%的人递去了左边那个相对较满的瓶子，而其他人都拒绝行动，因为他们认为两个瓶子都不满。在第三种情况下，当他们面对两个盘子并被要求递上有斑点的盘子时，高达96%的受试者将两个盘子都递了过去。Syrett（2010）借助这个测试说明，“长”是相对形容词，只要有两个长度不一的对象进行比较，总有一个能满足要求。因此它既没有下限，也没有上限。至于“满”，则必须当颗粒物完全充满瓶子时才能用这个词来描述。虽然在本实验中能够讨论“左边的瓶子比右边的更满”，因此“满”也具有等级性，但它是上限敏感的形容词。而“有斑点的”与“满”恰恰相反，它是下限敏感的，只要满足最低的要求即可成立，因此只要盘子上有一个斑点就能用它来形容。受试对这三类词的认知完全符合它们在词性上的区别。

对这一结论Hansen与Chemla（2015）并不同意。他们认为相对形容词如“高”“宽”也有下限存在，对象必须满足一定的高度或宽度之后才能被人用相应的形容词进行描述。这一下限也能够通过测试在受试的认知上得到体现。他们对Syrett（2010）的测试作了修改，以网络问卷的形式选取42名受试者①，作为实验的一部分内容②，受试者会在电脑屏幕上看到一组不同高度的

---

① Hansen与Chemla提到选取了42名受试者，并回收有效问卷41份（2015：23）。然而在他们对统计结果的分析中总人数仍为42。因此在对其实验结果的讨论中本书仍以42为其有效受试总数。

② 实验本身除了相对形容词之外还对绝对形容词与颜色谓词进行了考察，每组选择六个词项并分别设计问题。本书仅用“高”一例进行说明，而关于颜色谓词的实验会在下一小节中进行深入探讨。

外星人图片，并需要就哪个外星人高进行选择，同时还增加了“都高”与“都不高”两个选项，以更确切地描述受试者的反应。受试者的选择界面如图5－3所示。

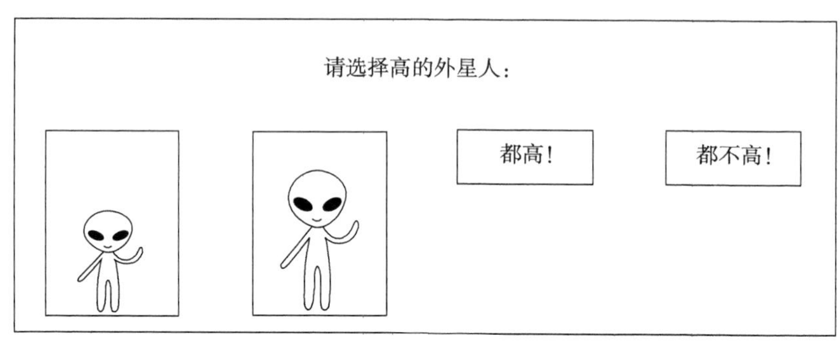

图5－3　Hansen与Chemla的测试界面（修改自2015：20）

他们区分了四种高度的外星人，分别占其所处方框高度的1/4、2/4、3/4和4/4，并在统计时以0/3、1/3、2/3、3/3作为标记（见图5－4）。基于这些不同的高度他们设计了三个测试题，在与图5－3相似的测试界面中分别比较0/3与1/3、1/3与2/3、2/3与3/3高度的外星人，并让受试者就哪个高作出选择。

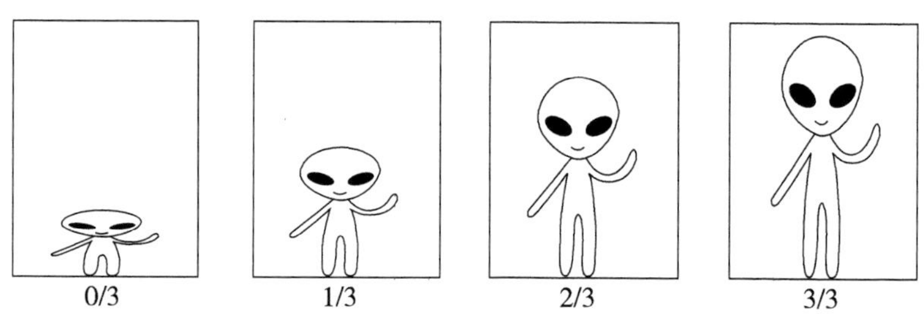

图5－4　HC“高”测试的所有外星人形象（同上：21，图8局部）

他们的测试结果如图5－5所示。

这一结果在Hansen与Chemla（同上）看来是有意义的，因为受试者的选

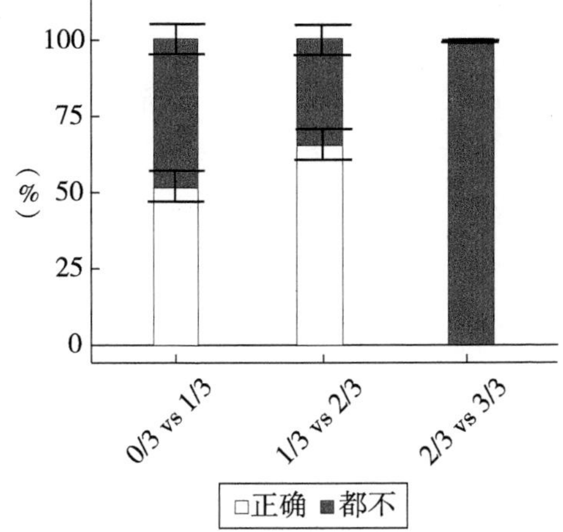

选项	人数
正确+正确+正确	29
相对性+低下限	
都不+正确+正确	7
相对性+中等下限	
都不+都不+正确	6
高下限	

图 5－5　HC 相对形容词测试结果（同上：26）①

择能够明确地分为三类：选择组合为“正确＋正确＋正确”② 的受试人数为 29（69%），这说明受试者认为“高”有一个较低的下限，在达到这个下限后才是相对形容词；选择组合为“都不＋正确＋正确”的受试人数为 7，他们认为“高”有一个居中的下限，只有超过中线之后才有相对性的解读；而选择组合为“都不＋都不＋正确”的受试人数为 6，他们显然认为“高”有一个较高的下限。Hansen 与 Chemla 据此提出：“据我们观测，受试者对相对形容词反应的规律性不仅能够证实下限的存在，还能证实不同人对下限在级差上所处位置的认识存在差异（同上：25－26）。”

这一结论对 Hansen 与 Chemla 相当有吸引力，但笔者对他们的实验设计及实验结果的分析都持怀疑态度。笔者认为相对形容词与绝对形容词的区分还是有必要的。对于 HC 实验的细节还有值得思考的地方，如人们对相对形容词与形容词比较级在认知上是否存在区别。本书第 6 章将对 HC 实验的效用进行分析，并利用一个初步研究对相对形容词与绝对形容词的界限再进一步探讨。

---

① 此结果为 HC 测试 6 个相对形容词共同的结果，未必与受试对“高”的反应完全一致。但 HC 在统计结果时要求在受试者对所有相对形容词的选择表现出 40% 以上的一致性时才将结果纳入统计。因此“高”至少在趋势上与图 5－5 中的结果一致。

② 在一个测试题中，如果受试者选择程度更高的对象，如更高或更蓝的外星人，Hansen 与 Chemla 将这种选择标记为“正确”，如果受试者选择程度更低的对象则标记为“错误”。选择“都是”或“都否”的也进行相应的标记。笔者在第 6 章的实验中沿用他们的标记方式。

5.2.4 挑战（2）：颜色谓词的等级性解读

等级性分析所受到的最大挑战应该说来自颜色谓词。一方面，人们对于颜色谓词的判断似乎十分符合直觉并且十分规律；而另一方面，颜色谓词的复杂性又远远超过“高”“满”等典型的等级性形容词，使其在程度语义学框架中找不到明确的定位。它的存在对于程度语义学框架的解释力提出了挑战。本小节及下一小节将揭示颜色谓词复杂性的两个主要方面：等级性解读与非等级性解读，并在第6章中对它进行系统性的解释。

颜色谓词是不是等级性形容词？在很多情况下人们能够就某种颜色的深浅程度或覆盖范围进行比较，如“这个苹果比那个苹果更红”“这个苹果大部分是红色的”，因此直觉上颜色谓词似乎也存在等级性。但值得注意的是，深浅程度和覆盖范围是两种不同的级差。假设我们手头有两个苹果，一个是整体浅红色的富士苹果，另一个是整体深红色的蛇果，这时我们可以正确地说出：“蛇果比富士苹果红。”再假设还有一个蛇果，由于受到的光照不均匀，有一半是黄绿色的，而另一半是深红色的。将这个蛇果与整体深红色的蛇果比较，我们可以正确地说出：“那个蛇果比这个蛇果红。”然而如果将一半是深红色的蛇果与整体浅红色的富士苹果进行比较，要在这两者当中挑出一个更红的，我们会觉得难以办到，因为它们对于“红”的词义有不同的解读。

可见，颜色谓词与如“高”“满”等典型的等级性形容词存在区别。后者只包含一个级差，其词义在不同语境下变化，是因为在级差上选择了不同的评价标准。而前者似乎包含不止一个级差，对于这种情况如何刻画是程度语义学框架所面临的一个挑战。

颜色谓词的复杂性来源于颜色并不是一个对象的本质属性。它是光线在物体表面反射后进入观察者的眼睛，产生信号刺激大脑，从而形成的印象。这一过程所涉及的因素极多，因而在刻画时极有难度。类似于“高”的相对形容词虽然也不是对象的本质属性，但是它的单纯性体现在它只涉及一个关于高度的级差。反观颜色谓词，从上文举的几个例子就可以看出，它存在与级差相关的解读，而且不只与一个级差相关。只有将它所包含的不同的级差都作出刻画并形成一个系统，颜色谓词的挑战才能得到解决。Szabo（2001）、Kennedy与McNally（2005，2010）、Clapp（2012a）、Hansen（2011）等都分别提出了更为复杂的颜色谓词框架。

Szabo（2001）认为颜色谓词如“红色”在独立于语境时的意义不完整。这种不完整性体现在两个方面：第一，它是一个等级性形容词，需要由语境提供比较集；第二，它需要由语境提供颜色所在的位置，一般只有当一个对象某个特定的位置是红色，并且红色的区域足够大时，这个对象才能被称为是红色的。为此，需要为颜色谓词的逻辑形式赋予两个隐藏变量：级差和区域。这一方案能够解决苹果的例子所提出的困难：在上一个语境中，“红色”的级差变量得到了充实；而在下一个语境中，“红色”的区域变量得到了充实。然而，对于区域变量是否存在级差性 Szabo 并未加以说明。

Kennedy 与 McNally（2005）明确提出，一个形容词的意义当中可以包含多于一种的级差关系。Kennedy 与 McNally（2010）中进一步刻画了颜色谓词的两种级差性：数量（quantity）与质量（quality）。数量这一级差指的是某种特定的颜色在对象中占据的比例，如一个苹果可以有一小块地方是红色的、有三分之一是红色的、有一大半是红色的或者整个是红色的，等等。显然，颜色数量存在最大值，当一个物体整个都是红色的，那么它的红色数量就达到上限，无法超越。因此颜色数量的级差是顶端封闭的。同时，McNally（2011）提出，只有当某种特定颜色在一个对象上的数量居于主导地位时，才能用这个颜色刻画这个对象。比如，只有一个苹果的表面红的颜色超过半数时，我们才能认为它是红色的。因此颜色数量的级差底端也是封闭的。可见，颜色数量是两端封闭的绝对形容词。

对于颜色质量这一级差的解读则存在更多不确定性。Kennedy 与 McNally（2010）认为颜色的质量是用来衡量一个对象自身的颜色与某个典型颜色的接近程度，这样它应该有最大值，即其顶端应该是封闭的。具体来说，对于颜色的质量可以用“纯粹”（perfectly）这一修饰顶端封闭形容词的副词进行修饰，如：

婴儿的眼睛颜色蓝得那么纯粹，不能更蓝了。

对于 Kennedy 与 McNally 的观点需要澄清一下。他们提到当颜色谓词需要由语境决定比较集时，它们的表现与其他等级性形容词“极其相似”，如“长”和“圆”（同上：92）。Hansen 与 Chemla 据此认为由于比较集是相对形容词的特征，因此他们倾向于将颜色谓词归类为相对形容词（2015：9，脚注7）。笔者认为这是一种误解。简单从例子上看，“长”是相对形容词，而“圆”则是绝对形容词。前者的级差两端都是开放的，而后者存在最大值，即最为理想和完美的圆形。因此 Kennedy 与 McNally（2010）的原文并不蕴含 Hansen 与 Chemla（2015）的解读。他们试图传达的只是颜色谓词也能够在语境当中通过特定的判断标准得到比较集，因此极有可能是等级性形容词。

相对形容词与绝对形容词在比较集的选择方式上存在区别：前者自由度较高，能够根据语境在级差中选择任意一处作为评价标准，并将所有程度高于该处的对象纳入一个集合，即比较集。比较集在级差中只有下限而没有上限。底部封闭的绝对形容词，如“脏”，也是类似的情况。虽然它在独立于语境时是部分形容词，只要对象上存在任何脏的东西就能用它进行刻画，但人对污渍还是有一定的容忍程度。在特定的语境下人们会在级差中选择一个对于污渍无法再容忍的点作为“脏”的评价标准，并将所有比它更脏的情况纳入比较集。这两种情况下比较集在级差中都只有下限而没有上限。而对于顶端封闭的绝对形容词而言，比较集中存在上限。如“干净”，其比较集的上限是级差的顶端，即没有任何污渍的状态。其下限与上两类形容词一样能够在不同的语境间自由浮动。两端封闭级差形容词的情况略为复杂，比较集中上限和下限都存在，其一必须是级差的顶端或底端，具体哪一端由语境决定。以“开”这个两端封闭形容词为例，假设一间会议室的门能开 90 度，在会议开始前，为了参会人员进出方便，会场组织者规定只有开到 85 度到 90 度并且以某种方式固定住，才算是门正确的打开方式。此时“开”作为两端封闭级差其比较集范围在 85 度到 90 度。而当会议开始之后，为了不打扰会议的进程，会场组织者规定中途进出会场时，开门的幅度不得大于 45 度。此时“开”的比较集范围是从关着但没上锁到 45 度。

从这一角度考虑，笔者同意 Kennedy 与 McNally（2010）的观点，即颜色谓词的质量呈现出顶端封闭形容词的特征。首先，颜色的程度与相对形容词不同，显然是不能无限增长的。以“红透了的脸”和“红透了的苹果”这一对描述为例，“透”在修饰形容词时表示其程度已经达到了级差的顶端，因此如果它能够对“红”进行修饰，说明“红”的质量所在的级差是顶端封闭的。其次，一个人的脸如果与其他时候相比有一丝肉眼能够辨别的红色，那么我们就能对这个人说："你的脸红了"。这说明"红"的质量是部分形容词，只要它存在，那么对象就能用它形容。最后，颜色质量所处级差的下限是可以在语境中变化的。在某些语境中我们能够认为"粉红色也是红色"，此时"红色"质量的比较集包括纯度较低的粉红色。而在某些语境中我们又能将粉红色排除出红色的范围，此时"红色"质量的比较集范围较小，下限较高。

综合以上讨论，目前对于颜色谓词的等级性解读认为它包含质量与数量两个级差，前者是两端封闭级差，而后者是顶端封闭级差。

除了颜色谓词之外，其他词项也能够包含超过一个级差，如"聪明""健康"等。本书称它们为多级差形容词。在前几章中讨论过，"聪明"可以应用在不同的领域。如张三数学学得好，人们会说："张三真聪明"；他要是特别善解人意，人们也会说："张三真聪明"；他记忆力强，过目不忘，也会被人用"聪明"来形容。在各个领域"聪明"都是有级差性的，如"张三数学考了 100 分，你才考了 60 分，他比你聪明"。但在不同的领域中，一个人是否聪明以及他聪明的程度就无法横向比较。与此类似的还有"卓越""有效"等谓词以及它们的反义词。"健康"的情况更为复杂。在大的分类上我们区分身体与心理的健康，二者都是绝对形容词。以身体健康为例，在判断时又需要进一步区分不同的身体部位，如心肺功能是否健康，肝功能是否健康。有些情况下即使不同身体部位的健康程度不同，我们也能够根据其对对象生活的影响进行排序，如一个鼻炎患者显然比中风患者更加健康。但如果询问"中风患者与心脏搭桥患者哪个更健康"，答案则难以给出，因此很多时候又需要对身体部位进行明确分类才能得到更为准确的健康程度的排序。

然而，Hansen 与 Chemla（2015）对颜色谓词的等级性解读提出异议：颜色谓词不论在数量上还是质量上都没有像其他典型的绝对形容词如"满""有斑点"一样表现出明显的底端封闭或顶端封闭特性。他们试图从实验哲学的角度说明，人们对于颜色谓词的数量和质量在认知上存在极大的个体差异，无法用级差进行系统刻画。在前一小节所引用的实验中，他们除了典型的相对形容词和底端封闭形容词之外，还特意加入了一组颜色谓词，并对颜色谓词的数量与质量进行区分，而后同样以外星人形象为载体构造了一系列实验。他们认为实验数据并未展现出强的规律性，因而不能说明颜色谓词属于哪一种等级性形容词。这是一个相当有独创性的实验，揭示了一直以来被忽视的问题，即颜色谓词的复杂性可能超出研究者的预期。但是，他们的实验设计存在缺陷，这直接导致了结论具有不可靠性。本书第 6 章将指出实验的缺陷，并通过一个新的初步研究指出虽然颜色谓词具有复杂性，但它在理想的情况下还是能够通过级差得到刻画的。

5.2.5 挑战（3）：颜色谓词的非等级性解读

颜色谓词的复杂性不仅仅在于其包含两个或者多个级差。极端语境主义者以颜色谓词为基础构造了很多关于意义语境敏感性的经典例子，他们在其中无法作出等级性的解读。这对于温和语境主义以及最小语义学都是一个重大挑战。本小节主要讨论颜色谓词的非等级性解读，并在第 6 章中尝试为它提供一个初步的解决方案。

作为比 Recanati 更为极端的语境主义者，Travis 给出了大量颜色谓词的例子以说明意义的语境敏感性。这些例子在文献中得到了广泛的引用，其中最为著名的一个是：

> **例 1**　琵雅的枫树长满了赭红色的树叶。她觉得绿色才是树叶应有的颜色，就把它们都涂绿了。然后她说："这样好多了。这些树叶是绿色的了。"她说的是实情。过了一会她有个植物学家朋友打电话来，想要收集一些绿色的树叶做生化研究。琵雅说："（我的）这些树叶是绿色的。你拿去吧。"这时她说了假话。(1997：89)

显然，例 1 中的"绿色"与"约翰很高"中的"高"有明显区别。当琵雅第一次说"这些树叶是绿色的"，她可能实际上表达的是"这些树叶看起来是绿色的"或者"这些树叶是涂成绿色的"等等，但不论哪个命题当中"绿色"似乎都不像"高"一样需要根据程度进行排序。在第二个语境中，由于生物学家要求的是生物学意义上自然生长的绿叶，当琵雅再次说出同一句话时，她表达的可能是"这些树叶天生是绿色的"，而"天生绿色"这个谓词也与级差无关，是一个非等级性形容词。从"看起来绿"到"天生绿"，"绿色"的词义发生了变化。这种变化不是程度的问题，而是更为根本性的问题。

另一个类似的例子是"这个苹果是红色的"，在之前也进行过讨论。现重现如下：

例2 我们在集市上挑苹果，我儿子说：“这个苹果是红色的。”如果这个苹果确实是红色的，那么他的话语就为真。但在这个语境下红色是什么意思？对苹果而言，红色一般指的是表皮为红色，这和我们说一个西瓜、树叶、星星或头发红的情况是不一致的。但即使对于一个苹果而言，只要给出合适的情境，对于“红色”也能够有其他的理解。比如，我们在一篮苹果里挑选被霉菌感染的苹果。霉菌从果核开始感染，把整个苹果的果肉都染成红色的。我儿子把苹果切开，把好的苹果放到锅里，把坏的苹果给我。当他切开一个苹果时他说：“这个苹果是红色的。”如果这个苹果的果肉是红色的，那么他的话语就为真，即使它的表皮不是红色的。(Bezuidenhout，2002：107)

在不同的语境下，“红色”既可以表示某个苹果的“表皮是红色的”，也可以表示那个苹果的“果肉是红色的”。果皮与果肉的区别同样不是级差意义上的区别。这两个例子中颜色形容词意义的变化在最小语义学理论那里没能得到令人信服的解释，用前几小节所探讨的等级性概念也无法刻画。

在上一小节中提到，Szabo（2001）建议为颜色谓词加入级差和区域两个隐藏变量，其中前者处理红色的程度，而后者处理对象是红的部位。然而这一区分还不够理想，因为它存在两个困难：首先，它只预设了颜色谓词有一种质量的级差，如红的程度，但忽视了数量的级差。后者与区域变量仍存在区别。因此，为了解决苹果果皮红还是果肉红的区别，可以借鉴 Szabo 的方法，引入区域这一非等级性的隐藏变量或词素。然而，引入区域变量依然解决不了例 1 中的问题。可以设想“绿色”的区域变量在第一个语境中被充实成了“表面是绿色的”，而在第二个语境中被充实成了“整体是绿色的”，但是如果琵雅的染色方式不是用颜料涂在树叶表面而是浸泡到树叶内部，那么就不能用区域的不同作为区分依据。

为了解决这个困难，Kennedy 与 McNally（2010）为颜色谓词引入了另一个隐藏变量：目的。据他们的观察，例 1 中两个语境下说话者的目的并不相同，一个是为了视觉效果需要，另一个是为了生物研究需要。而树叶是否具有绿色这一性质与目的性密切相关。在这种情况下，颜色谓词与特定目的的联系或者存在，或者不存在，二者必居其一，因此只能作非级差性的解读。类似的例子还能举出很多，如交通信号灯。当红灯亮起时，它指示停止通行；

而当绿灯亮起时，则指示允许通行。交通信号灯设计的目的决定了一盏信号灯或者是红色的，或者不是红色的，而不存在等级性的解读。

区域、目的都是有意义的衡量标准，但不是唯一判断颜色的非等级性标准。Clapp（2012a）指出了以下情况：一种花在空气湿度高于某个特定值时是绿色的，而当湿度降低到该值以下时，它会变成蓝色。那么这种花到底是不是绿色的就与湿度密切相关，因此湿度也应该成为判断颜色的隐藏变量之一。而按照类似的方法，大量其他的非等级性隐藏变量也有加入的可能，极易导致隐藏变量的膨胀。

正如第 4 章所讨论的，技术上避免隐藏变量膨胀的方法是引入可变参数函数。只要语境需要，任何隐藏变量都能够出现在函数中并得到语境充实。然而这一处理方式的缺点也很突出，即无法对参数的种类及性质进行系统性的刻画。这也正是极端语境主义挑战的核心：如果颜色谓词的非等级性解读能够以与等级性解读不同的方式确定词项的意义及外延，而对此除了在不同语境下意义不同之外无法进行其他系统性的刻画，那么对于所有其他词项也都能找到类似的两个语境，使其意义发生变化。如果认为颜色谓词的非等级性解读是语境敏感的，那么所有词项都是语境敏感的。

对这一观点笔者持反对态度。在本章中反复提到，笔者与目前参与等级性形容词讨论的各方在观点上有一个基本区别，即不支持将词项的语境敏感性作隐藏变量的解读，而认为语境敏感性是词义本身的特征。存在其他类似于颜色谓词的词项，它们能够作非等级性的解读，同时具有语境敏感性。并非所有词项都具有这一特征，这些词项的范围仍是可以给出的，并且其特征也能够借用基于等级性分析的观点加以刻画。因此，颜色谓词的非等级性解读不足以成为支持极端语境主义的依据。

总之，笔者将等级性分析视为替语境敏感词划出范围并辩护温和语境主义的有效进路。它所受到的质疑主要来自等级性形容词内部的界限划分是否明确，以及颜色谓词的复杂性是否能够用等级性分析得到刻画。第 6 章中将以实验哲学的方式推进对这些问题的分析，并对此加以反驳。

5.3 温和语境主义：对“所言”的刻画

除了对词项的语境敏感性进行更为细致的考察之外，温和语境主义的另一条研究进路是从句子、话语与命题的关系出发，对语境的影响在命题层面进行系统的刻画。在第 2 章中提到，Bach 及 Soames 前期都倾向于最小语义学理论，但在衡量这一理论的优点与困难之后，他们开始系统地接纳语境因素作为命题意义的一个重要组成部分。他们后期的观点以及 Salmon 的相关观点被 Recanati（2004）称为调和论（syncratic view）。此外，Sperber 与 Wilson 从心理学角度提出了相关性理论（relevance theory），为在交流中的说话者通过说出某个句子表达与它字面意义不同的意义提供了新的更加细致的解释角度。这两个理论体系虽然在前提预设及观点上存在不同，但都提议在 Grice 传统的字面意义与会话含义的划分之间添加一个居中的概念，它基于字面意义产生，是说话者在特定语境下说出一句话时实际所表达的意义，又是产生会话含义的基础。对此笔者称之为“所言”（what is said）。这一概念在第 3 章对最小语义学的质疑中起到了重要作用，但对其具体的产生机制却未加刻画。本节主要考察调和论与相关性理论对于“所言”的阐释及如何通过这一概念给出语境进入命题的方式。

5.3.1 调和论

顾名思义，调和论的理论目的是调和语义学与语境主义的矛盾，寻找二者可以并存的方法。为了实现这一目的，Bach（1994a）从传统的 Grice 关于字面意义[①]与会话含义的二分中寻找突破口，认为它们之间的区分并不是穷尽性的，还有中间地带存在。

Grice 的会话含义概念指的是一个人在用话语表达字面意义的同时，又在此外表达了另一个意思，即会话含义。这两个意义之间可以没有任何的联系。而 Bach 提出，很多情况下，说话者通过话语想要表达的并不是它的字面意义，而是与它相关的另一个意义。这个意义与会话含义又存在区别，被 Bach 称为隐性含义（conversational impliciture）。它一般源于两个过程：对字面意义的补充完整（completion）和对字面意义的扩展（expansion）。

对一个语句的字面意义之所以需要进行补充完整，是因为有语义欠决定

① 本书中依照目前讨论的主流观点统一用“所言”即“what is said”表示经由语境充实之后的意义。虽然 Grice 原文中也使用“what is said”，但用它表示严格依照字面所说出的内容，即本书中的字面意义。为防止名称上的混乱，笔者直接译为后者。相关的概念区分详见第 1 章。

(semantic underdetermination) 这一情况存在。与歧义、意义模糊、等级性等词项所具有的特征相反，欠决定性是句子所具有的特征。以句子 (1) 与句子 (2) 为例：

(1) 钢铁的强度不够。

(2) 威利差点抢了银行。

虽然它们在句法上是完整的，但在语义上却没有表达完整的命题，仅仅根据句子 (1) 与句子 (2) 的内容无法对它们的真值作出判定。要知道句子 (1) 是否为真，需要知道钢铁到底对于什么用途而言强度不够。而句子 (2) 的真值条件则更为复杂，它所表达的可能是威利用极大的自制力克制住了抢银行的欲望，也有可能是威利在考虑是去抢银行还是抢超市，最后去抢了超市。当然，还有无数其他可能的情况。因此，类似句子 (1) 与句子 (2) 这样的句子并没有表达一个完整的命题，而仅仅是命题片段，需要对它们进行某种形式的补充，它们才能够成为完整并且真值可评价的命题。

句子 (1) 与句子 (2) 同时也代表了两种类型的命题片段。句子 (1) 所展现的是由组成部分缺失而导致的语义欠决定，句子 (2) 则属于句法结构模糊所导致的欠决定。前者需要加入其他的命题内容，而后者则需要对原有句子的结构进行澄清，或对名词的域进行限定。Bach 认为，句子 (1) 所代表的情况包括所有被 Perry (1986) 认为包含未述成分的句子 (1994a：127)。

隐性含义的另一个来源则是对字面意义的扩展。扩展与补充完整的区别在于它们所作用的对象是不是完整命题。后者作用于命题片段，通过语境补充得到完整命题。前者作用于完整命题，只是这个命题并不是说话者意图表达的那个命题。说话者想要表达，并且多数情况下也被听话者所理解的命题，是基于原有命题字面意义的扩展。比如，当一个孩子的手划破了而大哭不止时，他的母亲对他说：

(3) 你不会死的。

句子 (3) 本身是一个完整命题，它的字面意义是“你永远都不会死的”。但这位母亲实际上表达的显然不是这个意思，而是：

(4) 你不会 (因为手被划破就) 死的。

在这个例子中，扩展是一种对于原有命题的逻辑强化 (logical strengthening)，即实际上表达的命题蕴含原命题。但不能以此说明所有的扩展都有这样的逻辑预设。实际上，它也完全可以是原命题的逻辑弱化，如句子（5），或逻辑等值，如句子（6）。

（5）我（今天）吃过早饭了。

（6）我（之前）吃过鱼子酱。

因此，Bach 提出，扩展与逻辑无关，而是一种“概念强化”（concept strengthening）。

“概念强化”理应是 Bach 的核心概念，但对它的定义仍不够清晰，这是其理论引起争议的原因之一。概念强化并不能规定为句子补充什么特定的词汇，而笔者认为，这会带来一个 Bach 难以接受的后果。由于 Bach 对某个特定的概念应该如何强化并不能提供进一步的规定，以句子（3）为例，在它所处的语境下通过对“死”这一概念进行强化既可能得到句子（4），也可能得到以下句子：

（7）你不会死（于手指被划破）的。

（8）（就这么点小伤）你不会（因它而）死的。

（9）你（这次）不会（立刻就）死的。

这几个命题都有可能是说话者想要表达的命题，而它们的真值条件也不尽相同。Bach 虽然预设了语义的欠决定性，但是希望通过概念强化得到一个确定的命题。而实际上他并没有提供在大量可能的概念强化中如何得到确定的“所言”的方法。

隐性含义中补充完整与扩展之间的界限能否明确划定也存在质疑（Ludlow，2014）。Bach 对二者的区分基本依赖 Recanati 所提出的“饱和”这一概念，而本书已讨论过饱和与自由充实在区分上难以完全独立于哲学家自身的倾向，因此这对于他的理论也是一个切实的挑战。

隐性含义具有一个特点，即可取消性。第 2 章中提到的 IQ 测试意在说明 Bach 认为句法上完善但语义上不完善的句子不表达完整的命题，但仍然可以有意义。这一测试的另一个目的是说明隐性含义的可取消性。像“杰克准备好了”这样的句子，虽然没有表达一个完整的命题，但转述的时候却必须用它，如“玛丽说杰克准备好了”，人们听到这个句子也明白它的内容。如果将它转述成“玛丽说杰克准备好出门了”，则并不是一个正确的转述。因此，不完整的命题在判断转述是否正确时仍然是有作用的。在 Bach 看来，一个命题是否完整对于判断它是否有意义并不关键。

与 Bach 类似，Salmon（1991）也对“所言”作了更加细致的区分，认为它应该包含两层内容：一层是严格意义上的最小命题；另一层是更加丰富且广为人接受的意义。因此他的体系是一个三层的结构：最小命题、说话者所断定得更为丰富的内容、会话含义。Soames（2002）也作出了类似的区分。

Soames（2008）进一步提出，Grice 的合作原则所包含的四个准则，即质的准则、量的准则、相关准则和明了准则，这四个准则在决定“所言”时同样起作用。传统认为这些原则在一个语句的意义产生之后起作用，并在其基础上产生会话含义。而 Soames 则认为这些原则在判断“所言”是什么及其真值条件时也是起作用的。这有助于解决 Bach 所遇到的困难，即如何通过概念强化得到唯一确定的“所言”。

Soames 的观点起源于对传统的数字含义解读方法的反思。目前的主流观点是，在自然语言中，数字的基本意义并不是“这个确切的数值”，而是“至少这个数值”。按照这种观点，当一个人说：

(10) 我冰箱里有两瓶啤酒。

她实际上要表达的是：

(11) 我冰箱里有不少于两瓶啤酒。

而“我冰箱里有不多不少正好两瓶啤酒”这一命题，并不是说话者的原意，而是句子（11）与句子（12）通过数量准则与相关准则共同作用后产生的结果。

(12) 我冰箱里有不多于两瓶啤酒。

在上例中，一个数字 n 的意义可以以多种方式得到扩展，如“至少 n 个”“正好 n 个”“最多 n 个”“多于 m 个并且最多 n 个”等。Soames 提出与其认为类似句子（10）的句子固定表达句子（11），不如认为类似句子（10）的句子并不表达完整的命题。如此，则句子（13）不是完整命题，需要由语用对它进行补充，以产生“所言”①。

(13) 我有 n 个 F。

在这一过程中合作原则一直在发挥作用。首先，合作原则将补充的范围

① Soames 原文中用的是“what is asserted”，由于这个概念的意思与“所言”基本相同，为全书的连贯性笔者直接将其译成“所言”。

缩小至几个能最有效推进交流的选项；然后，在这几个可能选项中选择意义最强、表达信息最多以及最为相关的那个来组成“所言”。例如，当两个人准备出门去旧金山旅游时，一个人问另一个人：“旧金山离这儿有多远啊？”另一个人回答说：

（14）旧金山离这儿有400英里远。

这时如果把句子（14）理解成句子（14a）或句子（14b）：

（14a）旧金山离这儿至少有400英里远。

（14b）旧金山离这儿恰好有400英里远。

似乎都不正确。句子（14a）所传达的信息对于这个对话的目的而言相关性不足，而句子（14b）则精确度过高，因此最为适当的解释应该是：

（14c）旧金山离这儿大约有400英里远。

Soames的这一观点将会话原则的应用范围扩大到了“所言”的形成，据此可以得出的论证是：既然“所言”与会话含义都需要借助会话原则而产生，因此二者并没有实质上的区别，这一区分是可以取消的。虽然Soames的研究并没有走这么远，但Borg[①]据此挑战了“所言”存在的必要性。

可见，Bach、Soames及其他学者的调和论观点虽然提出了在语境中获得“所言”的途径，其缺陷在于对“所言”的存在及独立性未能提供合理的论证。相关性理论从心理学角度对此进行探讨。

5.3.2 相关性理论

相关性理论的代表人物为Dan Sperber、Deirdre Wilson及Robyn Carston。这一理论的奠基性著作是Sperber与Wilson合著的*Relevance：Communication and Cogintion*（1986，1995），相关性理论即由此得名[②]。Sperber曾长期从事人类学研究，并且是认知人类学的先驱，这使得相关性理论具有浓厚的心理学基础。他的核心观点是“人类的认知过程是以相关性为导向的（relevance－oriented）（1995：46）”。我们通过认知获得的信息有旧有新。旧的信息已经

① 此论文由Emma Borg 2014年12月在北京大学与雷丁大学语言哲学合作项目（Pervasive Context－Sensitivity）视频会议上进行宣读。

② 此书于1986年初版并于1995年再版，第二版在原版的基础上做了一些改动并加入了新的内容。本书的讨论都依据第二版。

存在于个体对世界的表征体系之中，这样的信息没有处理的必要。新的信息又分为两种：一种与个体现有的表征体系没有丝毫关系，可以进入这个体系，但表现为碎片化的孤立的表征，对它的处理需要耗费大量的时间和精力，而所得甚微；另一种则与旧的信息有一些联系。当相互联系的新旧信息共同作为推理的前提时，能够产生新的信息。如果对于新信息的处理能够带来这种扩大效应，那么这一信息便具有相关性，扩大效应越大，相关性越显著。

对于相关性的刻画反映了 Sperber 与 Wilson 的交流理论的一个重要前提：交流是一个基于推理（inference）的模式，而不是一个传统的加密/解密模式。在这一点上，他们与 Grice 的观点是接近的，但与后者的区别在于，他们不认同 Grice 的交流就是要识别说话者意向（intention recognition）的理论。合作原则虽然能为交流给出看似合理的分析，但并没有回答一个核心问题：如何在无数可能的解读存在时，确定哪一个是说话者想要传达的？这正是相关性理论试图回答的问题，也可以视为对 Bach 隐性含义所面临困难的另一种可能的解决方式。

他们认为，人类活动的一个心理学前提是“人们总是寻求以最小的努力获取最大的效用”（同上：125）。因此，相关性越高，就越可能是说话者意图传达的信息。

基于以上两点，他们把语言的交流定义为一种例示—推理的交流活动（ostensive - inferential communication）。一个例示的行为即是使得自己想要使得某件事物为人所知的意向性为人所知的行为。“说话者产生一个刺激（stimulus），使得说话者和她所意向的听话者双方都清楚地意识到（make manifest），通过这个刺激，说话者意图使听话者能清楚地意识到一个包含了一系列假设的集合”。

既然推理是 Sperber 与 Wilson 的一个重要概念，关于它的含义也给出了更为详细的描述。它有两个特征：首先，它是可错的，关于说话者的意向性的推理过程只能通过提出一些假设（assumption）进行确认，而无法像定理一般得到证明。因此交流中的推理也不需要严格遵守逻辑规则。其次，推理过程是全局性的（global），而不是区域性的（local），任何听话者所掌握的信息都能成为某个推理过程的前提。

值得注意的是，Sperber 与 Wilson 在讨论中也使用了逻辑形式这个概念，但它的含义与 Stanley（2000）的观点有所不同。Stanley 用逻辑形式表示句子的句法结构，而 Sperber 与 Wilson 则用它来指称把表达式中与逻辑无关的特性剔除后所余下的具有结构性的组成部分的集合。它的特点是真值的可传递性（truth - preserving），即基于一个真的表达式 P 可以推出一个真的表达式 Q。

总结一下相关性理论的几个重要前提预设：第一，语言和思想两个概念有较大的差别。对此 Carston 有一个简明的概括："我们能够思考很多无法被语言描述的思想，也能够传达很多未在话语中出现的思想（1997：103）。"第二，交流是基于推理的，而不是直观的。第三，理解是一个全局性的、从上而下的过程。

基于以上这些前提，Sperber 与 Wilson 提出了重要概念：显义（explicature）即"一个话语 U 所传达的假设是明显的（explicit），当且仅当它是对于 U 所包含的逻辑形式的一个发展（a development of a logical form）（1995：182）"。

值得注意的是，Bach 所谓的概念强化与 Sperber 与 Wilson 所谓的对逻辑形式的发展是基本一致的[①]。他强调概念强化与逻辑强化的区别，并不是与后者划清界限，而是对后者进行纠正，因为充实的内容与原命题并没有某种特定的逻辑上的联系。

所谓对逻辑形式的发展包括三个方面：去歧义、确定索引词所指称的对象、进行充实。整个分析过程可以通过以下例子来考察[②]：假设玛丽与彼得是一对夫妇，玛丽把晚饭做好摆上了餐桌，而彼得还坐在旁边玩手机。这时玛丽对彼得发出了一些声音：

（1）[tā kuài liáng le]

由于人对于语言是相当敏感的，听话者彼得会根据这个声音直接得出这样一个假设：

（2）玛丽说了一句话："它快凉了。"

玛丽这句话摆明了是对彼得说的，因此句子（3）表达得很清楚：

（3）玛丽对彼得说："它快凉了。"

---

① 参见 Sperber 与 Wilson（1995：134），注 11。

② 该例子及对此的分析来源于 Sperber 与 Wilson（1995：176 - 183），有所改动。

句子（3）中，玛丽想清楚明白地传达给彼得的一些假设的集合可能包括以下内容：

（4）玛丽的话语与彼得的相关性是最大化的。

（5）玛丽说晚饭很快就要凉了。

（6）玛丽相信晚饭很快就要凉了。

（7）晚饭很快就要凉了。

（8）玛丽想要彼得立刻过来吃晚饭。

听话者如何能够通过句子（3）和语境因素得到这个集合。首先，确定玛丽说出的话语表达了一个什么命题。此时就要进行去歧义、确定指称对象和进行充实这三项工作。去歧义就是根据话语所表达的意思在有多个意义的词中选择意义最为符合的一个。在上例中，“凉”这个词有两个含义：第一，本义，温度低，但比冷的程度浅；第二，比喻义，形容灰心或失望。通过对于语境及上下文的分析，这里取它的第一个意思。其次，确定指称的对象。此时所涉及的词项只有“它”，在语境中指的是放在餐桌上的晚饭。最后，充实作用的对象则是“快”这个词。虽然它表达的是时间短的意思，但具体多短仍然是含混不清的，需要将它的意思变得更加确切，因此听话者在对玛丽原话的解读中加入了“很”这个词来对时间性进行进一步的限定，表示这个时间是极短的。经过这三个步骤之后，得到了玛丽原话的逻辑形式，即句子（7）。

从上例的分析可以看出，“很”作为对逻辑形式的发展具有三个特点：第一，它不属于语句本身的逻辑形式，是从语境中得出的。第二，它作为语境对于句子的补充是可选的，而不是必需的。不是在所有的语境下，只要说出“快”就一定表达“很快”。第三，它与它所修饰的词有逻辑关系。“很快”蕴含“快”。这一分析比 Bach 提出的大而化之的隐性含义更加清晰。

除了表达一个确定的命题之外，一个话语还有另外一项功能，即表达说话者的命题态度。比如，当说话者语调下降时，她所表达的是陈述句，而语调上升时则表达疑问句。在上例中，句子（6）就反映了玛丽的命题态度。

在很多情况下，人们在交流中并不会止于得到明确的命题。交流中有很多假设是暗含的。通过对显义与暗含的假设进一步推理，就能够得到会话含义。比如，当彼得得到句子（7）后，他还有可能根据一些对双方都显而易见的信息，比如：

（9）饭应该趁热吃。

推出另一个命题句子（8），因为得到句子（8）需要依赖其他语境中已有的信息，所以它可视为玛丽说出其他句子的会话含义。

句子（8）不是对玛丽原话的逻辑形式的发展，因为它与原话的内容以及逻辑形式已经完全不同了。可见，显义与会话含义的界限主要体现在逻辑形式上。前者是对话语原有逻辑形式的充实，因此在充实之后，逻辑形式的基本结构不会发生改变。后者是前者与语境中的其他命题尤其是百科全书式的知识共同推导所得到的，是一个全新的命题，其逻辑形式与原话无关。Sperber 与 Wilson 认为，这一界限是可以明确给出的，即显义是一个类概念。另外，他们认为它同时也是一个程度概念。语境因素对于命题的贡献越少，这个命题就越明显，反之亦然。他们对于“明显”概念的刻画类似于等级性形容词，因此本书试图结合等级性分析对它进行归类，并在这一过程中揭示这一概念所存在的问题。

根据“明显”这一概念需要有语境对命题进行充实这一点，似乎应视其为底端封闭等级性形容词。然而，这类形容词在程度级差上是递增的，如“脏”这个词，一个对象上“脏”东西越多就越“脏”。但是语境因素对于命题的贡献越多，这个命题就越不明显，因此它难以被归入这一类。顶端封闭等级性形容词如“干净”，在级差的排序上与“明显”类似。一个对象上“脏”东西越少就越“干净”，相应地，语境对于命题的贡献越少这个命题就越明显。然而，如果将“明显”归入这一类又会出现新的问题，因为“明显”这一级差的顶端并不是封闭的，“干净”在独立于语境的情况下指称没有任何“脏”东西的对象，但当一个命题完全不需要语境充实时，它就不是显义，而是字面意义。“明显”难以被归类，说明它在定义的构造上存在问题。这反映在其他人对它的一个主要质疑上：在显义的范围内，语境因素对于命题的贡献可以大到什么程度？Sperber 与 Wilson 并没有对此给出确定的答复。这与 Bach 隐性含义理论所面临的困难是一致的。因此，这个问题没有完全得到解决。

提出显义这个概念的结果是，很多在 Grice 看来属于经典会话含义的例子在 Sperber 与 Wilson 看来都属于句子的显义。他们认为有相当一部分表达式具有语义的不完整性和语义的不确定性。将包含它们的句子意义变得完整和确定就得到了句子的显义。

首先，针对语义的不确定性，他们举了一个经典的例子来说明这一点："彼得的蝙蝠①"。这个表达式可以指称彼得所拥有的蝙蝠、他所选择的蝙蝠、他所提及的蝙蝠、他所杀死的蝙蝠等，不一而足。所有格都存在这样的情况，并且这种情况不是由于字词的歧义而产生的，只能通过语境因素得以确定。

其次，针对语义的不完整性，如下例所示：

(10) 修好你的这块表得花些时间。

这句话脱离语境的意思是修好听话者的这块表需要花费一定数量的时间。然而这句话是一个永真句，因为无论做什么事情都需要花费一定的时间。这与当下的语境并没有相关性。既然说话者所追求的是相关性的最大化，那么说话者要表达的显然不是这个不言自明的命题，而是与听话者的相关性强到值得表达的一个命题。因此可以推出：修好这块表的时间将长于预期时间。

这类得到显义的过程在 Sperber 与 Wilson 看来都属于充实，即通过语境将命题的意义刻画得更细致更准确的情况。它有时也称为细化（narrowing）或强化（strengthening）。但还有与之相反的另一种情况，语境因素进入命题使得它的意思更加松散宽泛，这被称为宽松化（loosening），也被称为扩大化（broadening）或弱化（weakening）。Sperber 与 Wilson（1985）对这种情况进行了讨论。他们认为，这种情况也属于显义。如以下例子：

(11) 法国是个五边形。

(12) 这块牛排是生的。

如果一个小学老师指着法国地图对她的学生说出句子（11），常理上我们不觉得这位老师说出了一个假命题，虽然法国的国土并不是一个数学意义上的五边形，而只是看起来有些像五边形。同样，如果一个顾客在餐馆里要了一块全熟的牛排，而端上来的肉只有五分熟，当顾客对侍者说出句子（12）时，我们也认为顾客说出了一个真命题，虽然这块牛排并不是完全未经烹饪，而是烹饪的程度有所欠缺。在这两个例子里，"五边形"与"生"并没有被赋予它们原本的字面意义，而是被赋予了一个弱化了的没那么字面（less -

① 原文为 Peter' s bat。英文中 bat 是有歧义的，可以指蝙蝠或球拍。在这个例子里 Sperber 与 Wilson 选取"蝙蝠"为它的意思，意在说明即使歧义已经去掉，这个表达式的意义仍是不确定的。

than - literal）的意义。一个说话者之所以选择这样做，是因为说话者认为这种弱化了的表达能够比字面意义更好地表达自己的思想。对一个弱化的语句，听话者是这样来解读它的含义的：这个话语在听话者那里激活了它的逻辑形式和相关的百科全书知识，并以此作为了解说话者思想的指导。说话者发现，遵循字面意义的解读不具有相关性，应该被排除，而与它在程度上或其他方面有相似性的解读才具有相关性，是应该被采纳的。这一分析方法与充实是基本一致的。①

Sperber 与 Wilson（同上）还把同样的方法用在对隐喻的解读上，他们认为字面意义、放宽的意义与隐喻的意义并没有种类上的区别，而只是宽松的程度不同。

由于本书将隐性含义与显义作近义词处理，为了名称的统一性，在其他章节中将二者统称为“所言”。虽然相关性理论与调和论都对如何得到“所言”进行了探索，但二者仍存在一些困难。一方面，虽然相关性理论比调和论在得到“所言”的机制上刻画得更为详细，但仍然难以通过这一机制在某个特定语境中得到唯一确定的“所言”；另一方面，得到“所言”的过程与得到会话含义的过程二者在界限上仍无法作出明确的区分。本书承认这两点是温和语境主义的核心困难。不过即使“所言”存在这些困难，也不影响本书第 3 章从温和语境主义角度对最小命题提出的批评。

5.4 极端语境主义

极端语境主义的代表人物是 François Recanati。他的主要观点如初级语用过程与次级语用过程的区分、饱和与自由充实的区分、可选性原则等，笔者都已在前几章中进行过阐释。笔者的研究兴趣主要在于如何对词项受语境影响的方式进行刻画，以上概念区分对这一问题的探讨起到了一定作用。本节主要揭示这些观点的内在联系，并对 Recanati 真值条件语用学的理论体系作一个澄清。

Recanati（1993）就提出，传统的 Grice 二分理论应该被充实，即进一步

① 因为这个原因，有些文献中把对意义的强化与弱化都称为充实，如 Recanati（2002，2004）。读者应注意区别。

细分成三层：句子意义、“所言”、交流的内容（即“所言”加上会话含义）。因此，他的早期理论框架与温和语境主义基本一致，讨论的重点也在于“所言”如何界定，并如何与最小语义学在这一点上相区别。他的观点曾倾向于相关性理论。Carston（2002）曾提出最小语义学的两条基本原则：语言指向原则（linguistic direction principle）与最小真值可评价原则（minimal truth - evaluability principle）。语言指向原则，即句法驱动，在本书中也得到了沿用，是语义学的一个核心概念。Recanati 将二者放在一起，称为混合最小语义学原则（mixed minimalist principle）。

> **混合最小语义学原则** 由语用学所决定的意义是“所言”的组成部分，当且仅当：（Ⅰ）语境对于意义的决定是由语法触发的，也就是说，除非句子本身就包含需要由语境填充的空位；（Ⅱ）只有填补了这些空位，语句才能真值可评价并表达一个完整命题。（1993：241）

Recanati（2004）进一步提出：语义是一种心理实在。基于这个前提，他论证了对其理论最为重要的基本原则，即可通达性约束（availability constraint）：对话的参加者对于一个话语所直接呈现出来的命题，而不是它的字面意义，才是那个话语的真正意义。可通达性约束的重要性在于，本书前几章中提到的 Recanati 的其他核心观点基本都依赖于这一原则。

回顾 Recanati 的核心观点：

（1）交流本质上是直观的而不是推理的。

（2）区分决定“所言”的初级语用过程与决定会话含义的次级语用过程。

（3）对以上两个阶段的语境因素都起作用。

（4）通过初级语用过程产生的才是直觉上完整的句子，是一个话语的真正意义。

（5）语境不可避免地要以自由补充的形式从上至下地参与到句子意义的决定过程中。

（6）只承认严格意义上的确定空例示（definite null instantiation）是句法驱动的。

除了最后一条之外，Recanati 的其他核心观点都基于可通达性约束。在观点（1）中，只有前提与结论都在意识中呈现的推理行为才被定义为有意识的推理行为，排除了只有结论在意识中呈现的无意识的推理行为。这实际上是重复了可通达性约束的观点，即理解的第一步是在脑海中直觉地呈现的意义。在观点（2）中，初级语用过程与次级语用过程的区别也是基于可通达性约束作出的。前者是在潜意识中发生的，并不在意识中呈现。只有它的结果，即经过语义与语用加工的“所言”，在意识中呈现并被观点（4）定义为表达了一个话语的真正意义。然而，为什么呈现在意识中的命题就是完整的命题，Recanati 对此并没有进行论证。在观点（3）与观点（5）中，语境在次级语用过程参与决定说话者意义是被普遍同意的，语境在初级语用过程通过句法驱动参与决定句子意义也是被普遍同意的，Recanati 观点的独特性在于他认为语境在初级语用过程中，即通过自由充实的形式介入语义并共同决定句子的真正意义。这一点除了在区分初级与次级语用过程借助可通达性约束外，还需借助观点（6），即对句法驱动的严格定义。他的论证过程如下：

首先，词义通过语法规则形成句子意义时，词语的意义受到句中其他词语意义及语境的影响，会发生意义扩大、缩小或转移的情况。这些情况如果按 Grice 的会话含义处理，则属于次级语用过程，即谈话的双方都意识到话语的字面意义，并且通过有意识的推理得出它的隐含意义。而 Recanati 则认为，字面意义并没有在交流者的意识中得到呈现，直接呈现的就是经过变化的直觉的意义，因此这种情况属于初级语用过程。

其次，对于一个话语的直觉理解很多时候已经加入了对它字面意义的充实，因此充实属于初级语用过程。

最后，大部分充实的成分是通过语境自由充实的，不受句法的限制。笔者在第 2 章中提到，通过句法驱动对字面意义进行补充被称为饱和，对此有严格的定义：只有在所有语境下一句话都要补充某个特定成分，这个成分对于这句话而言才是通过饱和补充的。以“下雨了”为例，笔者认为，Recanati 实际上将“下雨”与“在……下雨”作为两个不同的谓词，前者不带句法空位，而后者带一个需要补充地点的句法空位。这在英文中体现得较为明显。前者写作“rain”，而后者写作“rain in”，因为介词的存在，可以接受二者是两个不同的谓词。但如果没有介词，比如“下雨了”和“北京下雨了”，要证明这两句话的谓词不同，就需要其他的依据。Recanati 提出区分不定空例示

（indefinite null instantiation）与确定空例示（definite null instantiation）的方法虽然他们都是及物动词，但前者的宾语不是语法上必需的，而后者的宾语是必需的。只有当句子缺乏句法结构上必需的组成部分时，对它的充实才是经由句法驱动的。

然而，为什么要接受可通达性约束，Recanati 的论证比较薄弱，只是从心理的角度将通过视觉和听觉所形成的理解进行了一个类比。由于本书不涉及对心理层面的分析，对此不再作进一步讨论。

通过这些核心观点，Recanati（1993，2010）建立起了自己的真值条件语用学体系。它与传统真值条件语义学的区别需要在此澄清。由于 Recanati 的一个重要观点是真值条件语用学虽然不能支持强的组合性原则，但可以与弱的组合性原则相容，一种可能的解读是他有调和自身极端语境主义观点与组合性原则之间矛盾的倾向。然而，这种理解是错误的，他的极端语境主义观点依赖对组合性原则的反驳。

组合性原则认为，一个表达式的意义只由两方面构成：它构成部分各自的意义，以及组合所依据的规律或方式。它的一个重要作用就是解释语言习得和语言的创造性使用。人类在婴幼儿时期并没有进行系统的语言学习，得到的语言输入也有限，但是却能够理解之前从来没有听到过的句子，并能创造出之前从来没有人说过的句子。对于这种能力最为有力的解释，就是组合性原则：因为语言有这样的规律存在，所以人只要掌握词汇和句法，就能够根据它们理解和创造无穷的句子。

然而，与此相反的一个观察是，同一个词项在不同的场合下表达的意义会有所不同，这种灵活性在及物动词和形容词上表现得尤为明显。它们的意义很多时候都依赖于它们所作用或修饰的那个名词。如“他喜欢我妹妹”和“他喜欢烤肉”中的“喜欢”显然是有不同意义的。①

---

① 此处应区分歧义与句子对词义的调整。比如英文中常用“cut”来举例，认为“cut the grass”中的“cut”本身就可以作两种解释，而它们与“cut the cake”中的“cut”又在意义上有区别，因此它的意义是灵活的，需要根据上下文和语境加以确定。但在中文当中，这三种意义分别对应三个不同的动词：割草、修剪草坪、切蛋糕，似又可以作为歧义来处理。因此“cut”可以算是一种边缘性的情况。但在“喜欢”的例子中，如果它与任何一个对象搭配都认为是一个歧义，它的意义就过于庞杂，很难想象歧义如此之多的一个词要如何去习得与理解。因此它应该是比较典型的词义受句子中其他词义影响而进行调整的例子。

Recanati 提出区分词项的固有义（standing meaning）与场合义（occasion meaning），后者是词项在一个具体使用过程中的特定的意义，而前者是所有场合义所共享的固定的意义。在场合义的理解上他引入了一个函数：调节（modulation），提出某个语境下说出一个语句时，它的组成部分都首先要经过语境的调节，得到场合义，然后再根据组合性原则得到这个话语的意义。这样，组合性原则是作用于场合义的，这就是弱的组合性原则。

值得注意的是，弱的组合性原则实际上仅仅是语法规则，而抛弃了组合性原则的另一个重要部分，即一个表达式的意义由它构成部分的意义决定，不需要引入它之外的因素。得到场合义的过程需要语境自上而下地对表达式的所有组成部分进行调节，这说明两个方面的问题：第一，句子的真值条件并不依赖其自身，语境对其起到了很大的影响作用；第二，句子的所有表达式都需要语境对其意义进行影响，因此语境的作用是普遍的。可见，弱的组合性原则与组合性原则有实质区别，接受前者并不能构成对后者的妥协。

对于弱的组合性原则现有的一个批评是 Fodor（2003）提出的。他认为，允许语境的进入削弱了组合性，因为在 Recanati 的框架下一个表达式的意义依赖于它所在的那个词组，而这个词组的意义又依赖于它所在的那个语言成分，这一过程可以无穷递归，这样整个表达式的意义始终是无法确定的。Recanati 对此的回应是：这只是一种可能的情况，但在现实中不存在。因为只有当表达式所在的句子是无穷的，这种情况才可能出现，但在现实中，所有的句子都是有穷的。

笔者认为，另一个可能的批评是，调节会混淆另外一对对 Recanati 十分重要的区分，即饱和与自由充实。对此可以设想 Recanati 作如下辩护：调节是一种意义的具体化（flesh out），它不包含隐藏的索引词，因此语境对意义的调节不是饱和。如“他喜欢我妹妹”中的“喜欢”是情感上的喜欢，而“他喜欢烤肉”中的“喜欢”是味觉上的喜欢，二者所激活的脑部区域可能是不一样的，但不需要认为“喜欢”需要有一个隐藏的变量，在前者的语境中充实成“他在情感上喜欢我妹妹”这样一个命题，而是当它处在这种上下文当中时我们就自然地这样去解读了。可以说，这种调节是在思想层面，而不是在语言层面体现出来的。因目前的相关讨论都不预设思想与语言的区别，所以对此本书不再展开。

总之，以 Recanati 为代表的极端语境主义对词项如何受语境影响给出了系统的刻画，在这方面他的观点与温和语境主义的观点相互借鉴，在前几章的讨论中也得到了体现。对其极端性，即所有词项都受语境自上而下影响的观点，笔者并不赞同，笔者在第 6 章中提出语境敏感词与语境不敏感词的区别实际上构成了对此的反驳。

6　复杂语境敏感机制框架

从前几章的讨论可以看出，对“语境敏感性”概念本身的理解，各个派别在表面上基本一致。所谓的语境敏感性，就是意义在不同的语境下发生变化。然而，目前相关讨论的一个不足之处，在于对已被认为语境敏感或可能语境敏感的词项没有作细致的研究和分类。笔者认为，这些语境敏感词在产生机制上具有不同的特征，而根据这些不同特征能够对语境敏感词的范围作出更为清晰的划分。

本章分为以下三个部分：首先，对第 5 章中等级性分析所面临的困难进行进一步的探讨和解决。这一部分主要针对的是 Hansen 与 Chemla（2015）通过实验（以下简称 HC 实验）所得到的结论，并采取类似实验的方式提供对此的反驳。其次，基于等级性分析，得出一个复杂的语境敏感机制框架，对词项受语境影响的不同方式进行刻画。通过这一刻画能够得到一个语境敏感词的范围，它比目前大部分温和语境主义者所认为的语境敏感词范围都大，但又能与语境不敏感词有鲜明的区别。这一部分实质上辩护一种独特的温和语境主义观点。最后，应用复杂语境敏感机制框架，为目前各派别的语境敏感词理论中存在的困难提供更为合理的解释。这一部分展现该框架在解释力上所具有的优势。

在本章开始前需要再次强调，笔者虽然在观点上依赖于等级性分析，但笔者认为语境敏感机制在很大程度上来源于词项的意义本身，而不是隐藏的词素或变量。这是笔者与其他采取等级性分析进路的温和语境主义者之间的区别。

6.1　对等级性分析困难的解决

等级性分析的特点在于利用集合与级差等概念对词项的意义进行刻画，

并说明其意义需要语境充实的原因及方式。根据第 5 章的概括，这一分析进路主要面临来自颜色谓词的挑战。一方面，颜色谓词与其他等级性形容词不同，可能包含多于一个级差。虽然 Kennedy 与 McNally（2010）作出了颜色数量与颜色质量两个级差的区分，但 Hansen（2011）认为这一区分仍不足以刻画颜色谓词的复杂性。Hansen 与 Chemla（2015）则通过实验哲学的方式测试了受试者对于颜色数量与质量的直观，力图通过实验数据说明对此的判断存在极大的个人差异，难以进行系统刻画①。本节中对其质量与数量测试分开探讨，指出各自存在的问题，并以笔者设计的初步研究实验结果对此进行反驳。另一方面，颜色谓词存在非等级性的解读，并且这一解读也存在语境敏感性。这是极端语境主义者用来论证所有词项都语境敏感的有力论据。笔者对此也作出回应：存在非等级性的语境敏感词，其语境敏感性能够通过比较集得到刻画。

此外，Hansen 与 Chemla 对等级性形容词还有另一个批评，即绝对形容词与相对形容词的界限不明确。这一论证同样是通过实验给出的，第 5 章对其实验进行了分析，本节将对其实验结果的解读进行质疑，并通过实验对此进行反驳。

6.1.1 绝对形容词与相对形容词的界限

Hansen 与 Chemla（2015）试图挑战绝对形容词与相对形容词之间的界限，提出后者与前者一样存在下限。如“高”，对象的高度必须达到一定下限后才能用它进行描述。为验证这一直觉，他们向 42 名受试者发送网络问卷，问卷中包含 3 组关于“高”的试题，每组题中比较两个不同高度的外星人形象，并让受试者就哪个外星人高进行选择。如果受试者觉得两个外星人都高或都不高，也能够选择相应的选项。试题中外星人的高度分布是有规律的，呈现一个均匀上升的级差（0/3 高度：1/3 高度；1/3 高度：2/3 高度；2/3 高度：3/3 高度）。测试界面及外星人形象参阅图 5－3、图 5－4。测试结果见图 5－5。

29 名受试者（占所有受试人数的 69%）在每道题中都选择更高的那个外星人作为答案。Hansen 与 Chemla 据此认为这些受试者对“高”设了一个较低的下限，并以此作为支持他们观点的主要数据。笔者对此提出质疑：这一结论

① Hansen 与 Chemla（2015）的文本中并未作出如此强的结论。Nat Hansen 2015 年 4 月在北京大学与雷丁大学语言哲学合作项目（Pervasive Context－Sensitivity）视频会议上将这篇论文的理论目的作如此概括。

实际上无法得出。如果受试者认为“高”是纯粹的相对形容词，那么对以上3组问题都应该选择相对更高的那个对象，得到的组合仍为“正确+正确+正确”。因此，单凭这一选择无法对受试者更倾向于认为“高”是纯粹的相对形容词还是低下限的决定形容词作出判断。在他们的测试中，能够明确反映下限存在的选项是以“都不”为第一个选项的答案，或以“正确+都是+都是”为选择规律。作出前一种选择的受试者有13人（31%），而作出后一种选择的受试者有0人。应该说预设下限的情况并不如Hansen与Chemla所设想的那么显著。

对于这一测试，笔者认为有两点值得进一步讨论。第一，在脱离语境时被Hansen与Chemla认为有下限存在的相对形容词如“高”，与更加纯粹的相对形容词如“更高”，能否在同样的测试上呈现出不同的规律性。如果相对于后者，前者有更多的人倾向于有下限存在，那么Hansen与Chemla的观点就能从另一个角度得到支持。第二，Hansen与Chemla提到在测试中有意在外星人周围用方框作为引导受试者判断的依据，使得受试者以方框为标准衡量外星人的身高（2015：21），而这样的引导在Syrett（2007）的铁棒测试中并不存在。如果去掉方框后测试结果与铁棒测试接近，即全部或绝大多数受试者选择“正确+正确+正确”这一组合答案，那么对Hansen与Chemla的观点将是一个削弱。

为了对这两点进行探讨，笔者设计了一个简单的实验，准备两份问卷，一份在外星人周围去掉方框，另一份保留方框。同时，两份问卷同样包括0/3高度与1/3高度、1/3高度与2/3高度、2/3高度与3/3高度三种测试类型，并让它们各自对应两种问题类型：“以下两个外星人哪个高”以及“以下两个外星人哪个是高个子”。按照中文的表达习惯，当我们问前一个问题时，我们询问的是二者相比哪个更高，即更倾向于纯粹的比较形容词，而后一个问题里“是高个子”则更接近于下限敏感的绝对形容词。将这6个问题打乱顺序混合在其他问题当中，并让受试者作出选择。受试者为两班大学新生，每班38人，都是中国人。一班为控制组，向他们发放所有外星人图形都在方框内的问卷，而另一班为对照组，发放的是没有方框的问卷。[①]

---

① 实际上，Hansen与Chemla设计的实验在测试的类型及数量、结果的统计等方面都更为复杂，本书的实验只是一个针对特定问题的初步研究。对于“高”之类的简单等级性形容词，本书的实验结论能够作为对Hansen与Chemla实验的反驳。但对于颜色谓词的质量，由于对其的认知包括十分复杂的因素，本书的实验只能揭示某种倾向，具体结论还需要设计更为系统的实验才能够得出。

测试结果如表 6-1 所示，对于第一个问题，受试者对“高”与“是高个子”的反应未见明显差异。相对性的解读即“正确+正确+正确”的选择组合都是主流，并且在数量上相当接近（有框组 25∶25，即受试者总人数的66%；无框组 22∶20，即受试者总人数的 58%∶53%）。以“都不”为开头的选择，即下限敏感的选择，都相对稀少（有框组 6∶8，即 13%∶21%；无框组 5∶9，即 13%∶24%）。“高”组中有 13% 的人在选择时表现出了下限敏感的倾向，这一数据对 Hansen 与 Chemla 的观点是有利的，但它所占的比例不高，尚不能成为有力的支持。“是高个子”组下限敏感的选择人数略多于“高”组，这也应该是符合他们预期的，但仅多 2~3 人，差别算不得显著。此外，总体看来，不论谓词是“高”还是“是高个子”，受试者认为它们下限敏感的比例都低于 Hansen 与 Chemla 中的 31%。这对于他们预期的结论在总体上是一个削弱。

表 6-1　“高”对比测试结果

	有框		无框	
	高	是高个子	高	是高个子
正确+正确+正确 相对性	25	25	22	20
都不+正确+正确 相对性+低下限	5	6	2	0
都不+都不+正确 高下限	0	1	1	6
都不+正确+都是 中高下限	0	1	0	1
正确+都是+都是 中低下限	0	0	0	0

对于第二个问题，方框的存在略微会诱导受试者得出更倾向于相对形容词的答案。在有框组中，不论谓词是“高”还是“是高个子”，选择“正确+正确+正确”的受试者人数都略多于无框组（前者为 25∶22，后者为25∶20）。另外，在有框组中，给出“都是”或者“都不”答案的人数少于无

框组（都是或都不在有框组中共出现 29 次，而在无框组中共出现 56 次，在“高”与“是高个子”之间未见明显差异），同样显示方框存在时受试者可能对高度的差别更为敏感，从而更倾向于认为“高”是相对形容词。

通过这个初步研究，笔者倾向于认为相对形容词的下限敏感并没有 Hansen 与 Chemla 所声称的那么显著。首先，他们在分析实验数据时错误地将体现相对性的数据与体现下限敏感性的数据混同，导致过大地估计了相对形容词表现出的下限敏感性。能够明确得出认为相对形容词下限敏感的受试者数量不足 30%。其次，按照 Hansen 与 Chemla 的预期，“是高个子”是下限敏感的绝对形容词，而“高”则是下限不敏感的相对形容词，二者通过实验应该能够在受试者的反应上有明显的区别。然而，这一区别并不明显，并且受试者认为它们下限敏感的比例都大大低于 HC 实验。这对于下限的存在是一个有力的反驳。最后，实验本身在设计时可能需要控制一些有引导性的因素如边框。总之，HC 实验结果与本书的实验结果都同意大部分受试者在直觉上对相对形容词作出了相对性的解读，因此，相对形容词与绝对形容词的区别仍然是成立的。

6.1.2 颜色谓词的数量

对于颜色谓词的数量 McNally（2011）有一个很直观的描述，即只有当某种颜色占据主导地位时，才能认为该物体是这种颜色的。按照这一描述颜色谓词的数量是下限敏感的绝对形容词，并且下限是在占物体所有颜色的 50% 以上。Hansen 与 Chemla（2015）接受颜色数量是绝对形容词，但对下限的位置则提出了质疑。

他们进行了如下实验：设计四种外星人的形象，使得蓝色在其身体上所占的比例为 0/3、1/3、2/3、3/3。然后再以 0/3 蓝与 1/3 蓝为一组、1/3 蓝与 2/3 蓝为一组、2/3 蓝与 3/3 蓝为一组，让 42 名受试者对它们是不是属于蓝色进行判断。如果受试者在对不同颜色的同一种组合方式进行选择时有 40% 的选项呈现出了同样的规律，那么就将这种规律作为其选择模式。外星人形象见图 6 – 1。

测试界面如图 6 – 2 所示，与图 5 – 3 相比，两者在外星人形象和选项上有所不同。

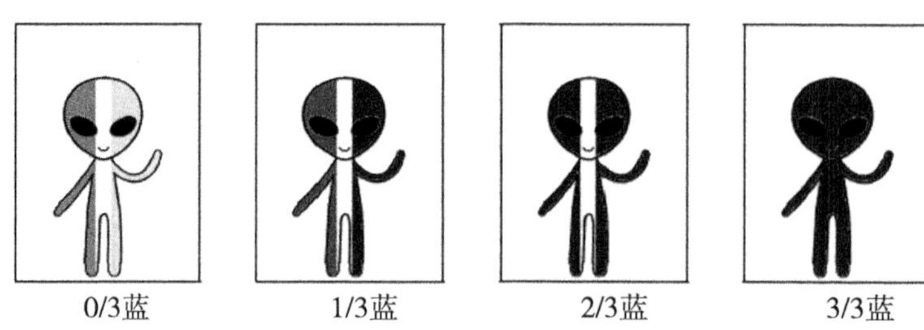

图 6-1 HC“蓝色”数量测试所有外星人形象（同上：21）

图 6-2 “蓝色”数量测试界面（修改自同上：20）

其中，0/3 蓝的外星人身体两边分别为绿色和黄色；1/3 蓝的外星人身体两边分别为红色和蓝色；2/3 蓝的外星人身体两边都为蓝色。由于本书为黑白印刷，只能通过灰度的不同来展现颜色的区别，故作此说明。图 6-2 中选取的是 1/3 蓝与 2/3 蓝两种情况。

对于得到的数据，他们预设受试者如果对颜色谓词作两端封闭的绝对形容词解读，那么应该体现出三种主要倾向。第一，“正确 + 都是 + 都是”即不接受身上不带任何蓝色的外星人为蓝色的，同时接受身体有 1/3 或以上带有蓝色的外星人是蓝色的。作出此项选择的受试者人数为 13 人。第二，“都不 + 都不 + 正确”即只接受身体全部为蓝色的外星人是蓝色的。作出这种选择的受试者人数为 10 人。第三，“都不 + 正确 + 都是”即只有外星人 2/3 或以上身体呈现出蓝色时，才认同它是蓝色的。作出这种选择的受试者人数为 9 人。Hansen 与 Chemla 认为，只有第三种数据符合 McNally（2011）所提出的人们一般对于颜色谓词数量下限的预期，即当某种颜色占据的物体面积超过 50%，才能认为该物体是这种颜色的。而持有这一观点的人数仅占总人数的

21.4%，并不是人们对于颜色数量认识的主流。在比较图 6－1 中 0/3 与 1/3 蓝的外星人时选择“都不”的受试者占据主流，说明受试者普遍接受颜色谓词是下限敏感的，并且下限高于 McNally（2011）提出的占物体表面颜色的 50%。其测试结果见图 6－3。

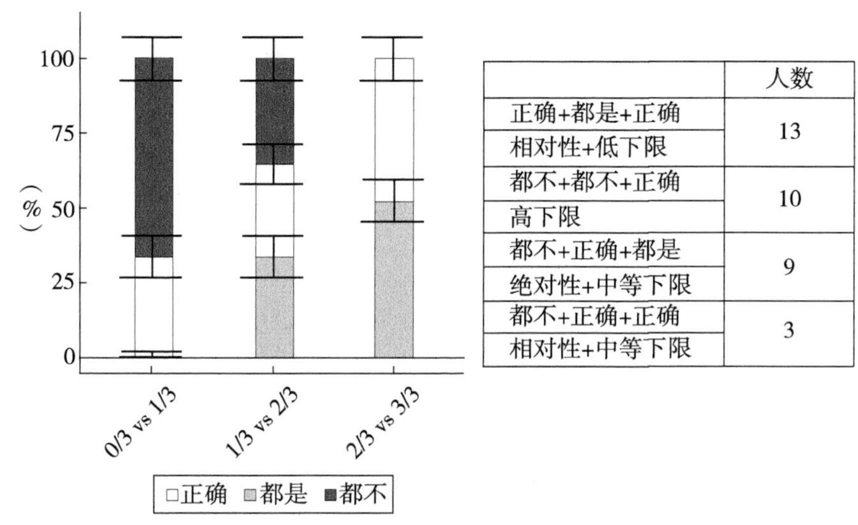

	人数
正确+都是+正确 相对性+低下限	13
都不+都不+正确 高下限	10
都不+正确+都是 绝对性+中等下限	9
都不+正确+正确 相对性+中等下限	3

图 6－3　HC 颜色数量测试结果（同上：27）

笔者以蓝色为例仿照以上实验在两个同为 38 人的大学班级中作了初步研究，结果显示，以上三种倾向各自的比例在两个班级中变化较大，同时与 HC 测试相比也有较大区别。即使这样，本测试结果与 HC 测试仍有一致性。在比较图 6－1 中标记为 0/3 与 1/3 的外星人哪个为蓝时，绝大多数受试者（76% 与 87%）选择了“都不”，与 HC 实验所得结果类似。这一观察说明 1/3 蓝的外星人在多数受试者眼中不是蓝色的，因此颜色数量有较高的下限。支持这一结论的还有本实验的一组数据，即认为 2/3 蓝的外星人为蓝色（以“都不＋正确”为最初两个选项）的受试者数量分别为 18 人与 16 人，仅认为 3/3 蓝的外星人为蓝色（以“都不＋都不＋正确”为选项）的受试者为 8 人与 15 人，二者合计为 26 人与 31 人，占据受试者总数的 68% 与 82%，而这些受试者都接受大于一半身体为蓝色的外星人是蓝色的。测试数据统计见表6－2。因此，笔者同意 HC 测试关于颜色数量的结论，即颜色数量有较高的下限，需要高于原先预期的占对象表面 50% 这一下限才能成为主导色。至于应占表面的具体比例，不同人在观点上仍存在较大差异，无法得到一个统一的数值。

表 6－2 “蓝色”数量对比测试结果

	组一	组二
正确＋都是＋都是 绝对性＋低下限	6	1
都不＋都不＋正确 高下限	8	15
都不＋正确＋都是 绝对性＋中等下限	12	5
都不＋正确＋正确 相对性＋中等下限	6	11

然而，颜色谓词的数量问题仍然存在复杂性。当需要考察的颜色大面积整体出现时，对某个对象是否呈现这个颜色的判断相对容易。而如果颜色在空间中呈现小面积均匀分布，那么人们会更倾向于认为该物体呈现出这个颜色。而如果颜色面积足够小，就会模糊颜色数量与质量的界限。如点彩法画家就使用这个技法，在画布上将纯色的小圆点进行排列，使画作近看是不同颜色的小点，而放置在适当的距离时，观画者眼中看到的就不再是单独的颜色点，而形成了调和的颜色。比如蓝色点与黄色点并置时，远看就是绿色的。显示器同样是基于这一原理设计的：LCD 显示器（液晶显示器）中的每一个像素实际上是由红、绿、蓝三种颜色的子像素组成的。每一个像素只显示这三种颜色之一，而所有其他颜色都来源于这三种颜色像素的排列方式。

以图 6－4 中的 3 张图为例，它们在颜色数量上的构成都是一半黑色一半白色，但是人们会更加倾向于认为黑色方块均匀分布的图片，即图（2）与图（3），为黑色的。而当观看者站得足够远时，其眼中的图（3）不再是一张由黑色小方块构成的图片，而是一张灰色的图片。

因此，笔者认为，颜色谓词的数量虽然是一个两端封闭形容词，但在某个特定的语境中讨论颜色谓词的数量时，人们普遍对颜色的分布情况有一定的预设，如颜色的单个色块面积足够大。如果分布条件不一致，也难以进行

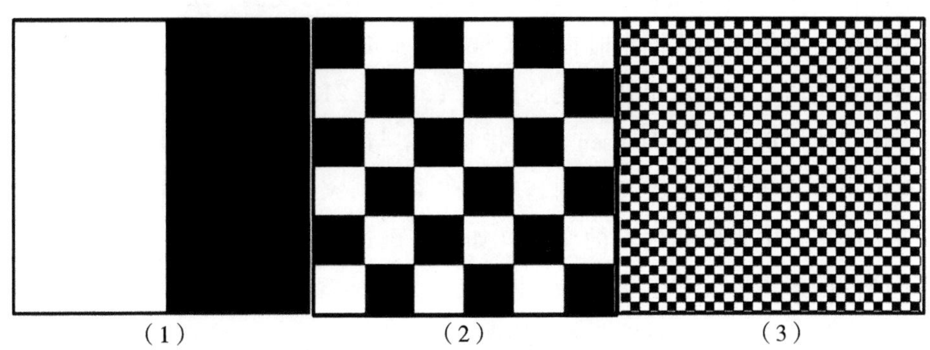

图 6－4　相同颜色数量的不同分布方式

相互比较。如图 6－4 中“图（1）与图（3）哪个更黑?”对这一问题难以回答，因为这两个图中的颜色分布情况存在较大差别。

6.1.3　颜色谓词的质量

颜色谓词的质量在复杂性上更胜于数量。其复杂性一方面体现在影响因素的多样，另一方面体现在对它的直观存在极大的个体差异。Hansen 与 Chemla（2015）分别对这两方面进行了深入研究。笔者同意这两项复杂因素存在，但反对将影响因素作为隐藏变量处理，也不认为个体差异大到无法通过级差或其他手段进行系统刻画。

Hansen（2011）对颜色进行了细致的观察，并为颜色谓词添加了一个维度（dimension）参数 δ，而 δ 的值由三个条件决定：指称框架（frame of reference）、观察条件（observation conditions）、观察者情况（facts about perceivers）。指称框架有两种：对象指称框架（object frame of reference）和刺激指称框架（stimulus frame of reference）。前者指的是对象本身的颜色，后者指的是对象在特定条件下所呈现出来的颜色。由于颜色不是对象的本质属性，判断对象本身的颜色是需要借助一定的观察条件的，因此对象指称框架有两种确定对象颜色的可能方式：一种是正常情况下对象的颜色，如在白色光线和白色背景下观察到的苹果的颜色；另一种是对两个对象的颜色进行比较，如果它们在所有的观察条件下都呈现出同样的颜色，那么它们本身的颜色是一致的。刺激指称框架与之相反，关注的是在某个特定的场合下，如特定的光照效果和背景中，通过特定的观察角度所观察到的对象的颜色。

Hansen 对于对象指称框架与刺激指称框架的区分受到了绘画理论的影响，因为他在分析刺激指称框架时借用了维多利亚时期美学家 Ruskin 对于青草在强烈阳光照耀下会显示出灰黄色的观察（2011：213）。在绘画中区分物体的固有色和条件色，这与 Hansen 对象指称框架与刺激指称框架的区分相一致。固有色一直被认为是更为基本的，直到印象派画家着力于刻画物体在不同时间与不同季节中光影和色彩的变化（如莫奈画过大量角度和构图都类似但色彩不同的巴黎圣母院和干草堆），才改变了大众的观点，认为物体的颜色是与环境互动的结果，因此条件色才是更基本的，固有色只能通过推断而无法通过观察得到。指称框架虽然能够影响对对象颜色的判断，但它本身并不是级差性的。对于某个物体，我们或者讨论其固有色或者讨论其条件色，二者必居其一。

在刺激指称框架下，物体的颜色受到复杂环境因素的影响，如光照的颜色、角度和强度，背景的颜色，观察者与被观察物体的距离等。这些环境影响所构成的就是观察条件。至于观察者情况，Hansen 指的是由于观察者自身的视觉系统的差异，难免对于相同的色彩在印象上有不同。他据此认为颜色谓词与表达个人品位的词如“悦目”“可口”具有相同的特征。

Hansen 最后得出的对于“绿色”的刻画是：

(1) $[\text{绿}]_e = \text{绿}_{f,c,o}$

(2) $[\text{绿}^{\text{数}}] <_{e,d}> = \lambda x.\ \text{数}(\text{绿}_{f,c,o})(x)$

(3) $[\text{绿}^{\text{质}}] <_{e,d}> = \lambda x.\ \text{质}(\text{绿}_{f,c,o})(x)$（2011：215[①]）

这一刻画可以推广到其他颜色谓词。

笔者总体上不同意对颜色谓词的这一刻画。原因有以下几点：首先，Hansen 在指称框架之外又提出观察条件作为影响因素之一令人费解。刺激指称框架强调将环境因素的影响纳入决定物体颜色的条件当中，这些环境影响所构成的就是观察条件，因此观察条件可被认为是构成刺激指称框架的因素。由于 Hansen 倾向于认为固有色是无法通过观察得到的，因此对象指称框架只是一种理论上的虚构。为了使理论简明，笔者建议取消指称框架。

① f 指的是指称框架，c 指的是观察条件，o 指的是观察者情况。“数”是“数量”的缩写，“质”是“质量”的缩写。

其次，颜色谓词与表达个人品位的谓词之间仍存在明显差异。共同体对颜色谓词的判断有相对一致的标准。如对于一个物体，大家都说它是红色的，而有一个人说“它是绿色的”，即使说话者真的看到了绿色的物体，别人也不会认为其话语为真，反而会建议他去医院做检查。而对于表达个人品位的谓词而言，共同体没有一致的标准。假设大部分人都觉得榴梿不好吃，但一个人说，“榴梿很好吃”，别人仍会认为其话语为真，因为“好吃”的判断标准完全依赖说话者。笔者据此反对将观察者情况作为判断颜色的参数。对于表达个人品位谓词的特性将在 6.3.4 中进行专门的讨论。

最后，观察者条件虽然在决定颜色质量时起作用，仍不应将其作为颜色谓词本身所包含的一个隐藏变量。对此有两点理由：第一，颜色本身就不是物体的本质属性，而是基于特定的观察条件产生的，如果将后者作为隐藏变量则意味着忽视了二者的内在联系；第二，即使观察条件发生改变，仍然能够就同一物体的颜色或不同物体的颜色进行比较。如 Hansen 自己所举的例子“我能够比较我桌子上绿罩台灯照射下一本红书的颜色与窗外阳光下一辆红车的颜色”。在这样的情况下，如果我说“这本书与那辆车一样红”，那么当这本书与这辆车在不同条件下被观察到有同样的颜色时，我所说的就为真（Hansen，2011：212）。而如果认为颜色谓词存在隐藏变量，那么一个困难是这种变量与“高”所携带的隐藏变量之间的区别作何解释。当对两个对象的评价标准不一致时，后者无法进行比较。如姚明对于 NBA（美国男子职业篮球联赛）篮球运动员来说是高的，而约翰作为赛马骑手而言是高的，无法得到“姚明与约翰一样高”。为了避免这一困难，笔者建议将颜色谓词的复杂性作为词义的特征，而不是加入隐藏变量的结果。这与笔者处理以等级性形容词为代表的其他语境敏感词的方式是一致的。

颜色谓词另一方面的复杂性是对它的直观存在极大的个体差异。Hansen 与 Chemla（2015）试图通过实验说明，颜色谓词的语境敏感性无法依赖级差得到系统刻画。本小节的后半部分对此进行反驳。

在 HC 颜色谓词质量实验中，他们选择最为典型的颜色对外星人进行填充并作为第四项，再选择不那么典型但仍被认为属于这种颜色的两种为 1/3 与 2/3，以纯白色的外星人为 0/3。以蓝色为例，其颜色选择见图 6－5。

与 6.1.1 和 6.1.2 中的测试方法相同，他们向 42 名受试者发出了网络问

图 6－5　HC“蓝色”质量实验外星人形象（同上：21）

卷，并让受试者在 0/3 和 1/3、1/3 和 2/3、2/3 和 3/3 这三组中选择蓝色的对象。如果受试者认为某组对象都不是蓝色的或都是蓝色的，也有相应的选项可供选择。测试结果见图 6－6。

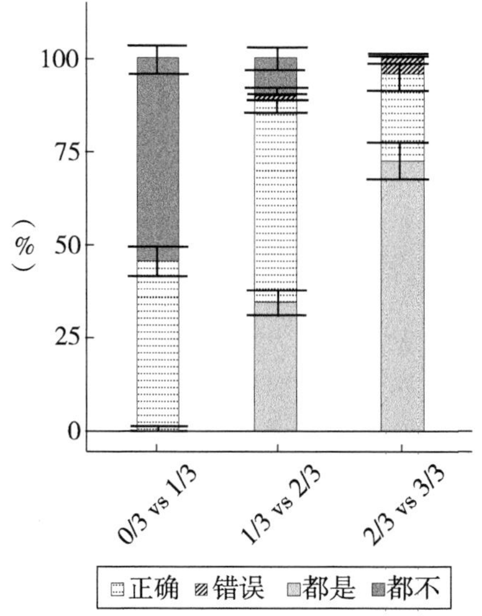

	人数
正确+都是+都是 绝对性+低下限	22
正确+? +都是	6
正确+? +?	3
正确+都是+?	2
正确+都是+都是	2
? +都是+都是	2
正确+正确+正确	1
? +? +?	1
都不+正确+都是	1
都不+正确+?	1
都不+? +都是	1

图 6－6　HC 颜色质量测试结果

注：问号表示受试的选择没有一致性，即在同类情况下作出一致选择的概率小于 40%。

笔者认为这一实验结果不能够采信。一方面，HC 实验在 1/3 与 2/3 即非典型的颜色选择上存在明显问题；另一方面，在判断细微的颜色变化时，HC 实验没能排除 Hansen（2011）提出的观察条件对结果的影响。对这两点的忽视是实验结果不可靠的主要原因。

首先，在非典型的颜色选择上，Hansen 与 Chemla 并没有一个清晰可量化的标准。他们承认，“对于颜色的质量，为每种颜色选择 1/3 与 2/3 的外星人形象时更为主观。对于 2/3，我们意在找到一款不那么典型的颜色，使受试者能够清楚地断定它的颜色，而不是边缘性的例子。……在决定 2/3 的黄色与蓝色时，对色相（hue）进行了调整，得到了芥末黄和剑桥蓝。1/3 的外星人则意在给出某种颜色的边缘性例子（2015：21）。”

实际上，颜色的质量是可以进行量化的。颜色产生于光线在物体表面的反射，而光由三种最为基本的颜色组成：红、绿、蓝①。自然界所有的色彩变化都来源于这三种色光按照不同的比例进行混合。因此，除了三原色能够用单纯的颜色浓度级差刻画之外，其他颜色都是由两种或三种原色进行调配而得到的。图像处理软件如 Photoshop 在刻画颜色质量时使用三个级差：R（红色）、G（绿色）、B（蓝色）。每个级差都是两端封闭的，包括颜色浓度从 0% 到 100% 的所有情况②，以 0 – 255 的数字与之对应。通过确定这三个级差中每个级差的值或范围，就能得到颜色谓词的精确值或范围。因此，任何颜色都能够用 RGB 值得到精确的刻画。如最为典型的红色其 RGB 值是（255∶0∶0），绿色的 RGB 值是（0∶255∶0），蓝色的 RGB 值是（0∶0∶255）。

从 HC 颜色性质实验调用的颜色数据能够发现，3/3 蓝的外星人、2/3 蓝的外星人与 1/3 蓝的外星人，其颜色的 RGB 值分别为（0∶0∶255）（0∶255∶249）（7∶255∶184）。3/3 蓝的外星人选择最为典型的蓝色，这符合预期。但值得注意的是，对于 2/3 蓝与 1/3 蓝的外星人，绿色反而是居于主导地位。即使是蓝色的数值，二者之间的差距也并没有非常显著。对颜色数据的选择过于任意，可能是导致其颜色实验结果没有明显规律性的原因。

为了纠正这一点，笔者以蓝色为例，在一个 38 人的大学班级中重复了 HC 颜色性质实验，并在其中加入了另一个颜色数据，以对二者的结果进行比较。为了保证受试者对于颜色判断的准确性，笔者在实验中对观察条件进行了控制：实验在黑暗的房间中进行，受试者所能看到的唯一光源就是电脑屏

---

① 美术上将颜料的红、黄、蓝定义为三原色。同为“红色”其值在色光与颜料三原色中也有所不同。本书将不涉及过多细节，以光的三原色为颜色质量级差进行细分，挑选后者能够达到同样的效果。

② 除了这一级差体系外，图像处理软件还用另一套级差体系对颜色进行刻画：色相、明度、饱和度。色相指的是按照可见光的波长和频率的不同而形成的颜色划分；明度指的是物体反射的光波强度，用以刻画颜色的深浅；饱和度指的是单一频率也就是单一色彩的光在颜色中所占的比例。单一色彩的光所占的比例越高，则该颜色的饱和度越高。这三个级差都是两端封闭的，也能够有效地刻画颜色的质量。为了讨论的简明，本书仅涉及 RGB 这一级差体系。

幕。控制观察条件的目的是使受试者对于颜色的认知不受其他条件的影响。因为观察条件一旦改变，就会对受试者的判断带来较大改变，笔者的另一个对比实验将说明这一点。为了使受试者对蓝色质量的判断不受其他颜色干扰，笔者在对比实验中将外星人身上颜色的 R 值与 G 值均设置为 0，只有蓝色的值在 0－255 之间均匀取四个值。这一实验的目的是在最为简化的条件下，观察受试者能否对颜色形成与其他两端封闭形容词相似的反应。测验所用外星人如图 6－7 所示。

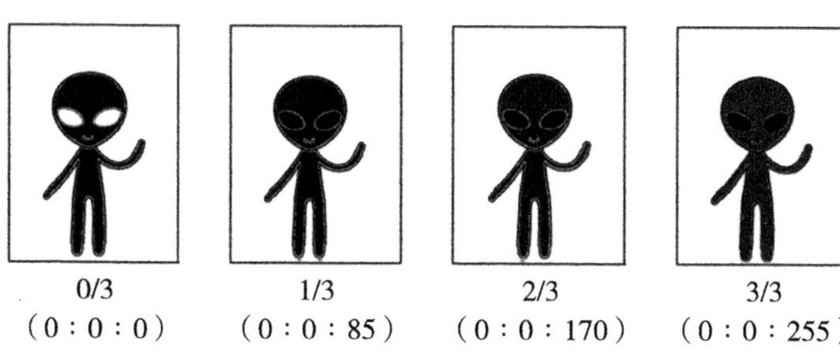

图 6－7　纯粹"蓝色"质量对比实验外星人形象

将笔者重复 HC 实验的结果与纯粹蓝色质量对比实验结果比较可以发现，无论是在单独选项的比例上，还是受试者在三个选项中表现出的倾向上，二者都较为接近（见图 6－8），而与图 6－6 中 HC 实验的结果有极为明显的不同。

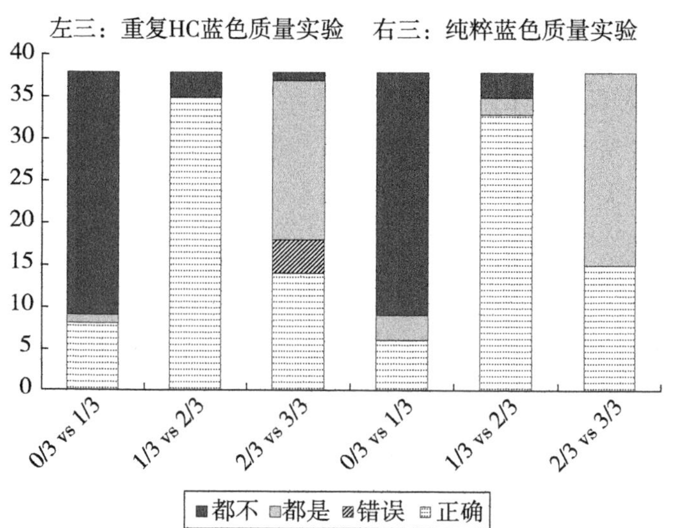

图 6－8　"蓝色"质量实验结果（黑色环境中）

为了测试受试者对颜色的辨别力，笔者在实验中专门添加了比较 HC 的蓝色质量 1/3 与 2/3 哪个更蓝的选项，以及纯粹蓝色质量 1/3 与 2/3 哪个更蓝的选项，结果各有高达 92% 和 95% 的受试者选择后者。这说明，在黑暗环境中，受试者对于绿色主导和绿色不主导时蓝色质量的明显增强都能作出辨别。

另一个值得注意的结果是，当询问纯粹“蓝色”质量 0/3 与 1/3 哪个蓝与哪个更蓝时，虽然“更蓝”是明显的比较形容词，但仍有高达 68% 的受试者选择“都不”，与“蓝”的结果接近（29 人选择了“都不”）。这一结果说明受试者更倾向于认为颜色谓词的质量有较高的下限。这与 HC 实验的结果存在较大差异。后者选择低下限即“正确 + 都是 + 都是”的受试者有 22 人（52%），而在笔者的两个实验中没有受试者作出这种选择。实验具体数据见表 6 – 3。

表 6 – 3　　蓝色质量实验结果（黑暗环境中）

<table>
<tr><th></th><th>重复 HC 蓝色质量实验</th><th>纯粹蓝色质量实验</th></tr>
<tr><td>正确 + 都是 + 都是</td><td rowspan="2">0</td><td rowspan="2">0</td></tr>
<tr><td>绝对性 + 低下限</td></tr>
<tr><td>都不 + 正确 + 都是</td><td rowspan="2">13</td><td rowspan="2">15</td></tr>
<tr><td>中等下限</td></tr>
<tr><td>都不 + 正确 + 正确</td><td rowspan="2">8</td><td rowspan="2">10</td></tr>
<tr><td>相对性 + 中等下限</td></tr>
<tr><td>都不 + 都不 + 正确</td><td rowspan="2">2</td><td rowspan="2">3</td></tr>
<tr><td>高下限</td></tr>
<tr><td>正确 + 正确 + 正确</td><td rowspan="2">3</td><td rowspan="2">1</td></tr>
<tr><td>相对性</td></tr>
</table>

这种差异有一种可能的解释：通过对不同蓝色 RGB 值的进一步考察可以发现，人们将不同颜色判断为蓝色的标准相当任意，更多的可能是共同体的一种约定。在中国和英国的语言使用者对于蓝色的范围有不同的约定，后者可能更为宽泛。如 Hansen 与 Chemla（2015）所提到的“剑桥蓝”，剑桥大学给出的官方 RGB 值为（163：193：173），由于其绿值大于蓝值，多数中国人会认为它是浅绿色。这种将颜色质量的特定 RGB 值进行规定并冠以特定名称

的行为普遍存在，值得引起我们的关注。笔者认为，如同将水的分子式规定为 H_2O 一样，“剑桥蓝”不再是一个等级性形容词，而是与自然类属一样的语境不敏感词。

另外，观察条件对观察结果也能够产生重要影响。Hansen（2011）将观察条件作为确定颜色数量和质量的一个参数，但在与 Chemla 的实验设计中却未能对此加以控制。笔者除了让一个班的受试者在黑暗的环境中重复他们的颜色质量实验外，还让另一个班的受试者在有外部光源的情况下接受了同样的测试，以观察结果的差异。受试者所在的房间与第一个实验相似，但室内灯光明亮，并且图像是通过投影仪投影到大屏幕上的。不排除投影仪的显示效果与电脑屏幕存在色差，但受试者仍认为这几种颜色之间存在区别。得到的测试结果见表 6－4。

表 6－4　　不同观察条件下“蓝色”质量实验结果对比

<table>
<tr><th></th><th>黑暗环境下
重复 HC 蓝色质量实验</th><th>明亮环境下
重复 HC 蓝色质量实验</th><th>HC 蓝色
质量实验</th></tr>
<tr><td>正确＋都是＋都是</td><td rowspan="2">0</td><td rowspan="2">0</td><td rowspan="2">22</td></tr>
<tr><td>绝对性＋低下限</td></tr>
<tr><td>都不＋正确＋都是</td><td rowspan="2">13</td><td rowspan="2">0</td><td rowspan="2">1</td></tr>
<tr><td>中等下限</td></tr>
<tr><td>都不＋正确＋正确</td><td rowspan="2">8</td><td rowspan="2">0</td><td rowspan="2">0</td></tr>
<tr><td>相对性＋中等下限</td></tr>
<tr><td>都不＋都不＋正确</td><td rowspan="2">2</td><td rowspan="2">11</td><td rowspan="2">0</td></tr>
<tr><td>高下限</td></tr>
<tr><td>正确＋正确＋正确</td><td rowspan="2">3</td><td rowspan="2">2</td><td rowspan="2">0</td></tr>
<tr><td>相对性</td></tr>
<tr><td>正确＋都是＋正确</td><td rowspan="2">0</td><td rowspan="2">13</td><td rowspan="2">0</td></tr>
<tr><td>相对性＋低下限</td></tr>
</table>

表 6－4 说明，在明亮的观察条件下，选择高下限与低下限的受试者人数都出现了明显的增加，而选择中等下限的受试者人数则降为 0。这可能说明受试者会考虑观察条件的影响并倾向于作出更为极端的判断，但观察条件对受

试者结论的影响难以得到系统刻画。另一个难以解释的现象是，即使观察条件不变，当询问 HC 蓝色质量 1/3 与 2/3 哪个“蓝”与哪个“更蓝”时，受试者的答案截然不同（见图 6－9）。这应该归咎于 HC 实验所选择的“蓝色”质量 1/3 与 2/3 之间未能形成明显的差异，同时蓝色的值也并不在 RGB 数值中居于主导地位。虽然在黑暗环境下与纯粹蓝色质量实验结果相似（见表 6－3），一旦观察环境中有光源存在，二者的区别便容易被忽视。总体来看，HC 颜色质量测试在居中颜色质量的选取上存在失误，这可能是其颜色质量测试结果未能呈现出规律性的原因。笔者建议 Hansen 与 Chemla 按照类似图6－7 的方式通过控制 RGB 值重新设计颜色实验。

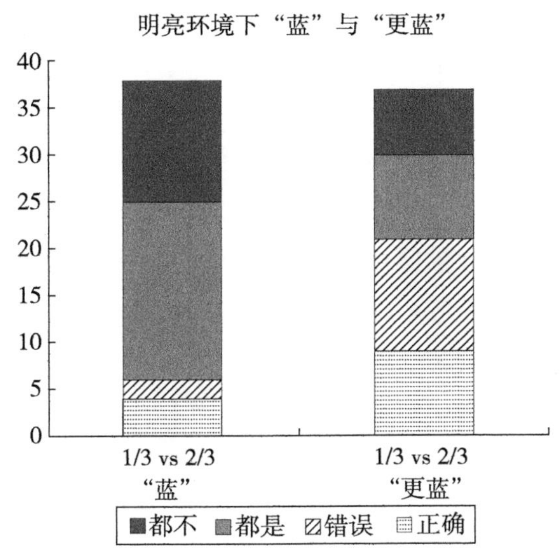

图 6－9　明亮环境下颜色判断对比

虽然笔者的实验仅仅是一个初步研究，但仍可归纳出一些相对清晰的结论。首先，在对颜色质量的判断上，受试者所处的环境是昏暗还是明亮能够对结果产生极大的影响。由于 HC 实验是以远程网络问卷的形式进行的，无法对观察条件加以控制，据此得到的关于颜色质量的数据未必值得采信。其次，从纯粹蓝色质量实验看，颜色质量总体是下限敏感的，并且下限较高。多数受试者认为只有当某种色彩中蓝色的 RGB 值超过半数时这种色彩才是蓝色的。再次，如果要对颜色质量进行精确的刻画，就不能视其为一个级差。每个颜色质量谓词都包含 RGB 三个两端封闭的级差，可就其包含各原色的多少进行比较。最后，对于颜色的判断不同的语言共同体可能有不同的规定。如将某个 RGB 值的颜色规定为“剑桥蓝”或“牛津蓝”，此时这个颜色谓词便不具有级差性。

6.1.4 非等级性敏感词

从 5.2.5 中可以观察到，对颜色谓词作非等级性的解读时，仍然存在语境敏感性。如“红色”在某些语境下的意义是“自然形成的红色”，而在某些语境下的意义是“表面是红色的”，在另一些语境下又能够获得其他意义，如“有天鹅绒手感的深红色”等。此时其意义变化无法用级差的变化来解释，同时似乎也缺乏有规律的刻画方式。其他一些谓词也存在类似的情况，如“北京人”“中国人”等。前者可以在有些语境下指称“拥有北京户口的人”，也可以在另一些语境下指称“目前居住在北京的人”或“祖籍北京的人”。对于“北京”的地理范围也可以在不同语境下发生变化，如仅指东城、西城两个区，还是包括朝阳区、海淀区，还是包括远郊区县等。“中国人”也能够根据国籍、血统或文化背景等对其进行不同的定义。虽然极端语境主义大量使用这些词项为例论证语境敏感性普遍存在，但笔者认为它们属于单独的一类谓词，其意义本身不包含级差，但在不同语境下的变化能够通过描述语义学框架中“比较集”的概念得到刻画。这些词项与语境不敏感词仍然存在区别，应该被纳入语境敏感词。笔者把这类词项称为“非等级性敏感词”。本小节主要解决两个问题：第一，如何刻画非等级性敏感词的语境敏感性机制；第二，如何区别这类词项与直觉上语境不敏感的词项，如自然类属等。

为了回答这些问题，需要回顾 5.2.1 中描述语义学框架所包含的“比较集”概念。Klein（1980）提出，正面形容词具有两个特征：其一是它的外延在独立于语境时为一个对象呈线性排列的集合；其二是它的外延在某个特定语境中不必是这个完整的集合，而是取其子集，即比较集。比较集具体如何选取由语境决定。

值得注意的是，对正面形容词而言，这两个特征是相互独立的。等级性分析着力于对线性排列作出进一步的定义得到级差概念，而正面形容词具有语境敏感性则主要依赖后一个特征，即比较集经由语境给出。据此，笔者提出存在一类谓词，其外延不呈线性排列，但仍需语境决定其每次使用时的比较集（即外延），这类谓词仍是语境敏感词。这就是非等级性敏感词的定义。

基于这一定义，能够得到非等级性敏感词与语境不敏感词的三点主要区别，同时也是三个测试。而由于等级性形容词只是比非等级性敏感词多预设了级差这一条件，二者在这些测试中的表现是一致的。

测试一：比较集测试 对于非等级性敏感词，如果它在一个语境中的比较集为 A，总能够设想另一个语境，使其比较集为 B，A 与 B 不相等，并且 A 与 B 有包含关系。

以“中国人”为例。假设张三去美国旅游，入境时海关官员问他：“你是哪国人?”张三回答说：“我是中国人。”此时“中国人”指称的是所有具有中国国籍的人。又假设张三在美国拜访了朋友王约翰，后者在美国出生长大，但父母是香港人。王约翰对张三说：“我也是中国人。”此时“中国人”指称的对象既包括具有中国国籍的人，又包括具有中国血统的人。后一个语境中“中国人”的比较集包含前一个语境中这个词的比较集。“绿色”也是类似的情况。在 5.2.5 琵雅与枫叶的例子中它在前一个语境指称所有表面是绿色的物体，而在后一个语境指称所有自然形态下为绿色的物体。可以找到另一个语境，如画画的语境，使得“绿色”的比较集包括所有看起来是绿色的物体。这一语境中“绿色”的比较集就能够包括它在前两个语境中的比较集。

这种外延上的包含关系同样适用于等级性形容词。由于等级性形容词蕴含级差，那么根据不同语境下评价标准的高低，很容易能够得到两个比较集，使一个比较集的外延包含另一个。以“高”为例，姚明身高 2.26 米，对于男性而言是高的，即使对于男篮运动员而言仍然是高的。这两个“高”的外延就有包含关系：前者包含后者。

典型的语境不敏感词则难以在外延上呈现出这样的特征。以“老虎”为例，假设在动物园里有一只东北虎叫泰格，身上长着黄黑相间的斑纹。游客看到它时都会说：“这是一只老虎。”有一天琵雅用绿油漆将老虎涂成了绿色，如果游客看到了之后说：“这不是一只老虎。”那么游客就作出了一个错误的断定。又有一天，动物园引进了好几只华南虎，一位研究华南虎的专家向游客们介绍华南虎的习性与特点。如果游客听完了之后看见另一个笼子里的泰格，于是说：“它没有这些习性，因此它不是老虎。”此时游客就又作出了一个错误的断定。实际上，“老虎”作为自然类属使用时其外延在不同语境下仍高度一致。很难找到两个语境，使其外延不同，更不用说呈现出包含关系了。

对此一个可能的反驳是，对于典型的语境不敏感词仍然能够构造出两个语境，使其在不同语境中选取的比较集呈现包含关系，所需要的只是对限制条件给出一个与上例相比更加清晰明确的规定。同样，假设研究华南虎的专家在向游客们介绍华南虎的习性。专家说完开场白之后说："为了说起来简单一些，我接下来就把华南虎叫作老虎。"介绍完华南虎之后他看见了另一个笼子里的泰格，于是说："这不是老虎。"这时他的断定就能够为人所接受。同时这一语境下的"老虎"和其他语境下既包含华南虎又包含东北虎和孟加拉虎的"老虎"就有了外延上的包含关系。

这一反驳并不可靠，原因在于非等级性敏感词与语境不敏感词的第二个区别：如果非等级性敏感词的比较集发生改变，这一改变可以在语境中自然地发生，而不需要对词义进行专门的重新定义。语境不敏感词所谓的"外延变化"实际上是对这一词项暂时性的重新定义，需要依赖元语言来实现。二者的区别可以用一个测试体现：

测试二：是/否测试 对于一个表达式"S 是 P"，当一个人在语境中说出它时，另一个人能够用"S 是 P，但（因为其他原因）S 不是 P"进行回答，那么 P 就有了语境敏感性。如果不能这样回答，那么 P 就是语境不敏感词。

这一测试的原理是，由于回答分成两部分，前半部分由于是对"S 是 P"的复述，保持了前一个人在说话时语境对谓词外延的限定。而在后半部分通过给出其他条件对谓词的外延进行了限制，导致 S 不是 P。"是"与"否"的过渡十分自然，只需要给出新的条件，而不需要对词项的意义进行元语言的刻画，如"将谓词重新定义为……"或"此时谓词的意义为……"。以"聪明"和"北京人"为例：

例 1 约翰是个数学天才，但不擅长跟人打交道。玛丽说："约翰很聪明。"汤姆回答道："他是聪明，但在人际交往上却一点也不聪明。"

例 2 张三祖籍河北，有北京户口，在北京工作和生活十年以上。最近李四看见报纸上一个标题写着"寻找北京人做社会调查"，就跟王五说："张三是北京人。"王五仔细看了报纸的内容，说："张三是北京人，但不是报纸上要找的中华人民共和国成立以来一直在北京居住的北京人。"

不但非等级性敏感词能够通过“是/否测试”，等级性形容词，包括相对形容词与绝对形容词，都能够通过这一测试。这说明二者在语义学上具有相似的特征，请看以下例子：

例 3　张三第一次和李四一起去野营。张三的背包重 20 千克，他把背包背上后差点站不起来，就说：“这个背包好沉。”李四说：“这个背包是沉，但和我的比，它就不沉了。”李四的背包重 30 千克。

例 4　张三向李四借一个空的教室指导学生活动，李四打开了一个上锁的教室，里面只有桌椅没有人，说：“这个教室是空的。”张三回答：“对，这个教室是空的，但我想要一个连桌椅都没有的教室，所以它还不算空。”

例 5　张三为一家会展公司工作。公司规定在会议开始前的准备工作除了清扫场地、安排座位、调试设备之外，还要将会议室的大门完全打开，以方便与会人员进出。在某次会议开始前，张三打开了会议室的门锁就去忙别的了，他的主管李四过来说：“这门没开。”张三过来按了一下门把手，门打开了。张三说：“门是开着的。”李四说：“门是开着的，但按照公司规定，门并没有打开。”

典型的语境不敏感词却通不过这一测试：

例 6　？泰格是动物园里的一只东北虎，有天张三和李四来动物园游玩，张三指着它说：“泰格是一只老虎。”李四回答道：“它是一只老虎，但从生活习性上看，它不是一只老虎。”

例 7　？张三和李四去金佛寺游览，寺里供奉着一个半人高的纯金佛像。寺里的和尚介绍说打造这尊佛像用了 10 千克黄金，佛像内部是空心的，金壁厚达两厘米。张三说：“这尊佛像是金子做的。”李四说：“这尊佛像是金子做的，但它是空心的，所以它不是金子做的。”

在以上两个例子中，回答者所说出的语句都是自相矛盾的。可见，对于语境不敏感词，在一个给定的语境下当两个说话者同意其外延范围之后，就难以通过对此加入限制条件进行修改。如果要修改只能通过元语言进行重新定义，如：

例 8　泰格是动物园里的一只东北虎，有天张三和李四来动物园游玩，张三指着它说："泰格是一只老虎。"李四回答道："它是一只老虎，但如果我们把'老虎'定义为'华南虎'，那么它不是一只老虎。"

可以设想极端语境者对"是/否测试"会有以下可能质疑：

质疑一：对于非语境敏感词的边缘性的例子，同样能够构造出通过"是/否测试"的情况，因此这一测试不能有效区分语境敏感词与语境不敏感词。以"哺乳动物"为例，其典型特征是胎生哺乳的动物，而鸭嘴兽是卵生哺乳，因此对划定它是否是哺乳动物，经过了很长时间的争议。虽然最后将其规定为哺乳动物，但它不是典型的哺乳动物，而是这一类别中最为边缘性的对象。可依照"是/否测试"的要求构造以下场景：

例 9　A 说："鸭嘴兽是哺乳动物。"而 B 说："是，鸭嘴兽是哺乳动物，但它不是胎生的哺乳动物。"

这一质疑自身存在问题，即对"是/否测试"的误用。B 的回答在肯定部分符合该测试的要求，但在否定部分则没有采取规范的形式。它的否定部分虽然是对"哺乳动物"所取的比较集进行了否定，但在句法结构上仍不符合"是/否测试"的要求。根据这一测试，否定词应是对谓词的全部否定，而不是部分否定。因此上例按照正确的"是/否测试"格式应该修改为：

例 10　A 说："鸭嘴兽是哺乳动物。"而 B 说："是，鸭嘴兽是哺乳动物，但因为它不是胎生的，所以它不是哺乳动物。"

经过这番修改之后，B 的回答中自相矛盾的特性就变得相当明显了。

因此，在否定部分对谓词本身进行全部否定，而不是对经过修饰的谓词，这是"是/否测试"的核心要求。这一要求的原因也很清楚：只有这样才能将词项意义的变化归因于语境或上下文的变化，而不是对词项的直接修饰。

质疑二：命题态度似乎也能够按照"是/否测试"的格式构造例子，使得所有非语境敏感词都能够通过这一测试。考察以下例子：

例 11　地球围着太阳转，但有些人相信，地球不是围着太阳转的。

例 12　7 是质数，但有一台计算机显示它不是质数。

对此的一个解决方式是，“是/否测试”不允许在否定句中包含命题态度。不然对否定部分真值的判断就变成了对命题态度的判断，而不是对句子本身的判断。

质疑三：有些谓词根据定义是非等级性敏感词，而根据“是/否测试”则是语境不敏感词，测试与定义之间存在矛盾。这可能是对“是/否测试”最有力的挑战。以“下雨了”为例，每次说出时都需要语境给出下雨的具体地点。可以设想这样的情况：笔者在北京时下雨了，打开电视发现下雨的范围覆盖整个华北地区。由于华北地区包括北京，此时根据非等级性敏感词的定义与“比较集测试”，“下雨”是非等级性敏感词。而按照“是/否测试”，“下雨”却不是语境敏感词，因为构造例子时合理的回答并不是“S是P，但（因为其他原因）S不是P”，而需要对肯定部分也作出相应的修正。不然则回答不能成立。如下例所示：

例 13 假设这是美国加州帕罗奥多市一个星期六的早晨，约翰起床以后往窗外看了一眼，说：“下雨了。”此时他接到玛丽从纽约打来的电话，玛丽说：“我刚起床看了，今天是个大晴天。”约翰回答道：“今天是个大晴天，但我这里不是晴天。”

这个回答是自相矛盾的。正确的回答必须对肯定句也加以限制，如：“你那里今天是个大晴天，但我这里不是。”

不得不承认，“下雨”这个谓词确实有特殊性。在之前的相关争论中，一个悬而未决的问题就是同为谓词，为什么“下雨”包含地点变量而“跳舞”则不包含。但是，加以一定的想象力能够构造这样一个语境，使得回答满足“是/否测试”的要求：

例 14 根据天气预报，全国范围内有强降雪天气。连广西都难得一见地下雪了。我在广西的朋友拍了雪景照片发给我，然后打电话说：“下雪了！”我回复：“还真下雪了，不过北京还没下雪呢。”

例 15 我在朝阳区和在海淀区的朋友视频聊天，她突然回头说：“下雨了！你能看见吗?”我看见雨滴打在她背后的窗户上，很快就模糊不清了。我回答道：“是下雨了。但我这边一点下雨的意思都没有啊。”

根据这两个例子，类似“下雨”和“下雪”的表达式也能够通过“是/否测试”，因此它们也可被视为非等级性敏感词。

测试三：搭配测试 非等级性敏感词在与副词的搭配上表现出与两端封闭绝对形容词相似的特征，如能够与“半”等副词搭配。

在5.2.2中曾专门讨论等级性形容词在与副词搭配时所呈现出来的特点，两端封闭形容词最为典型的副词搭配是“半”，因为只有当级差两端都封闭时才有可能有居中的状态。如“他吃了个半饱”或“门半开着”，“饱”与“开”都是两端封闭形容词。笔者认为，“半”同样能够与非等级性敏感词进行搭配，如：

（1）因为我爸爸是广州人，我妈妈是北京人，所以我是半个北京人。

（2）约翰在云南支教十几年，能说一口流利的汉语，是半个中国人了。

而典型的语境不敏感词则无法与这个副词进行搭配：

（3）鸭嘴兽是卵生的，幼崽靠喝母乳长大，所以它是半个哺乳动物。

（4）牧羊犬一直和羊群生活，几乎是半只羊了。

对于这一区别同样存在可能的质疑：只要构造合适的语境，语境不敏感词也能够与“半”进行搭配，如：

（5）这瓶酒说是茅台，实际上至少兑了一半水。

（6）这只野猪的食量顶半只老虎。

句子（5）（6）确实与句子（3）（4）有相同的结构，谓词紧跟副词出现。然而，它们与句子（3）（4）的区别是，副词并不直接修饰谓词。句子（5）实际上表达的是酒瓶的容量有一半是水，而句子（6）表达的是这只野猪的食量是老虎食量的一半。“一半”修饰的分别是“酒瓶的容量”和“老虎的食量”。因此，需要对搭配测试进行修改：非等级性敏感词能够被“半”修饰，而语境不敏感词不能。如此则能更为准确地反映出二者的区别。

综上所述，对颜色谓词的非等级性解读进行探讨，揭示了语境敏感性理论的一个重要问题，即是否存在不依赖于等级性的语境敏感性，以及这种语境敏感性是否普遍存在于所有谓词之中。通过在描述语义学框架中对等级性形容词的进一步考察，在其特征中剔除线性排列而保留比较集，笔者得到了一类不具有等级性但仍然语境敏感的谓词，即非等级性敏感词。其比较集在不同语境下发生变化。为刻画这类词项与语境不敏感词的区别，本小节提出了三个测试作为判断标准。基于这些原因，笔者将非等级性敏感词也纳入语境敏感词的范围，据此得到了一个更大的语境敏感词集合。这一集合中语境敏感词的分类及特征将在 6.2 中进行总结。

6.2 语境敏感词的分类和界定

本节将概括前几章对不同类型语境敏感词的探讨，并得到一个复杂的语境敏感机制框架。这一方案的得出需要依赖两对基本的区分：语境构成要素与语境关联要素、词项用于指称功能与用于述谓功能，这两对基本区分已在前几章中有所涉及。本节将对其具体内容与作用作更为系统的阐述。

通过复杂的语境敏感机制框架能够得到一个相对固定的语境敏感词范围，它大于最小语义学与其他温和语境主义所认定的语境敏感词范围，但不会如 Cappelen 与 Lepore（2005）所预期的那样滑落成为极端语境主义。因此，复杂语境敏感机制框架实际上为温和语境主义提供了一种可行的辩护进路。

6.2.1 两种语境、两种索引性、两种反身性

在 2.2.1 中笔者基于 Perry 窄语境与宽语境的区分提出了语境构成要素与语境关联要素这一区分，对二者的区别回顾如下。

语境构成要素：所有语境都需具备的客观特征，即说话者、时间、地点。对此可作一个纯粹的形式化的描述。

语境关联要素：语境中除语境构成要素之外其他可能对话语所表达的意义产生影响的因素。对此无法进行形式化的描述。

这一区分在之前的讨论中已经显示出了作用，尤其是在讨论索引性词时。与 Cappelen 与 Hawthorne（2009）、Leslie（2007）等的观点不同，笔者提出索引性词有两种语境敏感性，其指称对象的决定或依赖语境构成要素，或依赖语境关联要素。但两种确定对象的机制有何不同，对此尚未展开讨论。本小节以反身性为工具，对语境与索引性的关系进行了刻画。

Perry（2001）除了区分宽语境与窄语境之外，还区分了自主索引词（automatic indexical）与任意索引词（discretionary indexical）。一些索引词，如“我”“明天”等，只要给定词义与它所在的语境，就能自动对应指称对象，

不需要说话者意向性的参与①，它们被称为自主索引词。另一些索引词决定指称对象的过程需要说话者意向性的参与，它们被称为任意索引词。说话者在使用任意索引词时应使指称的对象在语境中明显（salient）体现。Perry 举了一些常见的使对象明显的方法，但并未对此作出系统刻画。笔者认为，使对象在语境中明显的方式在很多情况下取决于语境本身，因此只能进行个例分析，而无法作出形式化的描述。

对自主索引词确定指称对象的机制，则能作出形式化的描述。Perry 提出，当自主索引词指称语境构成要素时，它被称为单纯索引词，普遍认为它是最为典型的索引词。Kaplan 对单纯索引词如“我”的特征作出如下刻画：

（1）“我”是一个索引词，在不同的话语中有不同的内容。

（2）“我”在所有的话语中都直接指称。

（3）在所有话语中“我”都指称说出这个词的人（1989：520）。

由于“话语”指的是一个词项或句子在某个特定的语境下说出时的标记（token），因此句子（1）等同于表示“我”在不同的语境下指称不同的对象，即具有语境敏感性。句子（2）所提出的直接指称性是索引词的另一个重要特征，即它的指称对象一旦确定，则在所有语境下都直接指称对象，而不受域的限制。句子（3）所刻画的索引词的特征就是反身性（reflexivity）。对于一个包含索引词的句子，如“我现在很累”，假设 u 是它的一个话语，已知它各组成部分的意义和组合规则，但不知道它的语境，对它的符征能够进行这样的描写：

（4）说出 u 的那个人在说出 u 的时间很累。

与原来的句子不同，句子（4）中包含“u”这个话语本身，体现在“说出 u 的那个人”和“说出 u 的时间”。通过指向话语本身而与说出它的语境进行关联，这就是反身性。

通过对句子（1）～（3）的分析可知，索引词具有语境敏感性，而它指称对象的确定则是经由直接指称性与反身性实现的。将索引词这三个特性与语境之间的关系进行进一步的考察能够发现：首先，语境敏感性只是对自主

① 在任何情况下，说话者都有使用所说词项的意向性。这种极其宽泛的意向性不在本书讨论的范围之内。除此之外，自主索引词决定指称对象的过程与说话者任何其他特定的意向性无关。

索引词指称对象在不同语境下变化的描写，并不包含这一变化产生的机制。其次，直接指称性并不是索引词所独有的特征。专名也具有这一性质，其指称的对象在所有可能世界保持一致，而专名并不是语境敏感词。因此这一点与语境敏感性的关系并不显著。最后，只有反身性提供了确保索引词与其话语所在的语境发生联系的方式。

笔者据此提出，反身性是自主索引词索引性产生的原因。这与现有讨论相比是一个比较极端的观点。Perry（2001）虽然讨论了索引性与反身性，但并未将二者建立关联。由于反身性既可将语境构成要素和语境关联要素分别与索引词建立联系，据此又能进一步得到两种反身性。

强反身性：一个表达式 u 的符征不但包含 u 本身，还包含 u 所在语境中的语境构成要素。

弱反身性：一个表达式 u 的符征不但包含 u 本身，还包含 u 所在语境中的语境关联要素。

这两种反身性的区分所对应的就是语境影响语义的两种机制。笔者认为，具备强反身性的基本都是索引词，而弱反身性能够扩大到其他词项。而由于反身性能够解释词项与其话语所在语境的联系，因此具备弱反身性的词项也应被视为语境敏感词。基于本小节的一系列区分，笔者将对不同的语境敏感词进行系统分析。在此之前，需要澄清另一个影响词项语境敏感性判断的因素，即词项用作不同的句法功能时语境敏感是否会呈现区别。

6.2.2 词项的指称功能与述谓功能

目前，对于语境敏感词讨论的各方都有所忽略的一个问题，是有些词项既能用作指称也能用于述谓（predication），而用于不同功能时对其是否语境敏感的判断也会发生变化。因此，笔者认为对词项语境敏感性的探讨中宜加入功能的区分。虽然大部分不明确是否语境敏感的词项都是谓词，但当讨论典型的语境敏感词时，很多人都会以“我”为例（如 Kaplan，1989，参阅 6.2.1），而“我”只能用于指称某个对象，它所具有的特性未必能够代表所有的语境敏感词。

以下表达式通常被用来作指称：专名、索引词、限定性摹状词。专名指的是如“希拉里·克林顿”“北京”“火星”这样的词项，它们与某个特定对象的关系是在共同体中被规定下来的，在任何语境下都直接指称这个对象。因此它们是典型的语境不敏感词。索引词则恰恰相反，是典型的语境敏感词。Kaplan 区分了索引词的两种语义贡献："内容"与符征。前者是从可能世界到外延的函数，而后者是从语境到"内容"的复合函数。虽然索引词在决定对象的过程上与专名有明显的区别，但当对象决定后，索引词与它的关系同样是直接指称的，与专名相同。Stanley（2000）认为直接指称就意味着决定对象的过程不受词项所在逻辑形式的限制，如不会随着句子中算子的加入而受其约束。但是，第二人称与第三人称的索引词如"你""他"等受照应这一句法规则的约束。如下例：

（1）约翰过来了，他看起来气色很好。

这里"他"所指称的在一般情况下都是上下文中出现过的对象，即约翰。

限定性摹状词与以上二者的区别在于它不直接指称，而只能通过词组本身的意义确定决定对象的方式。如"柏拉图的学生和亚历山大的老师"这一摹状词指称的对象是亚里士多德，该对象得以确定的过程如下：首先，找出"柏拉图的学生"这一集合包括的所有对象；其次，找出"亚历山大的老师"这一集合所包括的对象，取两个集合的交集，得到唯一符合描述的对象，即亚里士多德。由于摹状词所选择的是符合条件的对象，与对象之间没有直接指称关系，在另一个可能世界中满足"柏拉图的学生和亚历山大的老师"这一条件的可能就不是亚里士多德，而是另一个人，甚至是另外一些人。这一限定性摹状词在直觉上并不语境敏感，因为它在这个世界中总是指称唯一确定的对象。但很多情况下符合摹状词描述的对象不止一个，如之前出现过的例子：

（2）猫在垫子上。

符合"猫"这一描述的对象显然有很多。而一般情况下当人们说出句子（2）时用它指称的是某个特定的论域中唯一确定的对象，比如说家里客厅里的那只猫。索引词主义据此认为限定性摹状词的逻辑形式中存在隐藏变量，其作用就是根据语境因素对量化词的域作出限制，以得到唯一确定的对象。

本书不支持以隐藏变量作为对量化词域限制的解释。基于与 4.4.3 相似的论证，索引词主义要求所有限定性摹状词都必须有隐藏变量与之共生。而实际上存在大量限定性摹状词，它们即使在独立于语境时也只有一个符合描述的对象，如"柏拉图的学生和亚历山大的老师"或"美国第 47 任总统"。

如果预设它们也包含隐藏变量，那么这些隐藏变量无论在什么语境下都得不到充实，因为对这些词组进行域限制是没有必要的。如果限定性摹状词在独立于语境时有超过一个符合描述的对象，那么在话语中就需要给定其论域，以将对象数量控制为一个。在不同的语境下其论域是不同的，处在该论域中的唯一对象也随之发生变化。另外，也有大量的词组虽然具有限定性摹状词的结构，但实际上却是专名，如“太阳”（the sun），“联合国”（the United Nations）等。在英文中专名一般用首字母大写表示（如后者），但也有不大写的情况（如前者）。而一些限定性摹状词如“the moon”则既能作专名（指称月亮），也能作摹状词（表示某行星的卫星）。因此，它是否需要域限制同样需要依赖词义决定。从总体上看，笔者同意 Stanley 与语境主义者的观点，即限定性摹状词的域具有语境敏感性。但具体某个词的域是否需要受到语境限制则只能进行个例分析。

这就引出了另一个问题，即当某个词项的域需要语境进行充实时，所充实的内容是否一定为语境中明显的域。Recanati（2002）就天气谓词进行讨论时举了一个著名的例子，以说明充实的内容未必与语境有关。本书第 2 章曾引用过这个例子，现复制如下：

> **例 1** 假设降雨变得极为稀少并且重要，在整个地球上都安装了降雨探测器。当某个探测器探测到降雨时，监控室中就会响起铃声，而降雨的地点则会在监控室的控制台上亮起。在经历了几个星期的干旱之后，监控室里终于响起了铃声。而值班的天气监测员此时正在隔壁房间，他听到铃声后大喊：“下雨了！”他说出了一个真语句，当且仅当此时某处正在下雨。（同上：317，略有简化）

这个例子对于温和语境主义的挑战在于，按照后者的观点，对句子意义的充实依赖于语境，因此当“下雨了”这句话被一个人说出时，对它需要补充一个语境中明显的地点才能进行真值判断。据此，Recanati 指出，“下雨了”这句话并不是在所有语境下都需要补充特定的地点，在有些语境下对它能够作存在量化的解读，即“存在一个下雨的事件”或“（某处）下雨了”。这是温和语境主义无法提供的解释。

下面是与限定性摹状词构造相似的例子：

例 2 假设老虎变成了一种濒危动物，野生老虎更是极为稀少。为了捕捉野生老虎的行踪，科学家在所有它可能出没的地点安装了探测器。当某个探测器探测到老虎时，监控室中就会响起铃声。探测持续了几个星期，但仍一无所获。突然，监控室里响起了铃声。而值班的监测员此时在隔壁房间，他听到铃声后大喊："老虎出现了！"（The tiger appears!）他说出了一个真语句，当且仅当此时老虎在某处出现了。

例 3 目前科学家用气象卫星观察蝗灾的形成。当卫星观测到蝗虫的数量超过警戒线时，警铃就会响起。有一次警铃响起时，值班的监测员正在隔壁房间，他听到铃声后大喊："蝗灾发生了！"（The locust disaster happens!）他说出了一个真语句，当且仅当此时某处蝗灾发生了。

一般认为，"老虎"（the tiger）以及"蝗灾"（the locust disaster）这两个限定性摹状词在所有语境下都需要有一个确定的域，以使这个域中只有一个符合描述的对象。只有这样才能够对它们所在的句子进行真值评价。然而在以上两个例子中，对于它们并没有进行具体的域限制，而是作了存在量化的解读。按照 Recanati 的观点，这说明语境对量化词域的充实也是可选的，而不是必需的，即它是一种自由充实。

然而，笔者发现，限定性摹状词此时并未用作指称功能。在例 2 与例 3 中，与其搭配的都是表示存在的动词"出现""发生"，此时对它只能作存在量化的解读。只有与其搭配的是动作动词（action verb）时，限定性摹状词才被用来指称对象，此时无法作存在量化的解读，而必须对其域进行限制。Recanati（2007）提出用一个简单的测试可以辨别一个句子是否能作存在量化的解读：

（3）A：约翰到了。

B：他到哪了？

A：？我不知道。

（4）A：约翰在跳舞。

B：他在哪跳舞？

A：我不知道。

在对话（3）中当 B 询问某件事情发生的地点时，A 回答"不知道"并不合理，而对话（4）中 A 作同样的回答则能够让人接受。这说明"约翰到了”中必须包含一个特定的地点，而“约翰在跳舞”则可以不包含。试为限定性摹状词构造类似的测试：

(5) A：那个穿黑衣服的男人在跳舞。(The man in black is dancing.)

B：他在哪跳舞？

A：? 我不知道。

(6) A：老虎在吃羊。(The tiger is eating a goat.)

B：它在哪吃羊？

A：? 我不知道。

因为“跳舞”与“吃羊”都是动作动词，而对“那个穿黑衣服的男人”和“老虎”的域必须要补充特定的地点，所以不能作存在量化的解读。

综合以上讨论，笔者认为当限定性摹状词用作指称并且其外延包含超过一个对象时，可被视为具有弱反身性，因而是语境敏感词。摹状词本身给出了在语境中决定指称对象的方式，如“那个穿黑衣服的男人”所指称的对象必须满足“穿黑衣服”与“男人”两个描述。它的符征可以被刻画为“说出这个摹状词时语境中明显的那个穿黑衣服的男人”。具体指称对象则由特定语境中的特定成分决定。而非限定性摹状词用于述谓功能时则没有反身性。如之前提到的“泰格是老虎”或“鸭嘴兽是哺乳动物”，其中“老虎”(a tiger)与“哺乳动物”(a mammal)都属于自然类属，没有反身性。所谓自然类属，指的是像“老虎”“哺乳动物”“水”“一米”“一分钟”这样的词项，其外延的决定方式由共同体规定，并且一经决定，外延的范围就比较固定，不再需要依赖语境。自然类属是典型的语境不敏感词。

6.2.3 复杂语境敏感机制框架

本小节从6.2.1和6.2.2对语境敏感词的区分入手，得出复杂语境敏感机制框架，并对不同种类的语境敏感词进行刻画。

本书对语境敏感词范围的讨论始于Cappelen与Lepore所提出的基本集，复杂语境敏感机制框架的建立也始于对此的重构。他们的基本集中包括五类词项，而对词项的分类并没有理论依据：第一类是人称代词，如“我”“你”“他”等，包括它们不同的格和单复数形式；第二类是指示代词，如“这”“那”等；第三类是一些副词，如“这里”“现在”“明天”“以后”等；第四类是形容词，如“实际的”“目前的”等；第五类是名词，如“敌人”“外国人”“移民”等，这些名词还有相应的形容词形式，如“本地的”“进口的”“出口的”等。(2005：1)

基于自主索引词与任意索引词、强反身性与弱反身性两项区分，笔者建议将基本集中的词项作如下分类：第一类是具有强反身性的自主索引词，包括“我”“现在”“这里”“今天”“明天”等。这类索引词指称语境构成要素，其指称对象在语境中自动产生，而与说话者意向性无关，对于“这里”和“现在”需要进行说明。当对它们作严格的“说话者所身处的位置”或“说出这个表达式的时刻”解读时，它们属于具有强反身性的自主索引词，而当它们作其他解读时，能够属于第三类索引词。第二类是具有弱反身性的自主索引词，包括“这样”“这么”等。这类索引词指称语境关联要素，其指称对象在语境中自动产生，而与说话者意向性无关。例如，在“我昨天买了一个面包，这么大”之类的语句中，“这么”这个词预设说话者用手势或某个物体对“大”的程度作出了例示。同样，在“这段曲子你得这样弹”中，“这样”这个词预设了说话者在说话前或说话后对曲子的弹法有一个例示。当词义本身包含与之相关的例示时，其指称对象的决定不需依赖说话者的意向性。第三类是具有强反身性的任意索引词，包括“这里”“现在”“我们”等。这类索引词指称语境构成要素，但其指称对象的决定需要依赖说话者意向性。“这里”与“现在”所指称的空间与时间范围是能够随着说话者意向性的变化而变化的。如 2.2.1 中使用过的例子——“这里的烤鸭很出名”，其中“这里”既可以被说话者用来指称一个特定的店面，也可以用来指称整个北京。具体范围的选择由说话者意向性所决定。第四类是具有弱反身性的任意索引词。这类索引词的数量最多，包括“这”“那”“他”“她们”等。这类索引词指称语境关联要素，其指称对象的决定也需要依赖说话者意向性。

除了以上四类传统意义上的索引词，笔者还定义了一类词项，并称其为索引性词。它能在不同语境下呈现出两种索引性：具有强反身性与自主索引性、具有弱反身性与任意索引性。Cappelen 与 Lepore 提出的基本集里的第五类词都属于这类词项。

以“朋友”“当地”为例，它们在字典中的定义是“彼此有交情的人”“人、物所在的或事情发生的那个地点”。当对它们作强反身性与自主索引性解读时，其符征可被描述为“与说话者有交情的人”“说话者所在的地点”。在以下例子当中，“朋友”与“当地”所指称的对象就是通过这种方式决定的。

（1）A：张三和你的关系怎么样？

B：张三只是普通朋友。

（2）A：（给 B 打电话）听说你出差了，现在在干吗呢？

B：我在当地的酒吧喝酒。

据笔者推测，Cappelen 与 Lepore 正是考虑到这类词项具有强反身性与自主索引性，这些是与最典型的索引词相似的特征，才将这类词项纳入基本集，承认它们具有语境敏感性。

然而他们可能忽视的一点是，对“朋友”“当地”也能作另一种解读，即弱反身性任意索引词。此时其符征可被描述为“与语境中明显的一个人有交情的人”“语境中明显的地点”。如将上例的语境略作如下改变：

（3）A：李四怎么评价自己和张三的关系？

B：张三只是普通朋友。

（4）A：你每次出差去慕尼黑都要做的事情是什么？

B：我在当地的酒吧喝酒。

在对话（3）中“朋友”不再指称 B 的朋友，而是李四的朋友；在对话（4）中“当地”不再指称 B 目前所在的地点，而是慕尼黑。对于这种现象 Hawthorne（2006）与 Leslie（2007）都进行过描述（参阅 3.1.2），笔者在此给出了更为系统的解释。

索引性词并不是索引词，因为它们不直接指称。Kaplan（1989）认为直接指称是索引词的特征之一，缺乏这一特征的词项不能被看作索引词。但笔者认为它们仍然是语境敏感词，因为反身性确保了词项与说出它的语境之间能够建立联系。参考索引性词的特征，能够将语境敏感词的范围进行进一步的扩大。

首先，在 6.2.2 中讨论过的限定性摹状词，当它的外延包含超过一个对象时，一般用于指称语境关联要素，并且需要说话者的意向性在决定指称对象时起作用。因此，笔者将它们也归为语境敏感词。

其次，等级性形容词与副词也是语境敏感词。在探讨等级性分析这一研究进路时笔者提到语境主义者一般预设等级性蕴含语境敏感性，但缺乏对原因的解释。在引入反身性概念后，笔者认为等级性形容词具有弱反身性，这是这类词项语境敏感的原因。它的一个重要特征，即其比较集的选择需由语境关联要素决定，就是弱反身性的体现。由于等级性形容词蕴含级差概念，它给出了外延潜在的范围以及排序的方式，而要求从语境中得到比较集确定的范围。比较集的范围并不是语境的构成要素，而属于语境关联要素。如在第 5 章中举过的例子：

（5）约翰很高。

“高”是相对形容词。设想约翰身高 1.9 米，正在参加乒乓球运动员的选拔。教练看到他后说出句子（5）。此时“高”需要依靠语境给出其比较集。由于挑选乒乓球运动员是该语境中最明显的事件，“高”就得到了这一比较集：“对乒乓球运动员而言为高。”此时比较集给出的方式是对“高”应用的范围加以限制，这一限制的具体条件从语境而来，并不依赖级差。如果语境关联要素更为具体，知道此时参加选拔的乒乓球运动员平均身高为 1.75 米，那么“高”的比较集的范围就为：高于 1.75 米的乒乓球运动员。此时比较集的得出需要依赖级差。第 5 章中描述语义学框架与程度语义学框架各自对应两种比较集的产生方式。另有绝对形容词如“平”，它包含一个顶端封闭的级差，因此在独立于语境时比较集就存在，即最为理想的没有任何凹凸的平面的集合。这一比较集同样要求在语境中扩展自身的下限。当我们讨论一个区域是否能够开车通过或一个区域是否满足建设专业篮球场的条件时，语境为之提供了不同的下限，得到了不同的比较集范围。因此，笔者将等级性形容词的符征表示为“u”，其比较集由“u”所在语境中的语境关联要素决定。通过这一描述，它在弱反身性这一特征上与几类索引词及索引性词并无实质区别。

等级性形容词的一个复杂性在于级差与词项并不具有一一对应的关系。一个等级性形容词可能包含多个级差，这在颜色谓词如“红色”及多级差形容词如“聪明”上得到了充分的体现。这意味着语境关联要素不但要选择为这些词项利用哪个级差进行解读，还要选择该级差上比较集的范围。由于语境关联要素的作用机制依赖于词项本身的意义，相应地，这些词项本身也应具有不同的反身性，能够对应不同的语境关联要素。因此，词项的反身性结构也有进一步复杂化的可能。

最后，非等级性敏感词也应被纳入语境敏感词。它与等级性形容词相比虽然没有等级性，但是同样具有弱反身性。这体现在比较集的选择上，而与级差无关。只要其比较集的产生机制与等级性形容词一致，就同样具有弱反身性。如：

(6) 这片树叶是绿色的。

当对“绿色”作“自然的绿色”或“人工产生的绿色”解读时，它并没有等级性。产生这两种不同解读的原因是语境为“绿色”提供了两个不同的比较集。非等级性敏感词在语境中取得比较集的过程不依赖于级差，而依赖于对限制条件的描述，这与等级性形容词第一种比较集产生的方式是一致的。其符征同样能够表示成“u”，其比较集由“u”所在语境中的语境关联要素决定。因此，非等级性敏感词与等级性形容词同样具有弱反身性，应该被视为语境敏感词。

此外，笔者在6.1.4中用三个测试说明了非等级性敏感词与等级性形容词的相似性以及它们与典型语境不敏感词的区别，这也能够作为将非等级性敏感词纳入语境敏感词的依据。

总之，通过反身性概念笔者得出了以下几类语境敏感词：索引词、索引性词、包括多个对象的限定性摹状词、等级性形容词和非等级性敏感词。在这些词类范围之外的都属于语境不敏感词，包括专名、非限定性摹状词、自然类属、其他外延固定的谓词。这一语境敏感词范围大于大部分温和语境主义者的预期，但其界限是固定的，不会如 Cappelen 与 Lepore（2005）所设想的那样发生不可控的扩大。他们认为温和语境主义所接受的语境敏感词范围会无限扩大，主要基于两个论证：一是举例子，即通过举例论证结构上相似但直觉上语境不敏感的、程度逐步加深的例子以说明这一趋势的存在；二是对温和语境主义原有的语境漂移论证进行反驳，认为它能得到所有句子都语境敏感的结果，因此并不是一个合法的测试，应该用真正的语境漂移测试取而代之（参阅2.3.2）。对于这两点本书实际上已经进行了充分的反驳。本节与上一节通过分析说明，语境敏感词存在扩大的趋势，但 Cappelen 与 Lepore 并没能指出趋势背后词项受语境影响的机制，因此单纯地由趋势得到语境敏感词无限扩大的结论是不可靠的。本书提出对语境敏感词的分类及刻画依据反身性作为主要的语境影响机制，因此不具有反身性的词项如专名、自然类属等不具备受语境影响的条件，能够保持其语境不敏感词的地位。至于以真正的语境漂移测试为代表的 CL 测试，本书已在第 3 章中充分说明其自身存在的困难以及单纯追求最小命题的不合理性。在 3.3.1 中进一步论证了通过 CL 测试与同意测试所得到的语境敏感词范围实际上与本书所提出的语境敏感词范围一致。

图 6－10 所呈现的是复杂语境敏感机制框架的结构。这一结构表面上看起来十分庞杂，但从本小节的讨论可知，在区分语境敏感词与不敏感词时都以相同的内在机制即反身性为依据。这使它具有理论上的一贯性。与其他理论框架相比，它在解释力上也具有优势。笔者将在 6.3 进行专门讨论。

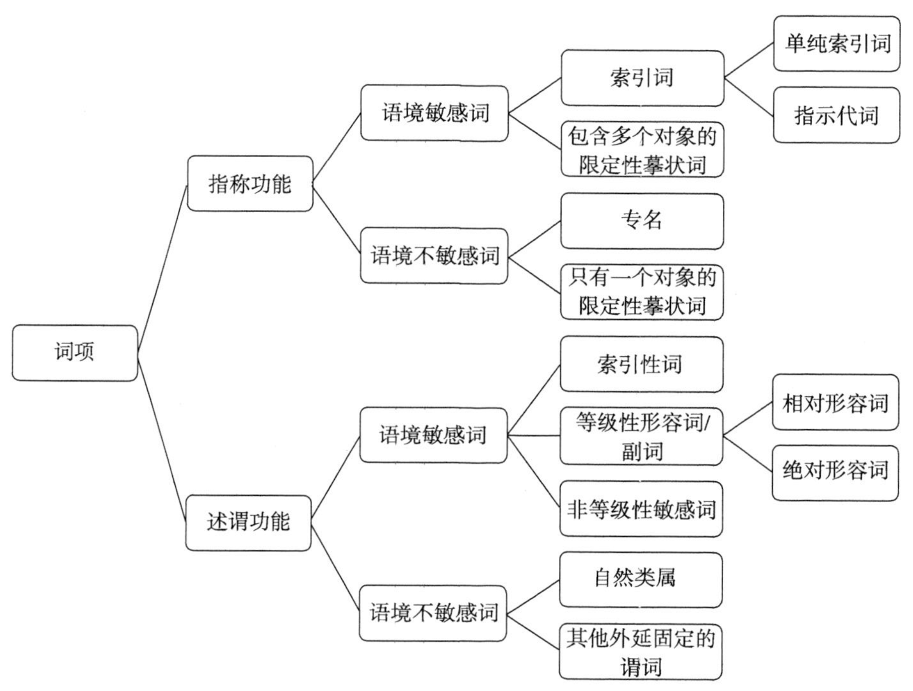

图 6－10　复杂语境敏感机制框架

6.3　复杂语境敏感机制框架的优点

除了对语境敏感词所包含的不同类别进行细分，尤其是基于反身性对不同语境敏感词的区别进行刻画，使得这一讨论更加系统和清晰之外，复杂语境敏感机制框架及相关概念还能为一些目前讨论中的难点以及未涉及的内容提供新的解释角度。其在解释力上的优势也是笔者构想它的一个重要原因。比如，之前提到的语境敏感性测试所存在的问题，能够在这一框架之内得到澄清。语境主义所使用的一些论证方式实际上混淆了语境敏感性与宽容性，这一框架也能够就此作出解释。另外，目前关于语境敏感性的讨论，都预设"语境敏感"作为词项本身是语境不敏感的。然而，通过这一框架能够揭示它具有等级性。笔者在这一节中将借助这一框架对个人品位谓词进行系统分析。

6.3.1　对现有语境敏感性测试的澄清

第 2、3 章主要讨论了四个语境敏感性测试，分别是 IQ 测试、CL 测试、可选性测试、同意测试。IQ 测试是 CL 测试的前身，而可选性测试又因自身无法对自由充实提出判断标准而被排除。在讨论较为详细的 CL 测试与同意测试中，前者面临的批评主要有二：第一，通过测试的语境敏感词远多于 Cappelen 与 Lepore 的判断；第二，测试本身蕴含了他们预期得到的结论。本小节将利用复杂语境敏感机制框架，说明实际能够通过 CL 测试的词项范围与笔者所给出的敏感词范围一致。至于同意测试，本小节也将说明"同意"本身意义模糊，只有考察所有语境的"同意测试三"适合作为一个有效的语境敏感性测试。同时，通过它得到的语境敏感词范围同样与笔者的观点一致。

CL 测试的内容虽然已在第 2、3 章中进行了详细的讨论，但仍有必要作一下简单的回顾。CL 测试主要以跨语境间接引用为工具考察表达式是否语境敏感，它包括以下三个子测试。

> **CL 测试一：跨语境转述测试**　只有当一个表达式使得跨语境的间接引语无法通过仅仅去引号而得到时，它才是语境敏感的。
>
> **CL 测试二：概括性测试**　语境敏感的表达式无法进行概括性的描述。
>
> **CL 测试三：真正的语境漂移测试**　语境敏感的表达式能够通过跨语境间接引用测试并且承认真正的语境漂移测试。（Cappelen and Lepore，2005：88 – 104）

以"约翰很高"为例，假设张三说："约翰很高。"而当李四向别人转述张三的话时，如果他能够直接将其表述为“张三说约翰很高”，则完成了一个正确的转述，那么根据CL测试一，这个表达式就是语境不敏感的。再假设李四说：“喜马拉雅山很高。”王五将这两句话概括成“约翰和喜马拉雅山都很高”，如果这个概括是正确的，那么根据CL测试二，这两个表达式都语境不敏感。而假设李四对张三所说的“约翰很高”作进一步的询问：“即使约翰很高，是否仍存在‘约翰很高’的话语为假的情况?”对这个问题的回答如果是否定的，那么根据CL测试三，这个表达式语境不敏感。

对“约翰很高”这个例子，Cappelen与Lepore认为这三个测试都应该给出语境不敏感的结论。因此，“高”不是语境敏感词。至于有些反对者提出“高”的标准在不同语境下会有变化，因而在“约翰与喜马拉雅山都高”这一句子中二者共同的“高”的标准无法给出，他们将其视为一个形而上学问题，而非语义学问题。他们所接受的语境敏感词的集合被称为基本集，而对CL测试最为常见的挑战即是测试本身与基本集之间的紧张关系，即通过该测试所得到的语境敏感词范围远大于基本集。

仍以“高”为例，虽然Cappelen与Lepore表示它在三个子测试中都表现出了语境不敏感性，但批评者认为他们的论证过程实际上并没有考虑具体的语境因素。一旦构造出具体的语境，便很容易得出三个测试都通不过的结论。假设约翰身高1.9米，是他所有朋友里最高的。张三是约翰的朋友，说：“约翰很高。”篮球队在招募运动员，要求身高两米以上。教练说：“张三说约翰很高，让他来试试吧。”约翰来了之后才发现身高不达标。教练说：“张三说得不对，约翰不高。”根据CL测试一，直接去引号转述并不成功，因此“高”语境敏感。根据CL测试二，由张三的话与教练的话可得：“约翰既高又不高。”这显然是自相矛盾，不能成立的，因此“高”语境敏感。根据CL测试三，对张三而言，约翰一直很高，但他也能接受存在“约翰很高”的话语为假的情况，因此“高”语境敏感。既然三个子测试都得出了相同的结论，那么“高”应该是一个语境敏感词。

很多语境主义者用来扩大基本集的范围时所使用的就是与上文相似的例证法。而如3.1.2所讨论的，他们并没能对通过CL测试的所有词项作出系统刻画。笔者则认为，所有在复杂语境敏感机制框架中的语境敏感词都能够通过CL测试。索引词与索引性词本身就是Cappelen与Lepore（2005）中所认定属于基本集的词项，对它们如何通过 CL 测试不再展开论证。对于等级性形容词与非等级性敏感词，它们共同具有外延的包含关系这一特征，即能够通过 6.1.4 提出的比较集测试。在此将该测试复述如下：

比较集测试 对于非等级性敏感词，如果它在一个语境中的比较集为 A，总能够设想另一个语境，使其比较集为 B，A 与 B 不相等，并且 A 与 B 有包含关系。

据此可以假设一个等级性形容词或非等级性敏感词 x，当 A 在语境 c1 中说："S 是 x。" 此时 x 的外延为 φ；当 B 在语境 c2 中说："P 是 x。" 此时 x 的外延为 φ'。φ 与 φ' 不相等，并且 φ' 属于 φ。S 属于 φ 而不属于 φ'。此时 A 与 B 所说的都为真。根据跨语境转述测试，假设 B 在 c2 中对 A 的话语进行转述，得到："A 说 S 是 x。" 由于 x 在 c2 的外延为 φ'，而 S 不属于 φ'，因此该转述不成立。根据概括性测试，假设 B 在 c2 中对自己和 A 刚才说的话进行概括，得到："S 与 P 都是 x。" 同样，由于 x 在 c2 的外延为 φ'，而 S 不属于 φ'，因此该转述也不成立。根据真正的语境漂移测试，假设 A 在 c1 中问自己："即使 S 是 x，是否仍存在 'S 是 x' 的话语为假的情况？" 此时 x 的外延为 φ，而 "S 是 x" 的话语若为假，需要设想一个语境，使得 x 在其中的外延不包括 S。c2 就符合这个条件。因此，A 在 c1 中可以这样设想：即使 S 是 x，在 c2 中 "S 是 x" 的话语为假。可见，这三个测试都能够承认 x 的语境敏感性。

在 6.2 中已经讨论过，Cappelen 与 Lepore 的基本集实际上是索引词与索引性词的集合。那么对于他们而言，是否还有可能修改 CL 测试，使其维持这一原本的基本集范围？笔者认为做到这一点非常困难，因为索引性词具有强与弱两种不同的反身性，而修改后的 CL 测试必须能够区分这二者并排除后者。然而，现有的测试都是从外延不同的角度出发，无法对决定外延的方式进行区分。如果在测试中加入决定外延的方式，可能会得到以下测试版本："只有当一个表达式具有强的反身性，并且其跨语境的间接引语无法通过去引号而得到时，它才是语境敏感的。" 这一测试虽然将大量弱反身性索引词排除出了语境敏感词，但可能会被视为循环论证，因为本书将反身性视为判断语境敏感性的依据，所以让 "强反身性" 出现在测试中实际上就是对语境敏感性作出了限制。

对于温和语境主义而言，寻找这样的测试是没有必要的，因其不对语境敏感词作出如此狭窄的定义。而CL测试则仍然能够被其接受，因为基本集的范围已经扩大到与笔者所认可的语境敏感词相同。

同意测试则恐怕要面临更为严峻的挑战，在此对其内容作以下简单的回顾：

同意测试一 假设A在语境c中诚恳地说出句子S的话语u，B在语境c'中诚恳地说出句子S的否定形式的话语u'。如果在第三个语境c"中无法得出"A与B不同意是否S"，那么S就是语境敏感的。如果能够在第三个语境c"中正确地得出"A与B不同意是否S"，那么这就能证明S在语境c、c'、c"中的意义保持不变。

同意测试二 假设A和B分别在语境c与c'中诚恳地说出句子S的话语u和u'。如果在第三个语境c"中可以被转述成"A与B同意S"，那么这就证明S在语境c、c'、c"中的意义保持不变。而如果在第三个语境c"中不能进行这样的转述，那么S在语境c、c'、c"中的意义就没能保持不变。

同意测试三 以"三联A"组合（AAA）表示A和B分别在语境c与c'中诚恳地说出句子S的话语u和u'，以及在第三个语境c"中的转述"A与B同意S"。如果对于S的所有三联A组合，c"中的转述都是正确的，那么就证明S的意义在不同语境下恒常不变。（Cappelen and Hawthorne，2009：54）

根据Cappelen与Hawthorne的设想，如果能说两个在不同语境下的人就某个句子达成了一致意见，就意味着他们认为这两个句子的语义内容是相同的，句子的组成部分意义在不同语境下并没有发生变化。然而，根据上文对CL测试作澄清时相似的论证方式可以构造以下例子：

例1 A是湖人队的教练，在为本队挑选队员时看见姚明，说："姚明很高。"B是中国乒乓球队的教练，在奥运会中国代表队入场时看见姚明时也说："姚明很高。"C是一个普通人，她说："A和B同意姚明很高。"

在上例中，当 A 说“姚明很高”时，他指的是姚明对于 NBA 篮球运动员而言很高；当 B 说出同一句话时，他指的是姚明对于中国奥运代表团而言很高；当 C 说“A 和 B 同意姚明很高”时，她对于“高”的理解是“对于所有人而言是高的”。那么，C 的转述是否正确？

笔者认为这一转述能够成立，并且十分符合直觉。而如果根据同意测试二，当转述能够成立时，说明在这三个语境下“姚明很高”的意义保持不变，而这显然与语境中的设定是矛盾的。

对此 Cappelen 与 Hawthorne 可能的回应是，这一转述实际上不能成立，因为“高”的意义在语境下发生了变化。但这一回应并不合理，因为同意测试要求根据转述能否成立判断词项的意义是否语境敏感，不能反其道而行之。

“高”是典型的等级性形容词，例 1 中的情况适用于任何等级性形容词，即在不同语境下评价标准低的比较集包含评价标准高的比较集。因此，对同意测试的质疑可以表示成：假设一个等级性形容词 x，当 A 在语境 c1 中说：“S 是 x。”此时 x 的外延为 φ；当 B 在语境 c2 中说：“S 是 x。”此时 x 的外延为 φ’。φ 与 φ’不相等。当 C 在语境 c3 中说：“A 与 B 同意 S 是 x。”x 的外延为 φ”，且 φ”包含 φ 与 φ’。此时 C 的话语仍然为真。

即使对于非等级性敏感词，同样也能够构造不同语境下外延存在包含关系的例子，如：

> **例 2** 一天早晨，A 看见玛丽穿好了校服，就诚恳地说：“玛丽准备好了。”而 B 问玛丽为今天的测验准备得怎么样了，玛丽说没问题，因此 B 也诚恳地说：“玛丽准备好了。”C 为玛丽打开门，诚恳地说：“A 与 B 同意玛丽准备好了。”

类似的例子曾在 3.1.3 中被用来支持同意测试，然而通过进一步的思考能够发现，虽然 A 实际上表达的是“玛丽准备好去学校了”，B 实际上表达的是“玛丽准备好参加考试了”，C 实际上表达的是“玛丽准备好出门了”，但不论是去学校，还是去参加考试，都必须先出门。因此 C 的话语也能够被人认为是正确的，只是没有例 1 中那么直观。总之，同意测试二困难的根源，在于对“同意”无法作出更加明晰的定义。一旦在定义中涉及对于词项意义或外延的描述，就有循环论证的可能。由于同意测试一与同意测试二具有相同的结构，因此前者同样存在这一困难。

虽然前两个测试面临挑战，笔者认为同意测试三仍然能够成立。它与前两个测试不同，要求对于任意两个说出同一句话的语境都能够在另一个随机的语境中进行同意的转述。换言之，它对外延的包含关系作了全称量化的处理，即要求同一个词项的外延在任意三个语境下说出时都存在一个外延包含另两个的关系。符合这一要求的只有语境不敏感词，因为它在所有语境下的外延都保持一致，而一个集合包含其自身。因此，笔者建议同意测试取消前两个测试而只保留同意测试三。虽然这样看起来缺乏论证上的层次，但能够避免对“同意”如何定义的问题。

经过这一修正后，CL 测试与同意测试能够产生相同的语境敏感词范围，并且这一范围与笔者提出的复杂语境敏感机制框架一致。

6.3.2 对语境敏感性与宽容性的区分

在语境敏感性讨论中有一类例子，如在 2.3.2 中提到过的“史密斯重 80 千克”，直觉上并不存在语境敏感，但是语境主义者仍然能够构造出两个不同的语境，使其在一个语境中为真，并在另一个语境中为假。

> **例 1** 史密斯早上起来的时候光着身子空腹称了一下自己的体重，发现正好是 80 千克。这时“史密斯重 80 千克”表达了一个真命题。而当他吃好早饭穿好冬天的外套提着公文包去公司时，电梯里已经快满员了，只能再上一个 80 千克以内的人，不然就会超重。当他进入电梯时，电梯显示超重。这时“史密斯重 80 千克”表达了一个假命题。因此，“重 80 千克”这个表达式是语境敏感的。

根据例 1，似乎“史密斯重 80 千克”也能够通过语境漂移论证，因此是语境敏感的。Cappelen 与 Lepore（2005）对这个例子并不重视，仅仅提出这一测试的构造并不符合真正的语境漂移测试的要求。如果构造一个严格的测试，如“即使史密斯重 80 千克，仍（可能）存在‘史密斯重 80 千克’的话语为假的情况”，它直觉上就不能通过这个测试。然而，如果读者未能产生如他们所预期的直觉，讨论就无法进行下去。因此，要判断这类句子语境不敏感需要一个更为有力的论证。

“重 80 千克”这一词项存在迷惑性，是因为它所包含的“重”这个词项是等级性形容词，而等级性形容词预设了语境敏感性。笔者认为，“重 80 千克”与“重”不能混为一谈。前者是语境不敏感词，而后者是语境敏感词。前者在不同的语境下使用时可以有不同的标准，但这与词项的语境敏感性不能等同。为对二者作出更加清晰的区分，则需要借助于宽容性（tolerance）概念。

Kennedy（2007）指出，意义的模糊性（vagueness）包含三个特征：语境敏感性、界限不明确的情况（borderline cases）和连锁悖论（sorites paradox）。就算能够通过语境因素确定比较集的方式且给出等级性形容词的外延，后两个问题如果不解决，那就仍然不能使其意义明确。因此，对模糊性进行澄清有利于进一步明确语境敏感性的含义。

以“贵”这个词为例，Kennedy 认为，等级性形容词的语境敏感性指的是它的比较标准或比较集在不同语境下发生变化。如火星探路者计划耗资几十亿美元，将它和一个人的日常开销比自然是很贵的，而如果将它放在所有外太空探索计划当中则不算贵。对此，程度语义学框架能够进行刻画。

界限不明确的情况指的是在同一个语境下、同一个比较集中，对居于其边缘的元素是否属于这个集合不好判断。如比较北京几家不同的咖啡馆一杯现磨咖啡的价格。咖啡馆 A 的咖啡办会员卡后 7 元一杯，显然是便宜的；咖啡馆 B 的咖啡 60 元一杯，显然是贵的；咖啡馆 C 的咖啡 20 元一杯，对于这个价格算不算贵似乎不好判断。Klein（1980）也注意到了这一情况。他认为类似于“贵”的正面形容词其外延中总存在明显贵的对象和明显不贵的对象，以及居中不好判断的对象。他对此的处理方式是为这些不好判断的对象再次选择一个比较集，使得这些对象中有些属于“贵”。由于所有对象“贵”的值是按级差排列的，通过不断细化“贵”的范围，明确的界限最终能够给出。

连锁悖论是对界限不明确性从另一个角度进行地刻画，其历史几乎和哲学史一样长久。假设 60 元一杯的咖啡是贵的，而有另一杯咖啡比这杯贵的咖啡便宜 0.01 元，它还是贵的；如果再有一杯咖啡比这杯 59.99 元的咖啡便宜 0.01 元，它仍然是贵的。依此类推，最后得到即使是 0 元一杯的咖啡依旧是贵的。而免费的东西显然不能是贵的，连锁悖论由此产生。Kennedy（2007）认为连锁悖论只针对相对形容词，因为它的级差两端都是开放的。一旦级差的一端封闭，连锁悖论就无法形成。如“未完成”是一个底端封闭的形容词，假设一项工作只做了1%，那么它就是未完成的；如果做了2%，它还是未完成的；即使做了99%，它仍然是未完成的。但是这一趋势无法持续，因为如果做了一项工作的100%，那么它就是完成的。“100%完成”本身就不存在于“未完成”的级差之中。Kennedy试图用连锁悖论区分绝对形容词与相对形容词，而实际上绝对形容词同样能够形成连锁悖论。以“满”为例，如果一杯水装得非常满，在杯沿水面由于表面张力凸起了，我们自然说这杯水是满的。如果在这杯水里取出一滴，它仍然是满的；再取出一滴，还是满的……直到最后杯子里还剩一滴水仍然是满的。虽然当杯子里一滴水都没有的时候它不是满的，而是空的，但“满”的界限显然不能这样划定。

对于连锁悖论的问题Cobreros et al.（2012）提供了一个更为理想的处理方式。他们赋予了模糊性一个与级差相容的特征：宽容（tolerant）。宽容指的是这样一种情况：即使等级性形容词A在语境中得到了比较集作为其外延的范围，比较集所在的级差中开放的那一端的界限仍不明确，导致处于其中的对象既A又不A。为了解决这种情况需要引入一个概念：相似性（similarity或indifference）。相似性具有三个特征：反身性（reflexive），即A在某个语境下的外延中的值x与自身相似；对称性（symmetric），即如果x与y相似，则y与x相似；不传递性（not transitive），即如果x、y、z按级差大小排列，x与y相似，y与z相似，不能推出x与z相似。假设x、y、z都处在A的级差中界限不明确的那部分，而x是最后一个在严格意义上是A的对象，那么y由于与x相似，因此在宽容的意义上是A。而z不一定与x相似，有可能就不是A。最后一个特征是避免连锁悖论产生的关键：由于相似性是不可传递的，宽容也是有限度的。至于宽容的限度，Burnett（2014）认为需要由语境决定。

总体来看，Cobreros et al.（2012）借助更为复杂的理论架构去除模糊性的进路与Klein（1980）简单借助不断缩小比较集范围实现这一目的的进路实质上相当一致。尤其是后者，在分析上并不需要对宽容性与语境敏感性作出区分。但笔者认为二者的区分是有必要的，因为这样能够解决例1的困难并提供新的视角。

宽容性刻画的是词项在语境下使用时的标准随语境变化，这与词项本身语境敏感是两回事。具体表现在宽容性并不是词项的特征，而是语境的要求。在特定的语境下可以谈论对一个词项是否是有宽容的解读及宽容的程度，但并没有哪一类词是宽容词。与之相反，语境敏感性是词项的特征，能够在脱离语境的情况下谈论某一词项是否是语境敏感词。

回到例 1，目前对它的讨论存在两种误解。一些相关讨论以史密斯喝了 10 千克的水或史密斯穿了宇航服来对“史密斯”的重量如何计算提出挑战；而另一些讨论则关注“重 80 千克”这个谓词是否语境敏感。二者都偏离了问题的核心。在笔者看来，例 1 体现的是连锁悖论的一个形式。对它可作如下解读：当史密斯光着身子空腹的时候重 80 千克，那么他吃 1 克东西之后仍然重 80 千克，他穿一件衬衫之后仍重 80 千克，他吃好早饭穿好冬天的外套提着公文包时仍重 80 千克。但这显然是不正确的。借助宽容性理论就能够发现，相似性具有不传递性，即使史密斯光着身子空腹的时候重 80 千克，吃 1 克东西之后仍然重 80 千克，并不能得出他穿了一件衬衫之后仍重 80 千克。我们考察的并不是史密斯身上穿着多少衣服拎着多重的包是否仍然是史密斯，而是语境中对“重 80 千克”这一谓词的宽容程度。宽容的具体程度是能够进行明确刻画的。如果语境中宽容的程度是加减一千克，那么史密斯不管穿着多少衣服吃了多少东西，只要他称重时重量在 79 ~ 81 千克，那么“史密斯重 80 千克”这句话在该语境中就为真。

对于这个解读的质疑：宽容性根据本小节之前的分析是等级性形容词的特征，而“重 80 千克”显然不是等级性形容词。这一质疑存在误解，因为宽容程度的大小仍需要以级差为前提①。对“重 80 千克”按照级差理论进行改写应该是“在‘重’这个级差上存在一个值，该值为 80 千克”。类似的词项，如“长两米”“耗时五个小时”等，都对应在级差上某个特定的值。这个值本身是语境不敏感的，但由于它与级差相关，不同语境中对它的宽容性程度可以存在区别。而等级性形容词，如“长”“久”，本身是语境敏感词，需要在语境中决定比较集，同时其宽容的程度也要在语境中才能决定。

对此的另一个质疑是宽容性与语境敏感性的区别只能在理论上作出，而无法通过实际的例子或测试给出，因此有可能只是理论的虚构，并无实际意义。对例 1 可作如下改写：

---

① Burnett（2014）建立了一个将宽容性与描述语义学框架结合以解释绝对形容词的理论体系。因此对宽容性的刻画可以不依赖于级差，而依赖 Klein（1980）的比较集。由于本书认为比较集是级差的理论基础，二者相容，对它们不作进一步的区分。

例 2 史密斯是一个轻量级拳击运动员，今天要去参加比赛，比赛要求参赛选手的体重控制在 80 千克以内。史密斯穿着拳击服在家称了一下自己的体重，发现正好是 80 千克。这时“史密斯重 80 千克”为真命题。而当他到达比赛场地正式称重时，由于那台秤精度较高，显示其体重为 80.1 千克。史密斯由于体重不达标而被取消了参赛资格。这时“史密斯重 80 千克”则为假命题。

例 2 按照笔者的分析体现的是“重 80 千克”在不同的语境下宽容的程度不同。家用体重秤宽容的程度较高，而赛场由于对体重有严格要求，宽容程度较低。然而，如果将例 2 中的“重 80 千克”改为“体重达标”，同样的例子似乎就能用来说明“体重达标”这一词项存在语境敏感性。因此，这一测试本身不足以成为判断词项具有宽容性或语境敏感性的标准。说宽容性的程度不被词义所预设而由语境给出需要其他更为有效的论证。

为了反驳这一质疑，笔者试给出三个论证。首先，在 5.2.5 中通过提出“是/否测试”表明等级性形容词与非等级性敏感词在同一个语境下两次说出时能有不同的外延，这一测试也能够说明一个语境下无法同时存在两个不同的宽容程度。在例 2 中史密斯如果说“我是重 80 千克，但这台秤显示我不重 80 千克”或“我是重 80 千克，但在比赛场馆内我不重 80 千克”，这两个语句是自相矛盾的。在同一语境下只能有一个宽容程度。这说明宽容的程度是由语境给出的。

其次，由于宽容性与级差相关而又不是词项的特征，因此应该无法被修饰等级性形容词的副词所修饰。如相对形容词能用“更”“不太”修饰，绝对形容词能用“几乎”“全部”“半”修饰。而这些都不适用于类似“重 80 千克”之类的谓词。考察以下例子：

（1）史密斯几乎重 80 千克。

（2）这根绳子更长两米。

（3）我坐火车回家不太耗时五个小时。

（4）姚明全部高 2.23 米。

最后，宽容性与等级性都是与级差密切相关的概念，但是决定词项是否语境敏感的并不是级差，而是比较集。笔者在 6.2.3 中提出，等级性形容词与非等级性敏感词都具有弱反身性，其反身性就体现在词义要求语境关联要素决定自身比较集的范围。因此，宽容性与语境敏感性是两个独立的概念。

基于以上原因，“重 80 千克”“长两米”等某个级差上特定的值都不属于语境敏感词，只能认为它们在不同语境下使用时的标准具有宽容性。

当然，与级差无关的词项一般不具备宽容性，如“北京人”和“哺乳动物”。前者虽然语境敏感，但在判断标准给定的情况下外延无法按照程度进行排列，不会导致连锁悖论。后者的外延中似乎也存在边缘化的例子，如鸭嘴兽，但既然共同体已经将它归入哺乳动物，这个谓词的外延范围就是确定的，同样不会导致连锁悖论。

6.3.3 对语境敏感性强弱的解释

一直以来，对“语境敏感”这一谓词都作非等级性的解读。各个理论派别所争论的是某一个或某一类词项是否具有语境敏感性，而不涉及其他词项。然而总有一些直觉表明，在断定某些词项为语境敏感词之后，它们的语境敏感性在程度上仍然存在差异。这说明“语境敏感”有可能是一个底端封闭的绝对形容词。本小节试图论证这一点，并就如何判断语境敏感性的强弱提出初步的标准。同时，区分语境敏感性的强弱也能够为目前语境敏感性测试当中所存在的困难作进一步澄清。

根据第 5 章的等级性分析，等级性形容词依赖级差这一核心概念，并且有三个特征：一个按程度排列的集合、维度、顺序。对于典型的等级性形容词而言，对这三个特征的刻画都是相当直觉的。以“高”为例，它包含高度这一级差，高度级差包含一个集合，里面的对象按照高度从大到小的顺序进行排列。而对于“语境敏感”而言，虽然可以认为它包含语境敏感性这一级差，并包含所有语境敏感词作为对象，但这些对象按照什么顺序进行排列是问题的关键。

一个可能的排序方式是参考颜色谓词如“蓝色”，先确定最为典型的蓝色，如 RGB 值为（0∶0∶255）的蓝色，然后根据与典型蓝色的接近程度排序。语境敏感性也可以采取相似的方法，先确定最为典型的语境敏感词，然后根据与它的接近程度进行排序。

对于词项的语境敏感性有一个直观的刻画，即词义随着语境的变化而变化。如果“语境敏感性”能够用程度的高低来衡量，那么词义随着语境的变化而发生的变化越多，则其语境敏感性越强。因此，最为理想的语境敏感性应该是这样一种状况：对于任意一个句子 S，如果在任意语境 c 中 S 的话语为真，那么必然能够找到另一个语境 c'，使得 S 的话语为假；如果在任意语境 c 中 S 的话语为假，那么必然能够找到另一个语境 c'，使得 S 的话语为真。

索引词显然能够满足以上条件，它也一直被认为是最为典型的语境敏感词。然而，由于索引词不具备述谓功能，同时也不具备等级性，难以进行排序，不足以作为语境敏感性程度上的参考。因此笔者将最为理想的语境敏感性修正为：对于任意一个对象 S，如果在任意语境 c 中“S 是 P”的话语为真，那么必然能够找到另一个语境 c'，使得“S 是 P”的话语为假；如果在任意语境 c 中“S 是 P”的话语为假，那么必然能够找到另一个语境 c'，使得“S 是 P”的话语为真。

满足这一条件的典型语境敏感词是相对形容词。由于相对形容词所在的级差两端都没有封闭，因此对于级差中的任意一个对象 S，总是会有程度比它高或比它低的对象存在。仍以“高”为例，当我们把所有高度在两米以上的物体定义为“高”时，那么我们自然可以正确地说出“姚明是高的”。而如果我们把定义调整为高度在 10 米以上的物体，那么在这个语境再说“姚明是高的”就表达了一个错误的命题。再以“大”为例，即使当我们说“宇宙很大”时在多数语境下都表达了一个正确的命题，仍然可以说：“如果考虑所有平行世界，我们所生活的宇宙只是很小的一部分。”在等级性形容词中，相对形容词是最为典型的语境敏感词。

而对于绝对形容词而言，由于它的级差总有封闭的一端，当它的 P 值取那一端时，对于任意一个对象 S，如果能够找到一个语境使得“S 是 P”为真，那么难以找到另一个语境，使得“S 是 P”为假。以“直”和“满”为例。如果我们在解答几何题的时候指着直线 AB 说“这条线是直的”，那么 AB 是绝对的直线，在任何语境中它都为真。同样，如果一杯水已经满得达到了临界状态，再加一滴就会溢出来了，当我们说“这杯水是满的”时，也很难设想一个令这句话为假的语境。因为绝对形容词在此情况下有可能构造出在任何语境下均为真的句子，所以可视为其语境敏感性弱于相对形容词。

在特定的语境下，相对形容词总是通过比较集的选择变成绝对形容词，如下例：

（1）张三在成年男性里算是高的。

（2）姚明在 NBA 篮球运动员里也是高的。

在句子（1）中“高”的外延是所有高于平均身高的成年男性，而在句子（2）中“高”的外延是所有 NBA 篮球运动员里身高超过平均值的人，此时它们都是底端封闭的绝对形容词。这两个绝对形容词，即“在成年男性里是高的”和“在 NBA 篮球运动员里是高的”，同样是语境敏感词，只是敏感程度低于“高”。

当绝对形容词包含同一个级差时，它们语境敏感性的程度也能相互比较。由于词义随语境变化而变化的情况越多，则其语境敏感性越强，而对于等级性形容词在语境中决定其意义的方法就是给出其比较集，因此可以得出，绝对形容词在不同的语境下比较集选择的方式或可能性越多，则语境敏感性越强。最直观的比较方法就是，如果一个绝对形容词在独立于语境时的外延能够包含另一个绝对形容词的外延，那么前者的语境敏感性就大于后者。因为后者的比较集在语境中所有可能的变化都包括在前者之内。

比如，“在成年男性里是高的”与“对于 NBA 篮球运动员而言是高的”相比，前者的外延包含后者。前者虽然在独立于语境时有一个评价标准，如身高超过 1.7 米的所有成年男性，但仍可设想不同的语境，将其评价标准提高。假设四位富豪委托中介为其雇用保镖，富豪的要求是该保镖“在成年男性里是高的”。当中介带来一名身高 1.71 米的男性时，第一位富豪表示满意。第二位富豪在中介带来一名身高 1.71 米的男性时，他并不满意，当中介带来一名身高 1.72 米的男性时，他才觉得符合要求。第三位富豪认为身高 1.8 米以上才算是“在成年男性里是高的”。而第四位富豪直到中介带来一名身高 2.5 米的男性时，他才觉得符合要求。在这一例子中，有多少身高超过 1.7 米的成年男性，就能够设想多少种评价标准。对于篮球运动员也能够设想一个相似的情况。假设 NBA 篮球运动员的平均身高是 1.95 米，当马刺队的教练挑选中锋时，他有一个要求，即“对于 NBA 篮球运动员而言是高的”。当他看到一名 1.96 米的中锋时，他觉得够高了。而凯尔特人队的教练虽然也提了同样的要求，但他觉得 2 米以上的中锋才能满足要求。至于湖人队的教练直到看到一名身高 2.5 米的中锋才觉得够高。在这一例子中，有多少身高超过

1.95 米的 NBA 篮球运动员，就能有多少评价“对于 NBA 篮球运动员而言是高的”的标准。由于“在成年男性里是高的”的外延包含“对于 NBA 篮球运动员而言是高的”的外延，在特定的语境下能将后者所有可能的比较集规定为前者的比较集，而不能逆向规定，因此前者的语境敏感性强于后者。

如果两个等级性形容词包含不同的级差，那么对其语境敏感性程度似乎无法作出准确判断。如“对于 NBA 球员而言是高的”和“对于相扑选手而言是胖的”这两个形容词哪个语境敏感性更强，缺乏共同的评价标准。这说明“语境敏感”作为等级性形容词与多级差形容词和颜色谓词类似，都必须在级差一致的情况下才能对程度进行判断。

据此重构 2.2.2 中 Cappelen 与 Lepore（2005）对于语义学与形而上学的区分。当他们试图说明比较形容词并不语境敏感时，一个重要的论证就是如果比较形容词需要从语境中获得评价标准，那么无论对评价标准作出如何细致的刻画都是不够的。如将“高”的评价标准限制为“对于长颈鹿而言是高的”，那么对长颈鹿的身高如何获取？这涉及丈量长颈鹿的身高是从蹄子量到耳朵还是鼻子，它的脖子应该如何伸展，丈量的时间是在它洗澡之后还是它饿的时候，等等。只有这些细节都确定了才能够对长颈鹿的身高作出一个排序，而这些细节没有穷尽。他们实际上想要论证的是“高”的级差没有固定的顺序。顺序如何给出是形而上学问题，而不是语义学问题。

然而，依笔者所见，即使对级差如何进行排序是形而上学问题，问题的核心也应该是排序原则上是否能够给出。我们一般都接受对“高”的级差在原则上是能够进行排序的，这就是为什么我们能同意“姚明比郭敬明高”“喜马拉雅山比姚明高”。笔者不认为 Cappelen 与 Lepore 的观点强到认为顺序是原则上不能给出的。如果这样，那么对以上两个命题的真值就无法判断，这与直觉有非常强烈的冲突。因此，他们关于形而上学问题与语义学问题的区分实质上不能成立。

反观其他学者对这一观点的批评则都不太令人信服。Leslie（2007）认为“高”明显是语境敏感的，因为它能通过真正的语境漂移测试。她又将这一测试应用于“对于站直的怀孕的长颈鹿是高的”这个谓词，认为它不能通过。她试图据此说明 Cappelen 与 Lepore 以上的论证不成立，因为一旦为比较形容词添加了足够多的限制条件，那么它就语境不敏感，但比较形容词本身仍是语境敏感的。观察以下两个例子：

例 1　汤姆身高 1.9 米，他很高。他经常打篮球。有一次他在场上和我聊天，说他对接下来的比赛感到很紧张。我鼓励他说："没事，你很高，这是个优势。"但他说："你开玩笑吧？你看见我们的对手了吗？我一点都不高好吧！"我看了一眼，发现他是对的。虽然以 1.9 米的身高来看，汤姆是很高的，但是他的对手身高都在 2.3 米左右。（Leslie 同上：141）

例 2　安娜是一头怀孕的长颈鹿。对于站直怀孕的长颈鹿而言，它一点都不高。也没人说它高。但是有一天我们在谈论刚洗完澡后再站直怀孕的长颈鹿，我说："安娜对于站直怀孕的长颈鹿而言是高的！"我说的是真的，因为洗澡会使长颈鹿的身高缩短那么一点。当然，等它身上干了之后，安娜对于站直怀孕的长颈鹿而言又不高了。（同上）

Leslie 认为，直觉上例 1 明显是一个有效的语境漂移测试，而例 2 则明显不是。然而，在形式上例 2 同样符合真正的语境漂移测试的要求，它所刻画的语境似乎也能够成立。因此说它通不过真正的语境漂移测试似乎值得商榷，但要说它与例 1 一样顺畅地通过这一测试又不确切。在笔者看来，这种判断上的犹豫是由语境敏感性程度的差别造成的。"高"与"对于站直怀孕的长颈鹿是高的"这两个形容词都包含高度这一级差，因此都具有语境敏感性，只是前者是典型的语境敏感词，而后者因为外延的范围很小，语境敏感性要大大弱于前者。

从级差的角度反观 Cappelen 与 Lepore（2005）对长颈鹿身高各种不同丈量方法的刻画，这实际上说明即使对于同一批对象，"对于长颈鹿是高的"的排序方式也能多种多样，需要由语境进行进一步的规定，而这正是其语境敏感性的体现。

此外，Cappelen 与 Lepore 区分语义学与形而上学的目的实际上是将比较集的决定排除出语义学的范畴。但这并不能如他们所预想的能为最小语义学提供支持，反而会引来 Recanati 对于最小语义学的一个重要质疑，即所谓的无限制的最小主义（unrestricted minimalism）。这个质疑认为按照最小语义学的观点，一个命题的真值条件就是简单地对这个命题作去引号的处理，而与理解它的意义，知道它在什么样的条件下为真无关。比如根据 T 语句我们能够得到“喷内欧力威动物破灭”为真当且仅当喷内欧力威动物破灭。而“喷内欧力威动物破灭”是笔者随意敲击键盘得到的，根本就是一个没有意义的句子，无法被理解。[①] 因此，从以上几个方面看，Cappelen 与 Lepore（2005）对于形而上学与语义学的划分都不能真正成立。

总之，承认等级性形容词的语境敏感性存在强弱之分能够为复杂语境敏感机制框架提供更为细致的刻画，并为“高”“贵”等相对形容词的语境敏感程度强于“满”“关”等绝对形容词以及包含同一级差的“高”比“对于长颈鹿而言是高的”语境敏感程度强等直觉感受提供依据。同时，它也能为最小语义学将比较集的决定归入形而上学问题提供反驳。

对这一观点可设想以下挑战：一旦接受语境敏感性存在强弱，那么弱的语境敏感性与语境不敏感性的区分将难以明确作出。根据这一观点，“对于怀孕站直的刚洗过澡的长颈鹿是高的”这个表达式具有弱的语境敏感性。但如果在当前的语境下符合“怀孕站直的刚洗过澡的长颈鹿”这一描述的只有一只长颈鹿，那么它显然无法语境敏感。笔者承认这个问题是对语境敏感性强弱刻画的实质性挑战，在以后的研究中需要对此进行进一步的探索。

6.3.4 对个人品位谓词的解释

本书前几章都有意避开了与个人品位谓词（predicate of personal taste）相关的讨论，因为这类谓词的语境敏感性情况相当复杂，在理论框架尚未决定时加入对它的讨论无助于对问题的澄清。现在基于复杂语境敏感机制框架，笔者能够对它进行系统的刻画。

语境主义者普遍认为个人品位谓词是语境敏感的。Cappelen 与 Hawthorne

---

① 为了避免无限制的最小主义，最小语义学很有可能会倾向于相对主义（relativism）。相对主义又被称为境况语义学（situational semantics），其核心观点是：最小命题的真值条件固定不变，而真值随境况的变化而改变。境况语义学不承认意义有语境敏感性，因此在句子中不需要预设任何隐藏的索引词，也不需要进行任何形式的充实。这一理论与本书所关注的意义与语境的关系不具有共同的理论基础，也与最小语义学的理论初衷不符。由于相对主义观点与本书的讨论关系不密切，本书仅对此作简要介绍。其具体观点参阅 Perry（1986，1998，2001）、Corazza 与 Dokic（2007，2012）、MacFarlane（2007，2009）、Korta 与 Perry（2007）等。

(2009) 用以“恶心”为代表的个人品位谓词对最小语义学提出了批评，认为这类谓词的意义因人而异，显然是语境敏感的，却无法通过 CL 测试，因此这一测试本身并不合理。Hansen (2011) 则将颜色谓词与个人品位谓词进行类比，认为二者的值都依赖观察者条件。这些观察都十分合理，但对个人品位谓词的语境敏感性尚未有系统的讨论。这类谓词是否具有等级性，它们与其他等级性形容词相比有什么区别，本小节从这些问题入手探讨它们在语境敏感性上的独特之处。

表示个人品位的谓词，如“美味”“漂亮”等，用以形容主体对于某个对象的特定感受。这类词项与常见的“高”“富”“平”“开”等形容词相似，都具有级差的三个重要参数：一个按程度排列的集合、维度、顺序。以“美味”为例，评价的维度是一样食品的味道，而顺序是按照味道好的程度进行排列，由此就得到了一个相应的集合。因此，它们应当是等级性形容词。对于这一断定有语义学上的支持：个人品位谓词与其他等级性形容词一样，能够被“更”“很”“特别”这些副词修饰。如下例：

(1) 这家餐厅的例汤很美味，但那家餐厅的例汤更好喝。

(2) 你今天看起来特别漂亮。

当我们形容某样食品美味时，我们预设了一定的下限。一样食品的味道有一点好，如一个吃起来有点甜的苹果，并不足以让人用“美味”来形容。“漂亮”也是同样的情况，一个人的容貌必须要超过平均水平，才能够用“漂亮”来形容。这同样在词项搭配中得到了印证：对于等级性形容词 A，如果“不太 A”蕴含“不 A”，则 A 是绝对形容词。“不太漂亮”蕴含“不漂亮”，而“不太好吃”蕴含“不好吃”。因此，个人品位谓词属于底端封闭的绝对形容词。

值得注意的是，这只是一个极为笼统的分类。个人品位谓词与如“高”“平”这样的普通等级性形容词有一个主要区别，这一区别导致了它独特的复杂性。对普通等级性形容词而言，只要排列标准给出，它们各自所包含的级差上对象的排列顺序就是固定的，因为排列标准是客观的。“高”的级差就是将所有对象按高度从小到大排列得到的一个序列，而“平”的级差就是将所有对象按平整程度从弱到强排列的一个序列。在不同的语境下，语境关联要素起到的作用是为这一序列提供评价标准，挑选符合要求的对象组成一个新的序列，即比较集。这些对象的排列顺序与它们在原有级差中的顺序是一致的。而对于表示个人品位的谓词而言，其级差上对象排列的顺序在不同语境下因人而异，并不存在一个为所有人所共享的排列顺序。这是个人品位谓词与其他等级性形容词最大的区别：其级差的排序以个人为基础，不同人的排序不同。

可能有人会将“好吃”与“高”类比，认为后者在独立于语境时也不能给出外延的范围，而所有有高度的物体都有可能是高的，因此其外延是所有有高度的物体。类似的，所有食物都有可能是好吃的，因此“好吃”的外延是所有食物。这并不是一个有效的类比。“高”有潜在的外延并不在于它能够应用于所有有高度的对象，而在于它为这些对象进行了排序。即使在不同语境下比较集发生变化，它们排列的顺序仍维持不变。而“好吃”不具有这样的特征。它的级差是所有食物按照可口程度的排序，所有的说话者都各自有一个排序，但对某种特定的食物在这个级差上的位置则各有不同的看法。一个人认为榴梿好吃而另一个人认为榴梿不好吃，只要榴梿位于前一个人食物可口程度级差的上端和后一个人食物可口程度级差的下端，则他们各自的断定都是正确的。对于“榴梿好吃”这句话是否为真，没有独立于感受主体的判断标准。对某种食物是不是好吃有时会有较为普遍的断定，那是因为在很多人的级差中它都居于上端。但即使除一个人之外的所有人都认为榴梿好吃，当那个人诚恳地说出“榴梿不好吃”时，她仍然作出了一个正确的断定。

由于个人品位谓词与个人的关系不可分离，在进一步讨论之前笔者提出与它相关的两个概念：感受的主体与感受的对象。当张三说：“榴梿好吃”，此时感受的主体是张三，感受的对象是榴梿，而感受的内容是“好吃”。根据这对概念可将个人品位谓词分为两类：一类只能以感受对象作主语，如“好吃”“悦耳”“刺激”等；另一类既能以感受对象，也能以感受主体作主语，如“高兴”“悲伤”等。当张三想要表达自己对榴梿味道的赞赏，他只能用榴梿作主语，说出类似“榴梿真好吃”或“榴梿是人间美味”这样的句子，而无法以自己作主语。他自己想要在句中出现，除非将句子以命题态度的形式表达为：“我觉得榴梿真好吃。”但对于任何说话者，“榴梿真好吃”与“我觉得榴梿真好吃”都是等价的。而对于后一类词项，如“悲伤”，我们既可以用感受的主体作主语，得到“我很悲伤”这句话，也能够用感受的对象作主语，得到“这首歌很悲伤”这句话。

区分这两类个人品位谓词的意义在于，它们在语境敏感机制上有不同的表现。只能以感受主体为主语的谓词在跨语境转述时其意义始终依赖最初说它的那个人，而不会发生改变。假设三个不同的语境，在语境一中张三说出句子（3），在语境二中李四对他说的这句话进行转述得到句子（4），在语境三中王五对李四说的话再进行转述得到句子（5），在句子（4）与句子（5）的前半句转述中“好吃”的级差仍然是按张三的喜好排列的，而与李四或王五以及他们各自所在的语境无关。

（3）榴梿很好吃。

（4）（李四在和别人吃火锅）张三认为榴梿很好吃。

（5）（王五在和别人吃烤鸭）李四说张三认为榴梿很好吃，榴梿有什么好吃的，哪比得上烤鸭？

与其他典型的语境敏感词相反，这类词项的词义虽然必须经由感受主体决定，但在转述中由于包括最初的感受主体，因此不会随语境发生改变。这无法通过反身性得到刻画。它们实际上才符合 Cappelen 与 Hawthorne（2009）提出的“寄生性”，即词项的指称对象由原句说出时所在的语境决定，此后在转述中一直保持原句中的指称对象（参阅 3.1.2）。

对于只能以感受主体为主语的谓词，其级差仍有进一步的复杂性：即使感受的主体为同一个人，仍然能够根据对象的种类不同而存在不同的级差。如下例：

（6）A：功夫熊猫与秀兰邓波儿比哪个更可爱？

B：这两个不能比，一个是动物一个是人。

（7）A：螃蟹和桃子哪个更好吃？

B：这两个不能比，一个是海鲜一个是水果。

因此，这类谓词除了为所有的感受主体都量身定制不同的级差之外，还能根据感受对象的类别对级差进行进一步的细分。

当然，进一步的细分不是必须的。对对话（6）与对话（7）中的问题如果作如下回答也同样合理：

（8）A：功夫熊猫与秀兰邓波儿比哪个更可爱？

B：功夫熊猫。

（9）A：螃蟹和桃子哪个更好吃？

B：当然是螃蟹。

对于后一类谓词，即既能以感受主体作主语，也能以感受对象作主语的个人品位谓词，当它以感受对象作主语时，与前一类词项表现出相同的特征，而当它以感受主体作主语时，经常能够在不同的主体之间进行比较，如“约翰比安娜更高兴”。是否意味着以感受主体作主语时，这类谓词只包含一个按程度排列的级差？

答案恐怕不能如此简单。以“高兴”为例，一方面，感受主体能够比较不同时刻自身高兴的程度，如“我今天比昨天更高兴”，但是任何感受主体都只能感受自己的情绪，而不能感受他人的情绪。因此，当我们比较不同主体的高兴程度时，我们比较的不是“高兴”本身，而是不同主体在另外两个级差中的排序：外在表情的夸张程度，以及引起感受原因的重要程度。参考以下两个例子：

(10) 安娜很高兴，笑得露出了八颗牙。约翰更高兴，笑得嘴都咧到耳后根了。

(11) 安娜很高兴，她抽奖抽到了二等奖。约翰更高兴，他抽到了一等奖。

另一方面，“高兴”由于有外在表现和内在感受的区别，还能够有非等级性的解读：

(12) A：安娜很高兴。

B：是，她看起来是很高兴，但实际上她心里并不高兴，因为她的宠物狗死了。她只是强打精神不想让大家担心她而已。

由于既有多种等级性的解读又有非等级性的解读，这类词项在语境敏感机制上与颜色谓词有相似之处。

最后，通过对这两类个人品位谓词的分析还能够说明，日常生活中常用的反义词，如“香”与“臭”、“喜”与“悲”，实际上并不相互排斥。它们所包含的是两个不同的级差，而不像“空”与“满”一样是同一个级差的两端。因此主体或对象能够同时具备两个上述级差。如：

(13) 臭豆腐闻起来臭，吃起来香。

(14) 听到这个消息，她喜忧参半。

综上所述，个人品位谓词是与等级性相关的语境敏感词，但在语境敏感性上有其独特的复杂性，使之区别于普通等级性形容词。三类在等级性上有复杂性的形容词，即个人品位谓词、颜色谓词和以“聪明”为例的多级差形容词，各自有其不同的特点。个人品位谓词普遍能以感受对象为主语，此时其级差依据感受主体而得到，具有寄生性，即意义依赖于最初的感受主体。同时，各级差仍有进一步细分的可能。当一部分个人品位谓词以感受主体为主语时，主体之间的感受程度也能够进行相互比较，但此时比较所依据的是另一类级差，即引起感受的原因或感受的外在表现。颜色谓词的特点在于它既有等级性又有非等级性的解读，而在等级性解读中又包括不同的级差。要确定一个颜色谓词的质量时观察条件起到了十分重要的作用，其值也可被视为多个不同级差的值协同作用产生的结果。与这两类相比“聪明”作为单纯的多级差形容词在结构上就显得相对简单，它只包含不同的级差，具体选择哪个级差以及在该级差中比较集的范围则由语境决定。

结 语

自然语言中哪些表达式的意义受语境影响，其影响机制如何刻画，是语义学与语用学边界研究的核心问题之一。最小语义学希望在自然语言中保持语义学的独立性，即不包含索引词的句子均能够通过单纯的语义过程得到命题的意义。与之相反，语境主义则反对最小语义学的基本理论，承认更大范围的词项语境敏感，并试图对语境影响进行系统的刻画。语境主义包含不同的理论派别。温和语境主义虽然力图扩大语境敏感词的范围，但仍承认语境不敏感词的存在。而极端语境主义则认为所有词项都语境敏感，并且语境能够不依赖语义因素，即句法与词义而直接对命题意义产生影响。此外，在最小语义学与语境主义之间还存在索引词主义，它一方面接受语境对词项存在大规模的影响；另一方面试图将这些影响通过句法驱动得到解释。它提出句子的逻辑形式之中存在隐藏变量，语境对意义的影响可以解释为对隐藏变量的赋值。

这些理论派别虽然在观点上大相径庭，但能够互相进行批评与借鉴，是因为它们具有共同的前提预设：首先，意义理论应该能够成为解释交流的基础。其次，存在意义受语境影响的词项，即语境敏感词。最后，句法上完整的句子经过必要的语境充实之后能够表达确定的命题。它们的区别也相应地表现在以下几点：第一，语义在解释交流时有多大的独立性；第二，语境敏感词的范围有多大；第三，语境对表达式的充实机制如何刻画。

本书的主要工作是提出并辩护一种温和语境主义观点。为此首先对各派观点进行分析与重构，并系统考察对最小语义学与索引词主义已有的批评，同时提出一些更为有力的批评方案。由于这两种理论难以解决这些困难，笔者提出以转向温和语境主义作为解决途径。三者的理论目的较为接近，但温和语境主义并不追求语境影响最小化，而视刻画语境影响的机制为意义理论的目的之一。其中等级性分析是一条独特的进路。它预设等级性蕴含语境敏感性，并根据等级性形容词所包含级差的不同，阐明语境在决定其话语意义时的运作机制：以与级差相应的语境关联要素为其决定比较集。根据级差类型上的区别，又能将等级性形容词进一步区分为相对形容词与绝对形容词，二者在接受语境影响时呈现出不同的特点。目前等级性分析所受到的挑战主要来源于级差的不同类型与特征之间能否进行有效区分，笔者对其进行分析和反驳，并在这一过程中基于语境与词项互动方式的不同建立了复杂语境敏感机制框架。由此得到了一个语境敏感词的确切范围。

基于前几章的讨论和分析，本书的主要结论可概括如下。

第一，最小语义学的理论框架无法同时实现作为交流的基础和语境影响最小两个目的。它虽然认为语境敏感词的范围仅限于基本集，但它提出的语境敏感性测试在排除造成循环论证的前提之后能够让远多于基本集的词项通过。它坚持语境对意义的影响需要由句法驱动，但是并没有对句法结构提出任何容纳语境因素的方案。它声称最小命题是一个句子在所有交流活动中都表达的，但实际上它在理解与交流中都没有存在的必要。

第二，索引词主义难以为句法驱动提供有效辩护。索引词主义支持句法驱动的核心论证是约束论证。虽然约束是一种普遍存在的语言现象，但笔者不接受它是一项句法规则。算子的加入使句子有可能受到约束，但是否成立仍然需要依赖词义、百科全书式的知识、说话者的意向性甚至其他语境关联要素。因此约束与句法是否相关是值得商榷的，故而通过它无法得到在逻辑形式上系统存在隐藏变量的结论。即使接受约束论证，一个直接的理论后果是隐藏变量的数量及在句法结构中的位置将会无节制地扩张，导致隐藏变量的膨胀。这同样违背了索引词主义的理论初衷。

第三，以等级性分析为进路，尤其是通过比较集概念，能够对一大类表达式受语境影响的不同机制进行刻画。由于等级性形容词本身包含级差概念，级差又预设其比较集的范围需要在特定语境中依赖特定的语境关联要素决定，是以笔者认为语境敏感性是词项本身的属性。在等级性形容词之外存在不包含级差但包含比较集的词项，这类词项同样具有语境敏感性，笔者称其为非等级性敏感词。目前对于等级性分析的质疑主要基于对颜色谓词的分析。这类词项本身包含不同的级差，不同个体对其级差性特征的解读呈现较大差异，同时还存在等级性与非等级性两种解读。这些质疑很多都是通过实验哲学的方式提出的，Hansen 与 Chemla（2013，2015）是这一分析方式的代表人物。笔者对他们的实验设计有诸多质疑，并在修改后进行了对比实验。通过实验能够得出以下结论：首先，颜色谓词包含多个级差，在所有级差中都是绝对形容词。其次，对颜色谓词的某个级差进行判断时，需要在其分布和观察条件上满足一定的前提，不然难以保障判断的准确性。最后，等级性形容词与非等级性敏感词的共同点以及它们与语境不敏感词的区别能够通过笔者提出的三个测试进行判断。

第四，通过区分语境构成要素与语境关联要素、自主索引词与任意索引词、强反身性与弱反身性，能够建立复杂语境敏感机制框架，并得到语境敏感词的确切类型和范围。笔者认为存在以下几类语境敏感词：索引词、索引性词、包括多个对象的限定性摹状词、等级性形容词和非等级性敏感词。它们受语境影响的机制有一个共同的特征，即反身性。这一语境敏感词范围大于最小语义学所能接受的范围，也大于大部分温和语境主义者的预期。但由于对语境敏感词的刻画依据反身性这一机制，它的范围仍是明确和固定的，不会再发生进一步的扩大。因此 Cappelen 与 Lepore（2005）对温和语境主义的核心质疑，即温和语境主义都会无一例外地滑落为极端语境主义，对这一框架并不适用。

第五，复杂语境敏感机制框架能够为目前意义的语境敏感性讨论中存在的困难提供解释，并为当下的讨论提供新的内容。CL 测试中基本集与测试本身的紧张关系能够通过这一框架得到消除，同意测试所存在的问题也能据此得到改进。另外，词项在不同的语境下使用时语境可以对其施以不同的判断标准，这与词项的语境敏感性常被混淆。这一框架能够为二者的区分提供依据。目前关于语境敏感性的讨论缺乏对于语境敏感程度强弱的探讨，这一框架能够初步揭示语境敏感程度的判断标准。此外，这一框架能更为系统地刻画出个人品位谓词的特征。

在以上结论中，后三点共同揭示了目前讨论中被忽视的问题，即对语境影响机制的理论刻画，并提出了复杂语境敏感机制框架，可被视为本书对语境敏感性讨论的主要贡献。这一理论框架仍存在以下不足，需要在将来进行更为深入的探索。

首先，等级性分析默认等级性蕴含语境敏感性，而并未对此展开论证，笔者为了对此进行解释提出以反身性作为词项具有索引性与语境敏感性的原因，这是一个相当强的观点，而对它的论证尚不够充分。这一部分可能会受到批评者的质疑，笔者也准备在应对质疑的基础上对理论进行完善。

其次，无论是描述语义学框架还是程度语义学框架都能够用集合论作出更为清晰明确的刻画，集合论也能对本书的重要观点如比较集与非等级性敏感词的三个测试进行准确描述。然而，由于笔者对集合论了解有限，在对以上问题进行阐述时可能在用词和表达上难以十分精确，也可能忽视了一些能够推进研究的细节。为了复杂语境敏感机制框架的理论基础更加稳固，应该借助集合论对这部分分析进行重构。

最后，实验哲学是目前新兴的一种研究方式，需要在实验设计及数据分析上有专门的训练。笔者缺乏这方面的基础，在进行实验时以 Hansen 与 Chemla（2015）的实验设计为蓝本，选择部分内容并进行必要的改动。因此笔者的实验在系统性上与原实验存在差距，在受试者的选择上也较为单一，只能视为一个初步研究。笔者计划将对 HC 实验的质疑以及自己的实验设计与结果向 Hansen 进行反馈，对其可信度与意义进行探讨。如果对颜色谓词的研究借助实验有进一步深入的可能，笔者将对实验设计进行修改，并进行更为系统正规的实验与分析。

参考文献

[1] ATLAS J D. Comparative adjectives and adverbials of degree: an introduction to radically radical pragmatics [J]. Linguistics and Philosophy, 1984, 7 (4): 347 -377.

[2] BACH K. Conversational impliciture[J]. Mind and Language, 1994a, 9(2): 124 -162.

[3] BACH K. Semantic slack: what is said and more[M]// TSOHATZIDIS S L. Foundations of speech act theory: philosophical and linguistic perspectives. London: Routledge, 1994b: 267 -291.

[4] BACH K. The myth of conventional implicature[J]. Linguistics and philosophy, 1999, 22(4): 327 -366.

[5] BACH K. You don't say?[J]. Synthese, 2001, 128(1 -2): 15 -44.

[6] BACH K. The excluded middle: Semantic minimalism without minimal propositions[J]. Philosophy and Phenomenological Research, 2006, 73(2): 435 -442.

[7] BACH K. Referentially used descriptions: a reply to Devitt[J]. European Journal of Analytic Philosophy, 2007, 3(2): 33 -48.

[8] BEZUIDENHOUT A. Truth-conditional pragmatics[J]. Noûs, 2002, 36(s16): 105 -134.

[9] BORG E. Minimal semantics[M]. Oxford: Oxford University Press, 2004.

[10] BROGAARD B. Truth-conditional pragmatics by Francois Recanati[J]. Analysis, 2012, 72(4): 846 -849.

[11] BURNETT H. A delineation solution to the puzzles of absolute adjectives[J]. Linguistics and Philosophy, 2014, 37(1): 1 -39.

[12] CAMP E. Prudent semantics meets wanton speech act pluralism[M]//PREYER G, PETER G. Context-sensitivity and semantic minimalism. Oxford: Oxford University Press, 2007: 194 – 213.

[13] CAPPELEN H, HAWTHORNE J. Locations and binding[J]. Analysis, 2007, 67(294): 95 – 105.

[14] CAPPELEN H, HAWTHORNE J. Relativism and monadic truth[J]. Oxford: Oxford University Press, 2009.

[15] CAPPELEN H, LEPORE E. Indexicality, binding, anaphora and a priori truth [J]. Analysis, 2002, 62(276): 271 – 281.

[16] CAPPELEN H, LEPORE E. Insensitive semantics: a defense of semantic minimalism and speech act pluralism[M]. Oxford: Blackwell, 2005.

[17] CAPPELEN H, LEPORE E. Reply to bach[C]//PPR Symposium on Insensitive Semantics, 2006.

[18] CARSTON R. Enrichment and loosening: complementary processes in deriving the proposition expressed? [M]//Eckard R. Pragmatik. Wiesbaden: Springer, 1997: 103 – 127.

[19] CARSTON R. Linguistic meaning, communicated meaning and cognitive pragmatics[J]. Mind and Language, 2002(17): 127 – 148.

[20] CARSTON R. Implicature, explicature, and truth-theoretic semantics[M]// EZCURDIAM, STAINTONR J. The semantics-pragmatics boundary in philosophy. Peterberough: Broadview Press, 2013: 261 – 283.

[21] CLAPP L. Review: minimal semantics[J]. Mind, 2007, 116: 396 – 402.

[22] CLAPP L. Indexical color predicates: truth conditional semantics vs. truth conditional pragmatics[J]. Canadian Journal of Philosophy, 2012a, 42: 71 – 100.

[23] CLAPP L. Three challenges for Indexicalism[J]. Mind and Language, 2012b, 27: 435 – 465.

[24] COBREROS P, et al. Tolerant, classical, strict[J]. Journal of Philosophical Logic, 2012, 41: 347 – 385.

[25] COHEN J, RICKLESS S C. Binding arguments and hidden variables[J]. Analysis, 2007(67): 65 – 71.

[26] CORAZZA E. Unenriched subsentential illocutions[J]. Philosophy and Phenomenological Research, 2011(83):560 - 582.

[27] CORAZZA E, DOKIC J. Situated minimalism versus free enrichment[J]. Synthese, 2012(184):179 - 198.

[28] CRESSWELL M J. The semantics of degree[M] //PARTEE B. Montague grammar. New York: Academic Press, 1976: 261 - 292.

[29] CRIMMINS M. Talk about beliefs[M]. Cambridge: MIT Press, 1992.

[30] CRUSE D A. Antonyms and gradable complementaries[M]//Kastovsky D. Perspektiven der lexikalischen semantik: Beitraäge zum wuppertaler semantikkolloquium vom: 2 - 3. Bonn: Bouvier, 1980: 14 - 52.

[31] DAVIDSON D. Reality without reference[J]. Dialectica, 1977(31):247 - 258.

[32] DAVIS W A. Minimizing indexicality [J]. Philosophical Studies, 2014 (168):1 - 20.

[33] DEROSE K. Contextualism and knowledge attributions[J]. Philosophy and Phenomenological Research, 1992(52):913 - 929.

[34] DOKIC J, CORAZZA E. Sense and insensibility: or where minimalism meets contextualism[M] //PREYER G, PETER G. Context-sensitivity and Semantic Minimalism. Oxford: Oxford University Press, 2007: 169 - 193.

[35] DUMMETT M A. Frege: philosophy of language[M]. Cambridge: Cambridge University Press, 1981.

[36] EGAN A, HAWTHORNE J, WEATHERSON B. Epistemic modals in context [M].// PREYER G, PETER G. Contextualism in philosophy. Oxford: Oxford University Press, 2005: 131 - 168.

[37] ELUGARDO R. Minimal propositions, cognitive safety mechanisms, and psychological reality[M] //PREYER G, PETER G. Context-sensitivity and Semantic Minimalism. Oxford: Oxford University Press, 2007: 278 - 302.

[38] EVANS G, MCDOWELL J, MCDOWELL J H. The varieties of reference[M]. Oxford: Clarendon Press, 1982.

[39] FODOR J A. The modularity of mind: an essay on faculty psychology[M]. Cambridge: MIT Press, 1983.

[40] FODOR J A. The mind doesn't work that way: the scope and limits of computational psychology[M]. Cambridge: MIT Press, 2001.

[41] FODOR J A. Hume variations [M]. Cambridge: Cambridge University Press, 2003.

[42] GARCIA CARPINTERO M. Gricean rational reconstructions and the semantics/pragmatics distinction[J]. Synthese, 2001(128): 93 – 131.

[43] GRICE H P. Studies in the way of words[M]. Cambridge: Harvard University Press, 1991.

[44] HALL A. Free enrichment or hidden indexicals?[J]. Mind and Language, 2008(23): 426 – 456.

[45] HANSEN N. Color adjectives and radical contextualism[J]. Linguistics and Philosophy, 2011(34): 201 – 221.

[46] HANSEN N, CHEMLA E. Experimenting on contextualism[J]. Mind and Language, 2013(28): 286 – 321.

[47] HANSEN N, CHEMLA E. Color adjectives, standards and thresholds: an experimental investigation[J]. Unpublished manuscript, University of Reading, 2015.

[48] HAWTHORNE J. Testing for context-dependence[J]. Philosophy and Phenomenological Research, 2006(73): 443 – 450.

[49] KAMP J. Two theories about adjectives[M]//KEENAN E. Formal semantics of natural language. Cambridge: Cambridge University Press, 1975: 23 – 55.

[50] KAPLAN D. Demonstratives[M] //ALMOG J. PERRY J. WETTSTEIN H. Themes from Kaplan. Oxford: Oxford University Press, 1989: 481 – 563.

[51] KENNEDY C. Vagueness and grammar: the semantics of relative and absolute gradable adjectives[J]. Linguistics and Philosophy, 2007(30): 1 – 45.

[52] KENNEDY C, MCNALLY L. Deriving the scalar structure of deverbal adjectives [J]. Catalan Working Papers in Linguistics, 1999(7): 125 – 139.

[53] KENNEDY C, MCNALLY L. Scale structure, degree modification, and the semantics of gradable predicates[J]. Language, 2005: 345 – 381.

[54] KENNEDY C, MCNALLY L. Color, context, and compositionality[J]. Synthese, 2010(174): 79 – 98.

[55] KLEIN E. A semantics for positive and comparative adjectives[J]. Linguistics and Philosophy, 1980(4): 1-45.

[56] KORTA K, PERRY J. Radical minimalism, moderate contextualism[M]//PREYER G. PETER G. Context-sensitivity and Semantic Minimalism. Oxford: Oxford University Press, 2007: 94-111.

[57] LASERSOHN P. Context dependence, disagreement, and predicates of personal taste[J]. Linguistics and Philosophy, 2005(28): 643-686.

[58] LEPORE E, SENNET A. Saying and agreeing[J]. Mind and Language, 2010(25): 583-601.

[59] LESLIE S J. 2007. Moderately sensitive semantics[M]//PREYER G. PETER G. Context - sensitivity and Semantic Minimalism. Oxford: Oxford University Press, 2007: 133-168.

[60] LEWIS D. General semantics[M]. New York: Springer, 1972.

[61] LUDLOW P. Living words: meaning underdetermination and the dynamic lexicon[M]. Oxford: Oxford University Press, 2014.

[62] MACFARLANE J. Semantic minimalism and nonindexical contextualism[M]//PREYER G. PETER G. Context-sensitivity and Semantic Minimalism. Oxford: Oxford University Press, 2007: 240-250.

[63] MACFARLANE J. Nonindexical contextualism[J]. Synthese, 2009(166): 231-250.

[64] MARTI L. Unarticulated constituents revisited[J]. Linguistics and Philosophy, 2006(29): 135-166.

[65] MCCONNELL GINET S M. Comparative constructions in English: a syntactic and semantic analysis[D]. Rochester: University of Rochester, 1973.

[66] MCNALLY L. The relative role of property type and scale structure in explaining the behavior of gradable adjectives[M]//NOUWEN R, VAN ROOIJ R, SAUERLAND U. Vaguesess in communication. New York: Springer, 2011: 151-168.

[67] NEALE S. Paul Grice and the philosophy of language[J]. Linguistics and Philosophy, 1992(15): 509-559.

[68] PERRY J. Indexicals, contexts and unarticulated constituents[C]. Proceedings of

the 1995 CSLI-Amsterdam Logic, Language and Computation Conference, 1998: 1 – 16.

[69] PERRY J. Reference and reflexivity [M]. Stanford: CSLI, 2001.

[70] PERRY J, BLACKBURN S. Thought without representation[C]. Proceedings of the Aristotelian Society, Supplementary Volumes, 1986: 137 – 166.

[71] RECANATI F. Direct reference: from language to thought[M]. Oxford: Blackwell, 1993.

[72] RECANATI F. Unarticulated constituents[J]. Linguistics and Philosophy, 2002 (25): 299 – 345.

[73] RECANATI F. Literal meaning [M]. Cambridge: Cambridge University Press, 2004.

[74] RECANATI F. It is raining(somewhere) [J]. Linguistics and Philosophy, 2007 (30): 123 – 146.

[75] RECANATI F. Truth-conditional pragmatics [M]. Oxford: Oxford University Press, 2010.

[76] ROTHSCHILD D, SEGAL G. Indexical predicates[J]. Mind and Language, 2009 (24): 467 – 493.

[77] ROTSTEIN C, WINTER Y. Total adjectives vs. partial adjectives: scale structure and higher-order modifiers [J]. Natural Language Semantics, 2004 (12): 259 – 288.

[78] RUSSELL B. Knowledge by acquaintance and knowledge by description[C]. Papers presented at the Aristotelian Society, 1910: 108 – 128.

[79] SALMON N. The pragmatic fallacy[J]. Philosophical Studies, 1991(63): 83 – 97.

[80] SCHIFFER S. Things We Mean[M]. Oxford: Clarendon Press, 2003.

[81] SEARLE J R. Speech acts: an essay in the philosophy of language[M]. Cambridge: Cambridge University Press, 1969.

[82] SEARLE J R. Literal meaning[J]. Erkenntnis, 1978(13): 207 – 224.

[83] SEARLE J R. The background of meaning[M]//SEARLE J, KIEFER F, BIERWISCH. Speech act theory and pragmatics. Dordrecht: D. Reidel Publishing Company, 1980: 221 – 232.

[84] SOAMES S. Beyond rigidity: the unfinished semantic agenda of naming and necessity[M]. Oxford: Oxford University Press, 2002.

[85] SOAMES S. Why incomplete definite descriptions do not defeat Russell's theory of descriptions[J]. Teorema: revista internacional de filosofía, 2005, 24(3): 7-30.

[86] SOAMES S. Drawing the line between meaning and implicature—and relating both to assertion[J]. Noûs, 2008(42): 440-465.

[87] SOAMES S. Philosophy of language[M]. Princeton: Princeton University Press, 2010.

[88] SPEAKS J. Theories of Meaning[C/OL]//ZALTA E N. The Stanford encyclopedia of philosophy, 2014 [2015-06-17] http://plato.stanford.edu/archives/fall2014/entries/meaning/.

[89] SPERBER D, WILSON D. Loose talk [C]//Papers presented at the Proceedings of the Aristotelian Society, 1985: 153-171.

[90] SPERBER D, WILSON D. Relevance: communication and cognition[M]. Oxford: Blackwell, 1986.

[91] STAINTON R. Non-sentential assertions and semantic ellipsis[J]. Linguistics and Philosophy, 1995(18): 281-296.

[92] STAINTON R. Words and thoughts: subsentences, ellipsis, and the philosophy of language[M]. Oxford: Clarendon Press, 2006.

[93] STANLEY J. Context and logical form[J]. Linguistics and Philosophy, 2000, 23: 391-434.

[94] STANLEY J. Semantics in context[M]//PREYER G, PETER G. Contextualism in philosophy: knowledge, meaning, and truth. Oxford: Oxford University Press, 2005: 221-253.

[95] STANLEY J, SZABO Z G. On quantifier domain restriction[J]. Mind and Language, 2000(15): 219-261.

[96] STERN J. Metaphor and minimalism[J]. Philosophical Studies, 2011, 153: 273-298.

[97] SYRETT K L. Learning about the structure of scales: adverbial modification and

the acquisition of the semantics of gradable adjectives[D]. Chicago: Northwestern University, 2007.

[98] SZABO Z G. Adjectives in context[M]//HARRISHR M, KENESEII. Perspectives on semantics, pragmatics, and discourse. Amsterdam: John Benjamins Publishing Company, 2001: 119 – 146.

[99] TARSKI A. The semantic conception of truth: and the foundations of semantics [J]. Philosophy and Phenomenological Research, 1944(4): 341 – 376.

[100] TRAVIS C. Saying and understending[M]. Oxford: Basil Blackwell, 1975.

[101] TRAVIS C. The true and the false: the domain of the pragmatic[M]. Amsterdam: John Benjamins Publishing, 1981.

[102] TRAVIS C. On what is strictly speaking true[J]. Canadian Journal of Philosophy, 1985(15): 187 – 229.

[103] TRAVIS C. Meaning' s role in truth[J]. Mind, 1996(105): 451 – 466.

[104] TRAVIS C. Pragmatics[M] //HALE B, WRIGHT C. A companion to the philosophy of language. Oxford: Blackwell, 1997: 87 – 107.

[105] TRAVIS C. Unshadowed thought: representation in thought and language[M]. Cambridge: Harvard University Press, 2000.

[106] VAN BENTHEM J. Later than late: on the logical origin of the temporal order [J]. Pacific Philosophical Quarterly, 1982, 63(2): 193 – 203.

[107] VICENTE A. On Travis cases[J]. Linguistics and Philosophy, 2012 (35): 3 – 19.

[108] WAISMANN F. Verifiability[M]//RYLE G, FLEW A. Logic and language. Oxford: Blackwell, 1951: 35 – 68.

[109] WIELAND N. Context sensitivity and indirect reports[J]. Philosophy and Phenomenological Research, 2010(81): 40 – 48.

[110] WILSON D, CARSTON R. A unitary approach to lexical pragmatics: relevance, inference and ad hoc concepts[M]//BURTON-ROBERTS N. Pragmatics. Basingstoke and New York: Palgrave Macmillan, 2007: 230 – 259.

[111] YOON Y. Total and partial predicates and the weak and strong interpretations [J]. Natural Language Semantics, 1996(4): 217 – 236.